नदी की तलाश में

नदी की तलाश में

वाणी
पृथ्वी

राकेश कबीर

वाणी प्रकाशन

वाणी प्रकाशन

4695, 21-ए, दरियागंज, नयी दिल्ली 110 002

फ़ोन : +91 11 23273167 फ़ैक्स : +91 11 23275710

शाखाएँ

अशोक राजपथ, पटना 800 004, बिहार

कॉफ़ी हाउस कैम्पस, महात्मा गाँधी मार्ग, इलाहाबाद 211 001, उत्तर प्रदेश

महात्मा गाँधी अन्तरराष्ट्रीय हिन्दी विश्वविद्यालय, वर्धा 442 001, महाराष्ट्र

सुल्तानिया रोड, मोतिया पार्क, भोपाल 462 001, मध्य प्रदेश

www.vaniprakashan.com
marketing@vaniprakashan.in
sales@vaniprakashan.in

Nadi Ki Talash Mein
by Rakesh Kabeer

ISBN : 978-93-5518-052-0
Environment/Non-Fiction

प्रथम संस्करण 2022

मूल्य : ₹ 499

आर. टेक ऑफ़सेट प्रिंटर्स, दिल्ली-110032 में मुद्रित

वाणी प्रकाशन का लोगो मक़बूल फ़िदा हुसेन की कूची से

मेरी बेटी नियति नन्दिनी और

बेटे आद्विक आनन्द

के लिए

आमुख

जल एवं अन्य प्राकृतिक संसाधनों के अन्धाधुन्ध उपयोग के कारण इनके स्रोतों का ह्रास हो रहा है। जलवायु परिवर्तन से आ रहे नकारात्मक बदलावों और चुनौतियों का प्रत्युत्तर देने के लिए विश्व भर के देशों में लगातार प्रयास हो रहे हैं। नदियाँ प्रकृति की विशिष्ट रचना हैं और जल का मुख्य स्रोत हैं। छोटी नदियाँ विभिन्न कारणों से अपने अस्तित्व की लड़ाई लड़ रही हैं और तेज़ी से विलुप्त हो रही हैं। इस पुस्तक में प्रमुख रूप से उत्तर प्रदेश के विभिन्न जनपदों में बहने वाली छोटी नदियों के सूखने और विलुप्त होने की समस्या को उठाया गया है। ग्रामीण क्षेत्रों में किसान छोटी नदियों और प्राकृतिक नालों के बहाव क्षेत्रों को अतिक्रमित कर अपनी जोतों में शामिल कर लेते हैं जिसके कारण इन नदियों का अस्तित्व ख़तरे में है। शहरी और औद्योगिक क्षेत्रों का कचरा नदियों में बहाने से जीवनदायिनी नदियाँ गन्दे और ज़हरीले नालों में बदल रही हैं। छोटी नदियों को मैं लोकतान्त्रिक नदियाँ कहता हूँ क्योंकि वे हमारे खेतों और घरों तक पानी लेकर आती हैं। आज अदूरदर्शी मानवीय कृत्यों की वजह से छोटी नदियाँ विलुप्ति के कगार पर हैं।

जागरूक व्यक्ति एवं संगठन छोटी नदियों और अन्य जल निकायों को संरक्षित और पुनर्जीवित करने के निरन्तर प्रयास कर रहे हैं। कुछ प्रयासों में सफलता भी मिली है। उत्तर प्रदेश सरकार द्वारा

मनरेगा के आवंटित बजट से छोटी और मध्यम आकार की नदियों और उनके उद्गम स्थलों की सिल्ट सफ़ाई का जो सराहनीय निर्णय लिया गया है उसके परिणामस्वरूप कई नदियों को पुनर्जीवित किया जा सका है। प्रदेश एवं देश के विभिन्न स्थानों पर जल संरक्षण और नदियों के पुनर्जीवन के लिए काम करने वाले व्यक्तियों के योगदान को स्वीकारते हुए हमने उन्हें 'कलियुग का भगीरथ' कहा है। साहित्य, सिनेमा, मिथक एवं लोककथाओं में नदियों के बारे में जो आख्यान हैं और उनमें जो सन्देश निहित हैं उन्हें इस पुस्तक में सम्मिलित किया गया है जिससे जनसामान्य उनसे परिचित और जागृत हो सके। नदियों और अन्य जलस्रोतों के साथ आमजन का जो पारस्परिक व्यवहार और जल संरक्षण की विकसित पद्धतियाँ रही हैं उनके बारे में भी विवरण इस पुस्तक में दिया गया है। प्रकृति ने अपने संसाधनों को अलग–अलग भौगोलिक क्षेत्रों में जिस लोकतान्त्रिक और तार्किक पद्धति से विभाजन किया है उस पद्धति को जानने, समझने के साथ उनका सम्मान करना सीखना होगा। इसके लिए समय–समय पर बने कानूनों, योजनाओं और उनसे अर्जित सफलताओं का भी वर्णन इस अध्ययन में सम्मिलित किया गया है। नदियों और अन्य जल निकायों में उपलब्ध जल का सदुपयोग करते हुए उनके अस्तित्व को बचाये रखना आज हमारा दायित्व है, ताकि भविष्य की पीढ़ियाँ स्वस्थ और प्रकृतिपरक जीवन जी सकें।

भूमिका

यह किताब नदियों से मेरे आत्मीय लगाव का एक वृत्तान्त है जिसे मैंने आत्मकथात्मक ढंग से लिखने का एक प्रयास किया है। इस पुस्तक का विचार कई वर्षों से मेरे मन में था लेकिन देवरिया जनपद में अपनी तैनाती के दौरान उत्तर प्रदेश और बिहार प्रदेश की सीमा पर बहने वाली 'स्याही' नामक एक छोटी नदी के बारे में जानने का मौका मिला। सन् 2018 में यह नदी सूख चुकी थी। क्षेत्र के कुछ प्रबुद्ध और जागरूक व्यक्ति जन आन्दोलनों के माध्यम से इस नदी को पुनर्जीवित करने के प्रयास में लगे थे। माननीय राष्ट्रीय हरित प्राधिकरण को प्रेषित एक शिकायत के क्रम में जनपद प्रशासन को स्याही नदी का सर्वे कराकर उसे पुनर्जीवित करने के सम्बन्ध में निर्देश दिये गये थे। सिंचाई और वन विभाग के अफ़सरों के साथ हमें भी इस टीम में रखा गया था। छोटी नदियों को बहते हुए देखना मुझे बेहद पसन्द है। स्याही नदी को पुनर्जीवित करने के प्रयासों के क्रम में हमने इसके पूर्व नदियों और जल संरक्षण के क्षेत्र में जो भी काम किया था सबको समेटना शुरू किया। यह किताब उन्हीं प्रयासों का एक प्रतिफल है।

गंगा, गोमती, घाघरा और कृष्णा जैसी बड़ी नदियों और उनके सामने खड़ी पर्यावरणीय चुनौतियों से तो सभी परिचित होते हैं लेकिन प्रत्येक जनपद में कुछ किलोमीटर लम्बाई में बहने वाली छोटी–छोटी

नदियों के बारे में प्रायः कम चर्चा होती है, परन्तु मेरी चिन्ता सदैव से प्रकृति के लोकतान्त्रिक स्वरूप को प्रदर्शित करती छोटी नदियों के पक्ष में रही है जो हमारे खेतों और गाँवों तक पानी लेकर आती हैं जिससे हमें पेयजल और कृषि कार्य हेतु पानी सरलता से उपलब्ध होता है। ये छोटी नदियाँ प्रदूषण और अतिक्रमण का शिकार होकर अपना अस्तित्व खो रही हैं इन्हें बचाना मानव जीवन के साथ–साथ समस्त जीव–जन्तु एवं वनस्पतियों को बचाना है। इस पुस्तक की मुख्य चिन्ता छोटी किन्तु लोकतान्त्रिक नदियों के बारे में है। यहाँ विज्ञान कम और नदियों और जल स्रोतों के सामाजिक–सांस्कृतिक एवं व्यावहारिक पक्ष प्रमुखता से उद्घाटित किये गये हैं। नदियों की संरचना और प्रवाह के वैज्ञानिक एवं भौगोलिक पहलुओं पर एक अध्याय रखा गया है। पानी के बँटवारे, जल स्रोतों पर स्तरीकृत परम्परागत व्यवहार–प्रणाली के विभिन्न व्यवस्थाओं को ध्यान में रखते हुए पानी के समाजशास्त्र पर विस्तार से उदाहरणों सहित व्याख्या की गयी है जो निश्चित रूप से पाठकों के पानी सम्बन्धी ज्ञान में विस्तार करेगी।

मनरेगा योजना और उत्तर प्रदेश सरकार की नदियों को पुनर्जीवित करने के प्रयास सराहनीय हैं। हरदोई जनपद से उद्गमित सई नदी को पुनर्जीवित किया जाना इसका सर्वोत्तम उदाहरण है। सार्वजनिक परिसम्पत्तियों के निर्माण, संरक्षण और पुनर्निर्माण ही इस अधिनियम के प्रमुख लक्ष्य थे। सामान्य भाषा में आमजन को जल संरक्षण और जल संवर्धन के महत्त्व के बारे में जागरूक करना, अत्याधुनिक तकनीकों के प्रयोग से भूगर्भ जल को प्राप्त करने और प्रदूषित जल को उपभोग योग्य बनाना सम्भव तो हुआ है, परन्तु मनुष्य जल संरक्षण और संग्रहण से विमुख होकर उपभोक्ता मात्र रह गया है।

मैं साहित्य और समाजशास्त्र का विद्यार्थी हूँ और दोनों ही विषयों के साहित्य से जल संरक्षण के सम्बन्ध में जो भी जानकारियाँ एवं आख्यान हैं उनके सन्देशों को भी इस पुस्तक में सम्मिलित किया गया है। देवरिया जनपद की छोटी–बड़ी नदियों और प्राकृतिक नालों

के सम्बन्ध में जो लोककथाएँ एवं मिथक प्रचलित हैं उनको भी इस पुस्तक में सहेजा गया है। किसी भी पुस्तक को लिखने और उसकी विषय वस्तु तय करने का कार्य सर्वथा निजी होता है। यह प्रथमतया स्वान्तः सुखाय होता है लेकिन जल संरक्षण, छोटी नदियों, झीलों, तालों, तालाबों और अन्य जल निकायों को संरक्षित–संवर्धित करने के लिए लोगों को जागरूक एवं सम्वेदनशील बनाने का भी उद्देश्य है। आसान भाषा में, अपनी हिन्दी भाषा में पानी की महत्ता को बताने के लिए यह पुस्तक पाठकों के समक्ष है, वही इस विषय में उचित निर्णय करेंगे। जिन लोगों को नदियों की चिन्ता है उन्होंने निजी तौर पर प्रयास किये हैं और बाद में कारवाँ उनके साथ जुड़ता गया। उनके प्रयास रंग लाये और कई मृत हो चुकी नदियाँ पुनः जीवित हो उठीं जिन लोगों के प्रयास से नदियों का पुनरुद्धार सम्भव हुआ उन्हें हमने पानी का प्रहरी या कलियुग का भगीरथ कहा और उनके योगदान को दर्ज़ किया है। नदियों के नामकरण की स्थानीय लघु परम्पराएँ और विभिन्न पुस्तकों में लिखित बृहद परम्पराएँ मौजूद हैं। इन दोनों तरह की परम्पराओं को भी एकजाई करके पुस्तक का एक अध्याय लिखा गया है। फ़िल्में सन्देश को जनता तक पहुँचाने का प्रभावी माध्यम हैं लेकिन व्यावसायिक सिनेमा अपने इस दायित्व से बचता रहा है। मैं सिनेमा अध्ययन का भी छात्र रहा हूँ और सिनेमा में मुद्दों की तलाश पर एक पुस्तक भी लिख रहा हूँ। पर्यावरण और जलवायु परिवर्तन हमारे समय के ज्वलन्त विषय हैं और दुनिया का सबसे बड़ा सिनेमा उद्योग इस विषय को लेकर कोई पहल करता नहीं दिखता है तो उनका ध्यान आकृष्ट करना जरूरी हो जाता है। आदिकाल से ही कवियों ने प्रकृति के विभिन्न उपादानों पर रचनाएँ की हैं। मेघदूत से लेकर कामायनी तक प्रकृति विभिन्न रूपों में चित्रित होती रही है। महाकवि जयशंकर प्रसाद रचित महाकाव्य कामायनी में जलप्रलय की परिकल्पना और आज ग्लोबल वार्मिंग से समुद्री जलस्तर में वृद्धि से जलप्लावन होने की सम्भावना एक सादृश्य उत्पन्न करती हैं इसलिए दोनों को समेटकर एक अध्याय पुस्तक में रखा गया है।

देवरिया जनपद में श्री शिवनारायण सिंह कुशवाहा जी जैसे अध्ययनशील, सृजनशील अध्यापक ने देवरिया की नदियों, उससे जुड़ी लोकपरम्पराओं और जनश्रुतियों के बारे में जो ज्ञान उपलब्ध कराया, वह अप्रतिम है। जीवनसंगिनी शिवानी, बेटी नियति और बेटा आद्विक आनन्द 'चीकू' मेरे सृजनात्मकता के प्रेरणास्रोत हैं। सबको धन्यवाद।

—राकेश

अनुक्रम

पानी, नदी और मैं	15
नदियाँ और भारतीय समाज	28
असीमित जलराशि का महासंगम	48
स्याही नदी का पुनरुद्धार	60
नदी प्रवाह का वैज्ञानिक पक्ष	75
नदियाँ जो फिर से बह चलीं	86
कलियुग के भगीरथ	116
पानी और सिनेमा	146
पानी और मेरी कविताएँ	160
पानी, कामायनी और महाप्रलय	177
नदियों के मिथक	182
विकास और नदियाँ	217
उपसंहार	244
सन्दर्भ ग्रन्थ सूची	254
परिशिष्ट	261

1
पानी, नदी और मैं

'मम प्रियम जलं' मेरा प्रिय वाक्य है जिसे मैं अक्सर दोहराता रहता हूँ। एक बहती हुई नदी को देर तक निहारना मुझे आनन्द से भर देता है। उत्तर प्रदेश के पूर्वांचल के तराई क्षेत्र के जनपदों में मानसून की भरपूर बारिश मिलती है। महराजगंज जनपद के तराई क्षेत्र के एक गाँव में मेरा जन्म हुआ और बचपन बीता। प्रत्येक वर्ष जुलाई–अगस्त के महीनों में घनघोर बारिश से धान के खेत, गड्ढे, ताल–तालाब पानी से भरते देखा। गण्डक नदी से गाँव तक आयी नहर के पानी से खेतों की सिंचाई किया, उसमें नहाया, मछली, साँप, सीपी, घोंघे जैसे जलीय जीवों को भी देखा। मध्य जून से सितम्बर तक खेत से लेकर नहर, तालाब हर जगह पानी–ही–पानी होता था। बारिश में पूरे गाँव में बाल–मण्डली के साथ दौड़–दौड़ कर नहाते और काग़ज़ की कश्ती भी पानी में तैराते अपना बचपन बीता है। नहर और तालाब में ख़ूब तैरना भी हुआ। धान के खेत, नहर और तालाब में भाँति–भाँति की मछलियाँ भी पकड़ी। पानी वाले साँपों से लेकर कोबरा जैसे ज़हरीले साँपों से कई बार आमना–सामना भी हुआ। गाँव के बड़े–से खलिहान के सटे दक्षिण तीन एकड़ के लगभग क्षेत्रफल में फैले पोखर में तो अक्सर तैरते थे कभी अकेले तो कभी दोस्तों के साथ झुण्ड में। एक बार तो क्वार के महीने में खलिहान पर धान की मड़ाई के दौरान समय पाकर तालाब में नहाने कूद गया और थोड़ा

गहरे पानी में जाकर डूबने लगा। किसी तरह तैरकर बाहर निकल सका। पानी के साथ तमाम यादें हैं और लगाव आज भी बहुत है।

गाँव की सीमा पर घर से एक किलोमीटर पूरब कुँवरवर्ती नदी बहती है। एक बार घर बनाने के लिए दादा जी, पिता जी और बड़े भाई के साथ हम जाड़े के दिनों में वहाँ से बालू निकालने गये। पहली बार दस–बारह साल की उम्र में एक नदी के बीच में घुसकर खड़ा होना नदियों से परिचय की पहली घटना थी। गाँव के पश्चिम लगभग तीन किलोमीटर की दूरी पर गण्डक नदी से निकली बड़ी नहर बहती है जिस पर पानी रोकने के लिए बड़े चैनल और लोहे के फाटक लगे हैं जिनके ऊपर से गिरते हुए पानी का शोर रात में साफ़–साफ़ मेरे गाँव में सुनाई पड़ता है। बचपन में जब भी पिता जी के साथ जनपद मुख्यालय जाना होता या स्कूल जाते वक़्त उधर से मैं जाता तो ऊँचाई से गिरते पानी के उठते शोर और कुण्ड में गोल–गोल घूमते भँवर को देखकर इतना डर लगता कि पानी की तरफ़ देखने से भी बचता था। कुँवरवर्ती और बड़ी गण्डक को अपने जनपद महाराजगंज में ही बचपन में देख लिया था। सन् 1996 में पन्द्रह साल की उम्र में गोरखपुर पढ़ाई के लिए जाना हुआ। राप्ती नदी गोरखपुर शहर की पश्चिमी सीमा बनाती हुई बहती है। बरसात के दिनों में लालडिग्गी पार्क के पास बने हर्बर्ट रिंग बाँध से पानी रिसने और पानी भरने की ख़बर हर साल मिलती। सन् 1998 में राप्ती नदी में भयानक बाढ़ आयी और शहर को बाढ़ से बचाने के लिए गोरखपुर–बनारस रोड के बाँध को तोड़ना पड़ा जिसमें पक्की सड़क, कई विशालकाय पेड़ और नौसड़ पुलिस चौकी तक बह गयी थी। हम अपने दोस्तों के साथ साइकिल से उस कटान और जलसैलाब को देखने गये थे। गोरखपुर जनपद चिलुआताल, रामगढ़ ताल, सोनवन नाला, गोर्रा नाला, मँझना नाला जैसे प्राकृतिक जल स्रोतों से संतृप्त क्षेत्र है। इस जनपद का एक बहुत बड़ा क्षेत्रफल बाढ़ प्रभावित होने के कारण डूब क्षेत्र के अन्तर्गत आता है और पानी की इस नगरी में हमने अपने विद्यार्थी जीवन का दस साल व्यतीत किया और पानी की लीला को देखा–सुना है।

प्रतियोगी परीक्षाओं में शामिल होने के लिए लखनऊ आने–जाने में ट्रेन से घाघरा के विशाल प्रवाह के साथ ही गोमती नदी को भी देखा परन्तु दूर से ही। सन् 2001 में पहली बार कानपुर जाना हुआ तो ट्रेन से ही गंगा को देखा। सन् 2006 में पढ़ाई के लिए दिल्ली गया तो यमुना और हिण्डन को देखा और उनकी प्रदूषण और प्रवाह से जुड़ी समस्याओं पर पढ़ा, चर्चाएँ सुनी। नौकरी मिलने के बाद नवम्बर, 2010 में मेरठ जाना हुआ तो एक राशन दुकान की जाँच में एक गाँव में गया था जहाँ काले रंग के पानी वाली कृशकाय–मृतप्राय काली नदी को देखा था। यमुना के बाद काली नदी को इतनी बुरी हालत में देखकर बहुत कष्ट हुआ था। पिछले कुछ वर्षों में काली नदी की दशा सुधारने के लिए जागरूक नागरिकों द्वारा लगातार प्रयास किये जा रहे हैं। मई 2012 में गंगा–रामगंगा और काली नदी के बीच बसे फर्रुखाबाद में तैनाती हुई। गंगा की बाढ़ में किनारे के कटरी क्षेत्र में गाँव–गाँव घूमने के क्रम में यह जानने का अवसर मिला कि गंगा किनारे के ग्रामीण मनाते हैं कि बाढ़ का पानी उनके खेतों में एक बार जरूर भरे ताकि फ़सलें निरोग हो जाएँ और उपजाऊ मिट्टी मिलने से उनकी पैदावार बढ़ जाये। फर्रुखाबाद में ही पहली बार निडर लोगों को देखा जो उफान मारती गंगा के किनारे बैठकर पानी की चाल को निहारते रहते हैं और पाँच साल के बच्चे पानी में तैरते रहते हैं। मेरठ से होकर गंगा और काली नदी दोनों फर्रुखाबाद पहुँचती हैं। गंगा और रामगंगा नदियाँ फर्रुखाबाद जनपद की उत्तरी तो काली नदी मैनपुरी जनपद से दक्षिणी सीमा बनाती है। काली यहाँ सदानीरा और स्वच्छ नदी बन जाती है जिसे बौद्ध स्थल संकिसा के समीप देखना सुखद अनुभूति देता है।

फर्रुखाबाद के बाद हम जैसे खानाबदोश यात्री वर्ष 2014 में खीरी ज़िले में पहुँचते हैं। खीरी जनपद जल स्रोतों के मामले में अत्यन्त समृद्ध है। घाघरा, शारदा और गोमती जैसी बड़ी नदियों के अलावा सरायन, उल्ल, जमुआरी आदि दर्जन भर नदियाँ और प्राकृतिक नाले इस जनपद के भू–भाग पर बहते हैं। पानी की पर्याप्त उपलब्धता के

कारण वन क्षेत्र और हरियाली भी यहाँ भरपूर है। पानी की उपलब्धता के कारण खीरी जनपद में धान, गेहूँ और गन्ना प्रमुख फ़सलें हैं। इस जनपद को 'चीनी का कटोरा' भी कहते हैं क्योंकि यहाँ 8 चीनी मिलें हैं और यहाँ के किसान नगदी फ़सल के रूप में गन्ना उगाते हैं। चीनी मिलों का कचरा और गन्दा पानी यहाँ की छोटी नदियों और प्राकृतिक नालों में बिना शोधन के डाल दिया जाता है जिसके परिणामस्वरूप वे बुरी तरह प्रदूषित हो चुकी हैं। इन नदी–नालों के किनारे बसे गाँवों के लोग कई जल–जनित बीमारियों से ग्रस्त होने लगे हैं। लखीमपुर क़स्बे के पास खम्भारखेड़ा गाँव स्थित एक निजी चीनी मिल का गन्दा पानी अंडरग्राउंड ह्यूम पाइप के माध्यम से पास में बहने वाली नदी में डाल दी जाती है।

खीरी के बाद मई, 2015 में हम जौनपुर जनपद पहुँच गये। गोमती और सई नदियाँ भी वहाँ खीरी और हरदोई से बहकर पहुँची हुई हैं जहाँ इन दोनों का जलालपुर खण्ड विकास क्षेत्र में संगम स्थल स्थित है। इस सुरम्य संगम स्थल पर लगने वाले वार्षिक मेले का आयोजन दो साल अपनी उपस्थिति में सम्पन्न कराया। सई और गोमती दोनों नदियाँ जौनपुर की सीमा में ज़्यादा गहरी और चौड़ी दिखती हैं। इनके राईपेरियन जोन में पर्याप्त हरियाली भी पायी जाती है जिसके कारण इन नदियों के दोनों किनारे अत्यन्त रमणीक और नयनाभिराम हैं। जौनपुर के उत्तरी–पश्चिमी हिस्से में गोमती की एक और सहायक 'पीली' नदी बहती है जिसमे कई स्थानों पर चेकडैम बनाकर उस क्षेत्र में जलस्तर को सुधारने का प्रयास किया गया है। गोमती नदी पीलीभीत के गोमत ताल से निकलकर लखीमपुर, सीतापुर, लखनऊ, सुल्तानपुर, जौनपुर, गाजीपुर ज़िलों से होते हुए लगभग नौ सौ किलोमीटर दूरी तय करके गंगा में मिल जाती है। ऐतिहासिक महत्त्व के शहर जौनपुर में 2015 से 2017 तक की अवधि में पोस्टिंग के दौरान गोमती नदी पर बने पाँच सौ साल पुराने पत्थर के शाही पुल और नये बने सद्भावना पुल के बीच 300 मीटर की लम्बाई में कई सौ सालों से इतनी गाद भर गयी थी कि नदी

दक्षिणी किनारे में सिमटकर मात्र 30–35 फीट चौड़ाई में बहती थी जिससे इसके सौन्दर्य पर प्रतिकूल प्रभाव पड़ता था। नदी किनारे बसे लोग उस ज़मीन पर अतिक्रमण भी करने लगे थे। तत्कालीन ज़िलाधिकारी जौनपुर से शहर के मध्य में स्थित इस हिस्से को सुधारने–सँवारने का अनुरोध हमने किया। उनके निर्देश पर एक महीने तक लगातार दो पोकलेन मशीनें चलाकर नदी की चौड़ाई को लगभग 300 फीट किया गया सन् 2016 की बरसात में जब पानी नदी के दोनों किनारों को छूते हुए बहने लगा तो आदिगंगा की गरिमा और महिमा को देखने लोगों की भीड़ जुटती थी। मीडिया से लेकर जौनपुर के आम नागरिकों ने मुक्तकण्ठ से प्रशासन के इस कार्य की सराहना की। दैनिक जागरण अख़बार ने 9 अप्रैल, 2016 को 'सिल्ट सफ़ाई से प्रफुल्लित हुई आदि गंगा' शीर्षक से ख़बर प्रकाशित कर प्रशासन के इस कार्य की सराहना की। गोमती नदी से सिल्ट सफ़ाई के कार्य को हमने अपनी देखरेख में सम्पन्न कराया था।

जून, 2017 में सीतापुर में हम पदस्थापित हुए। सरायन काले पानी वाले एक गन्दे नाले के रूप में यहाँ बहती हुई दिखी। जहाँ–तहाँ शहर का कचरा भरने से नदी का बहाव सँकरा हो चुका था। जुलाई–अगस्त में अच्छी बारिश हुई, शहर के एक संगठन ने नदी की सफ़ाई का अभियान छेड़ा और आसपास के मुहल्लों से सैकड़ों लोग श्रमदान के लिए इकट्ठा हुए। कार्यक्रम आयोजन से पूर्व मेरे कार्यालय में इसकी रूपरेखा भी बनी थी। तय समय पर निर्धारित स्थल पर मैं भी सफ़ाई अभियान में शामिल हुआ। शहर में इस अभियान की सकारात्मक प्रतिक्रिया हुई। इसके पूर्व प्रत्येक शनिवार को नदी किनारे पड़े कूड़े को हटवाने का काम तत्कालीन ज़िलाधिकारी मैडम डॉ. सारिका मोहन के नेतृत्व में आरम्भ किया जा चुका था। इन सारे प्रयासों के क्रम में माननीय नगर विधायक ने अपनी विधायक निधि से पोकलेन मशीन लगाकर नगर सीमा क्षेत्र में नदी के अन्दर से सिल्ट और कचरा हटवाकर नदी की अच्छी साफ़–सफ़ाई करायी। पुराने सीतापुर के पक्के पुल के पास धोबीघाट पर

नदी के चौड़े पाट को कचरे से भर दिया गया था जिसे नगरपालिका के वाहनों से हटवाकर कूड़ा डंपिंग ग्राउंड पर हमने भिजवाया। इस तरह शहर के अन्दर वाले हिस्से का कुछ हद तक साफ़–सफ़ाई सम्भव हो सकी। सीतापुर शहर के बीच में बसे एक मोहल्ले के लोगों ने तो अपने शौचालय सीधे गन्दे नालों में खोल रखे थे जिनसे होकर मानव मल–मूत्र सरायन नदी में गिरते थे। उन्हें अपने कार्यालय से नोटिस भेजकर बुलवाया और शौचालय बनवाने के लिए सख़्ती से निर्देशित किया गया। कई ऐसे पक्के घरों में रहने वाले सभ्य नागरिक गण थे जो अपने पहले और दूसरे तलों पर स्थित घरों के शौचालयों के पाइप सीधे मोहल्ले की नालियों में बहाकर बदबू और महामारियों को बुलावा देते थे। ऐसे लोगों को भी सख़्ती से समझाकर नालियों में मलप्रवाह को रुकवाया गया।

सरायन नदी खीरी जनपद के गोला तहसील क्षेत्र के एक ताल से निकलती है और 80 किलोमीटर बहने के बाद सीतापुर में यह गोमती नदी में मिल जाती है। सरायन, गोमती की मुख्य सहायक नदी है जिसमें साल भर पानी प्रवाहित होता है। शहर की सारी गन्दगी और अतिक्रमण झेलने को अभिशप्त यह नदी बेहद दयनीय स्थिति में पहुँच चुकी है। सरायन नदी को खीरी ज़िले में पोस्टिंग के दौरान सन् 2014 में देख चुका था। खीरी की मितौली तहसील में इसके बहाव क्षेत्र को किसानों ने इस कदर अतिक्रमित कर लिया है कि नदी का अस्तित्व ही ख़तरे में पड़ चुका है। सीतापुर शहर में प्रवेश के पूर्व 'बाबा लगे लड्डु आश्रम' के पास सरायन नदी का पानी स्वच्छ दिखता है। लेकिन आगे चलकर सरायन नदी गन्दगी और अतिक्रमण का शिकार होकर एक गन्दे नाले में बदल जाती है। जुलाई, 2017 की बरसात में सरायन में ख़ूब सारा पानी और तेज़ बहाव देखकर मन प्रसन्न हुआ। वास्तव में शहरी क्षेत्रों में 'सीवेज ट्रीटमेंट प्लांट' के बिना गन्दे नालों का पानी सीधे नदी में छोड़ दिये जाने की जो विकराल समस्या है उसका समाधान करने के लिए गम्भीर प्रयासों की जरूरत है। प्रभावी 'अर्बन प्लानिंग' की

व्यवस्था न होने के कारण शहरी क्षेत्रों की नदियों में बिना मानचित्र स्वीकृति के नदी के बहाव क्षेत्र में घुसकर बड़े पैमाने पर आवासीय एवं व्यावसायिक निर्माण कर लिये जाने के कारण ऐसी नदियों की स्थिति अत्यन्त चिन्ताजनक हो चुकी है। कभी विकसित नगरीय सभ्यताओं का आधार रही नदियाँ आज नागरिकों की उपेक्षा के कारण अपने अस्तित्व के लिए संघर्षरत हैं।

सीतापुर के बाद अप्रैल, 2018 में इटावा जाना हुआ जहाँ मात्र पाँच महीनों के लिए तैनाती रही। जनपद मुख्यालय पर पहुँचकर गेस्ट हाउस में सामान रखने के बाद यमुना और चम्बल नदी को देखने चल पडा। दोनों नदियों का सौन्दर्य दूर–दूर तक फैले बीहड़ और बबूल के जंगलों में और भी निखरा हुआ लगता है। जुलाई माह की बरसात के बाद धुलकर हरे–भरे हो उठे बबूल और अन्य प्रजातियों के पेड़ों से बीहड़ भला–सा लगने लगता है। चम्बल और यमुना के बीच के दोआब में बनी सड़क से भरेह के किले के पास चम्बल और यमुना का संगम देखना एक अविस्मरणीय अनुभव है। पास में ही ऊँचे टीले पर स्थित शिव मन्दिर की छत से भरेह किले के खँडहर और चम्बल–यमुना के संगम क्षेत्र का सौन्दर्य देखते ही बनता है। इस संगम स्थल से आगे मध्य प्रदेश से कई नदियाँ आकर यमुना में मिलती हैं जिसके कारण इस क्षेत्र को 'पंचनदा' भी कहते हैं। यह क्षेत्र घड़ियाल, मगरमच्छ और कछुओं का प्राकृतिक निवास और संरक्षित वन्यजीव प्रदेश है जिसके अद्भुत सौन्दर्य को नज़दीक से कई बार देखने का सुअवसर मिला। इटावा शहर तो यमुना नदी के किनारे पर ही बसा है उसे पार करके चम्बल तक जा पहुँचे। दोनों नदियों के बीच का घनघोर बीहड़ और उनके ऊपर जमा बबूल का जंगल और गर्म हवाओं के बवण्डर में उड़ती रेत से पहली बार मस्तिष्क में अजीब से रूखेपन का अहसास हुआ। दोनों नदियों में बेहद कम पानी था। जून के महीने में पिता जी को साथ लेकर चम्बल दिखाने गया। नदी के अन्दर तक गये। पानी बहुत कम था। बच्चे पैदल नदी को पार कर रहे थे। चम्बल नदी में मगरमच्छ, घडियाल

और कछुए रहते हैं और यह उनका संरक्षित क्षेत्र है। नदी के किनारों पर पत्थर, मगरमच्छ और कछुओं के दाँत एवं शरीर के अन्य अंगों के अवशेष जगह–जगह बिखरे पड़े थे। चम्बल को देखकर ऐसा लगता था कि यह नदी कभी भी सूख सकती है। इतने विशाल आकार वाली नदी के अन्दर खड़े होकर उसके सूखने की कल्पना करना एक भयानक अनुभव था। सुमेर सिंह किले के समीप यमुना घाट से प्लास्टिक एवं अन्य कचरे हटाने का कार्य स्वयं सेवी संस्थाओं और नगरपालिका के सहयोग से कराया गया। इटावा में 'सीवेज ट्रीटमेंट प्लांट' में शहर के गन्दे पानी का ट्रीटमेंट करने के उपरान्त यमुना नदी में छोड़ा जाता है जो एक सराहनीय पक्ष है।

इटावा शहर में अन्य शहरों की भाँति जलभराव की समस्या रहती है। राष्ट्रीय राजमार्ग 19 के किनारे जलमग्न रहने वाली ज़मीन में बने घरों से बरसात का पानी नहीं निकलता और वे लोग कमर तक पानी में रहने को अभिशप्त होते हैं। पुलिस लाइन के आगे से लायन सफारी होते हुए सुमेर सिंह किला के पास बहती यमुना तक पानी का बहाव ठीक ढंग से न होने के कारण बरसात के दिनों में जलजमाव होता है। इसका कारण ढूँढ़ते हुए जब हम भिण्ड रोड पर पहुँचे और मशीनों से बड़े नाले की सिल्ट सफ़ाई का कार्य शुरू हुआ तो स्थानीय लोगों ने बताया कि यह नाला नहीं सिंचाई विभाग की नहर है, जिसमें शहर के पक्के तालाब को भरने के लिए तथा आसपास के खेतों की सिंचाई के लिए गंग नहर से पानी आता था। कालान्तर में शहर के बढ़ते जाने के साथ नहर की ज़रूरत नहीं रही। घर बनाने वाले लोगों ने नहर की दोनों पटरियों को अतिक्रमित कर लिये। नहर पतले नाले में बदल गयी जिसमें घरों का गन्दा पानी और प्लास्टिक का कचरा भर गया था। पानी का बहाव रुका हुआ था। सफ़ाई के दौरान सिंचाई विभाग के इंजीनियरों को बुलाकर नाप कराई गयी और पूरी चौड़ाई में नहर की खुदाई हुई, अतिक्रमण हटाये गये। क्रीड़ा स्टेडियम और नुमाइश स्थल तक खुदाई से सैकड़ों ट्रक मिट्टी निकली जो सड़क किनारे जमा हो गयी। ऐसा कई शहरों में

हुआ है कि नदियों का साफ़ पानी लाने वाली नहरें शहर का गन्दा पानी वापस नदी या झील–तालाबों तक ढोने का कार्य करने लगीं। लखीमपुर क़स्बे के बीच से भी ऐसी नहर गुज़रती है जिसमें अब पानी नहीं आता। अलीगढ़ मुस्लिम यूनिवर्सिटी के उत्तर तरफ़ बहने वाली एक नहर अब बड़े गन्दे नाले में तब्दील हो चुकी है जिसे कुछ स्थानों पर मिट्टी–कूड़ा भरकर घर और बस्तियाँ बना ली गयी हैं जिसके कारण ड्रेनेज की समस्या कुछ क्षेत्रों में बनी रहती है। यही सभ्य होते शहरी भारत की विडम्बना है कि नदियाँ, झील, तालाब जैसे प्राकृतिक जल निकाय ही नहीं मानव निर्मित नहरें भी अतिक्रमण का शिकार होकर अपना अस्तित्व खो रही हैं।

इटावा के बाद अगस्त, 2018 में देवरिया में तैनाती हुई। वहाँ पहुँचकर पता लगा कि लगभग एक दशक से देवरिया जनपद में अच्छी बारिश नहीं हो रही थी। नदी–नालों, तालों से समृद्ध इस जनपद की कई छोटी नदियाँ और झीलों से निकलने वाले प्राकृतिक नाले सूखने के कगार पर पहुँच चुके थे। स्याही नदी उनमें से एक थी। देवरिया शहर के दक्षिणी–पूर्वी किनारे सोंदा ताल भी सूख चुका था और भूमाफियाओं ने उसमें प्लॉटिंग शुरू कर दी थी। ईंट के बड़े–बड़े चट्टे कई स्थानों पर गिरा दिये गये थे लेकिन 2019 और 2020 की अच्छी बारिश ने उनके मन्सूबों पर फिलहाल पानी फेर दिया था। मई, 2020 में मनरेगा से इस ताल की गहराई बढ़ाने के लिए हमने मुख्य विकास अधिकारी से अनुरोध किया था परन्तु पानी भरे होने के कारण यह कार्य नहीं हो सका था। इस जनपद की कई झीलें और ताल सिल्ट जमाव के कारण अतिक्रमण का शिकार हैं जिनकी मनरेगा से खुदाई कराकर बचाये जाने की ज़रूरत है।

वर्तमान में मैं जनपद अलीगढ़ में हूँ, जो गंगा और यमुना के दोआब में स्थित है। ये दोनों बड़ी नदियाँ जनपद के उत्तर–पूर्व और दक्षिण–पश्चिम में क्रमशः सीमा बनाते हुए बहती हैं। करबन, सेंगर, छोइया, नीम, रद, रुतबा, सिरसा, बडगंगा छोटी नदियाँ सूख चुकी हैं। काली नदी में केवल उद्योगों का ज़हरीला काला कचरा बहता है।

नदी के किनारे बसे गाँवों के लोग प्रदूषित पानी के उपयोग से गम्भीर बीमारियों के शिकार हो रहे हैं। अलीगढ़ शहर के अन्दर कई बड़ी झीलें थीं जो अपना अस्तित्व खो चुकी हैं। झीलों और छोटी नदियों के विलुप्त होने से इस जनपद का जलस्तर लगातार गिरता जा रहा है।

नदियाँ और भी

विद्यार्थी जीवन में एक बार सड़क मार्ग से मई, 2008 में दिल्ली से अपने लद्दाखी दोस्त कोंचक पाल्दान के साथ जम्मू और कश्मीर जाना हुआ। पठानकोट शहर और आर्मी कैंट को पार करते समय कई छोटी–छोटी जलधाराएँ पूरब से पश्चिम की तरफ़ बहते हुए शहर को कई खण्डों में बाँटती–सी प्रतीत होती हैं। जम्मू में ख़ूबसूरत तवी नदी के किनारे स्थित जम्मू विश्वविद्यालय कैम्पस में चार दिन रहना हुआ। तवी नदी में उस समय पानी कम था जिसके कारण उसके तल में भरे हुए गोल पत्थर नयनाभिरामी दृश्य उपस्थित कर रहे थे। परन्तु नदी के बहाव में ट्रक चालकों द्वारा ट्रक खड़े कर उनकी सफ़ाई करते देख अच्छा नहीं लगा था। सड़क मार्ग से ही जम्मू से श्रीनगर जाने में चिनाब नदी का लम्बा साथ रहा। श्रीनगर घाटी में पहुँचकर हम दोनों मित्र झेलम नदी में एक हाउसबोट में रुके। अगले दिन शिकारा और हाउसबोट वाले डल झील के किनारे स्थित बेहद ख़ूबसूरत कश्मीर विश्वविद्यालय में दिन भर रहे। श्रीनगर शहर के अन्दर स्थित छोटी–छोटी झीलों में भी हाउसबोट थे जो लोगों के घर ही थे। ऐसी झीलों के साथ–साथ डल झील में भी गन्दगी थी। अदूरदर्शी मानवीय हस्तक्षेप से प्राकृतिक ख़ूबसूरती पर नकारात्मक प्रभाव पड़ता है जिसे हम सहज ही देख सकते हैं।

अगस्त, 2018 में मेघालय–बांग्लादेश बॉर्डर पर स्थित डावकी में उम्तियांग नदी में एक घण्टे तक बोटिंग करने का अवसर भी हमें मिला। सुदूर पश्चिम में कश्मीर के डल झील से लेकर मेघालय के बड़ा पानी लेक, मसूरी के केम्पटी फाल और सहस्रधारा से लेकर

मेघालय के एलिफेंटा फाल तक हिमालय की गोद में फैले पानी की हर छटा को हमने देखा है। मेघालय से वापस लौटते हुए गुवाहाटी में ब्रह्मपुत्र नदी के प्रवाह को शुक्रेश्वर महादेव मन्दिर की सीढ़ियों पर बैठकर घण्टों निहारने का सुख शब्दातीत अनुभव है। पानी की विशालता से मुझे हमेशा डर लगता रहा लेकिन अब गंगा से लेकर छोटी नदियों में कम होते जाते पानी की चिन्ता करते हुए डर लगता है।

उत्तर प्रदेश–बिहार और नेपाल की संयुक्त सीमा पर स्थित त्रिवेणी टाउन नेपाल के उदयपुर जनपद में स्थित है, जहाँ गण्डक नदी के किनारे बहुत बड़ा मेला लगता है। बचपन में छह साल की उम्र में पिता जी के कन्धे पर बैठकर वहाँ लगने वाले मेले और नदी को देखा था। जहाँ तक नज़र जाये पानी–ही–पानी से भरी विशाल नदी गण्डक को देखना अनोखा और अविस्मरणीय अनुभव था। महाराजगंज जनपद में गण्डक नदी से निकली नहरों का जाल बिछा हुआ है और मेरे गाँव में भी एक छोटी–सी नहर आती है। गाँव में पाँच तालाब थे जो चार महीनों के दौरान होने वाली बारिश के पानी को सहेजकर रखते थे। बारिश, मछलियाँ, सीपियाँ, सारस, कमल से बने वातावरण ने मन में पानी के प्रति एक सहज प्रेम और सम्मान भरने का काम किया। घर से बाहर निकलने पर गोरखपुर में राप्ती, लखनऊ–कानपुर–दिल्ली के रास्ते में आमी, कुआनों, तमसा, घाघरा, कुकरैल, गोमती, सई, गंगा, यमुना सब नदियों को देखा। नौकरी के दौरान मेरठ से लेकर जौनपुर तक काली, खीरी और सीतापुर जनपदों में (शारदा, जमुआरी, सरायन, उल्ल, शारदा), गंगा–यमुना संगम (इलाहाबाद–प्रयागराज), गोमती–सई संगम (जौनपुर), चम्बल–यमुना संगम (इटावा), राप्ती–घाघरा संगम (देवरिया) देखने का सुअवसर मिला। साथ ही नदी, पानी, संगम सबके बारे में लगातार सीखने–समझने का भी अवसर मिला।

नदियों के प्रति एक सम्मान और पवित्रता का भाव जनमानस में हमेशा से मौजूद रहा है। इसका एक दृष्टान्त यह है कि गाँव में कई

व्यक्तियों के नाम नदियों और संगम स्थलों के नाम पर रखे जाते हैं जैसे कि गंगा, जमुना, गोमती, कृष्णा, गोदावरी, नर्मदा इत्यादि। बनारस हिन्दू विश्वविद्यालय, जवाहरलाल नेहरू विश्वविद्यालय, नयी दिल्ली, लाल बहादुर शास्त्री राष्ट्रीय अकादमी, मसूरी के सारे हॉस्टल के नाम देश की नदियों के नाम पर हैं। कई शहरों में आवासीय परिसरों और मोहल्लों के नाम भी नदियों के नाम पर रखे जा रहे हैं। इससे न केवल नदियों के प्रति हमारा सम्मान भाव प्रकट होता है बल्कि देश की एकता और अखण्डता का भी सन्देश मिलता है। इसी क्रम में हम देश की विभिन्न नदियों के किनारे होने वाले मेलों और आयोजनों को देख सकते हैं। भारतवर्ष में नदियों के किनारे स्नान और मेलों की एक प्राचीन और समृद्ध परम्परा है। चार महाकुम्भ और सालभर में अलग–अलग तिथियों पर अलग–अलग स्थानों के स्नान और मेले आयोजित होते रहते हैं और लोग नदियों के धार्मिक महत्त्व उनमें स्वतःस्फूर्त तरीक़े से भाग लेते रहते हैं। उत्तर प्रदेश में हापुड़ में गंगा किनारे गढ़मुक्तेश्वर, बदायूँ, फर्रुखाबाद, कन्नौज, इलाहाबाद–प्रयागराज, बनारस के विश्वप्रसिद्ध गंगा घाट, अयोध्या में सरयू, सिद्धार्थनगर के बाँसी में त्रिमोहानी और ऐसे ही हज़ारों स्थलों पर विभिन्न तरह के आयोजन होते रहते हैं। नदियों के किनारे अन्तिम संस्कार हिन्दुओं का सर्वमान्य संस्कार है। जन्म से लेकर मृत्यु तक तालाबों और नदियों के किनारे अनेक संस्कार एवं धार्मिक अनुष्ठान सम्पन्न होते हैं जिससे नदियों एवं अन्य जलस्रोतों के महत्त्व का पता चलता है। बचपन में हमने एक मान्यता के बारे में सुना था कि जो व्यक्ति एक कुएँ को पाटेगा या बन्द करेगा उसकी सन्तानें गूँगी पैदा होंगी। लोग इस मान्यता के डर से कुओं की पूजा करते थे और उपयोग में न होने पर भी उन्हें पाटते नहीं थे। तालाब और नदी में पेशाब और मल विसर्जन करने को अनैतिक पाप कर्म समझा जाता था। मानव सभ्यता के विकास का आधार जल और जलस्रोतों को सँभालने, इज़्ज़त से उसका सदुपयोग करने, और पानी की चिन्ता करने की आवश्यकता अपरिहार्य हो चुकी है अन्यथा बहुत देर हो जायेगी।

महराजगंज जनपद स्थित अपने पैतृक गाँव से लेकर दिल्ली तक पढ़ाई और अब नौकरी के सिलसिले में उत्तर प्रदेश के आठ जनपदों में तैनाती के दौरान किये गये कार्यों और अर्जित अनुभवों के माध्यम से जल एवं जल निकायों के महत्त्व को समझने का प्रयास किया गया है। अब समय आ चुका है छोटी नदियों को विलुप्त होने से बचाने के लिए हम उनके पक्ष में सामूहिक पहल करें।

2
नदियाँ और भारतीय समाज

दुनिया भर में सभ्यताओं का विकास नदियों के किनारे हुआ। हर सभ्यता का इतिहास नदियों की तरंग मालाओं से लिखा गया है। पृथ्वी का संवहन तन्त्र होने के नाते नदियों के किनारे ही नगर बसे, आवागमन का सुगम–साधन होने के नाते दुनिया भर के व्यापारिक केन्द्र नदियों के किनारे विकसित हुए। फर्रुखाबाद और कन्नौज जनपदों में गंगा नदी के किनारे बहुत सारे व्यापारिक भवन 'विश्रान्तें' आज भी मौजूद हैं। इनकी देखभाल अब भारतीय पुरातत्त्व सर्वेक्षण करता है। राज्यों के बनने और समाप्त होने की कहानियाँ भी नदियों से जुड़ी रही हैं। नदियों से सिंचित भूमि शस्य श्यामला होकर जीवों को आश्रय प्रदान करती रही हैं। नदी साक्षी है मनुष्यता के उत्थान–पतन की, कल–कल, छल–छल बहती नदी के किनारे बैठ कर कुछ नहीं सुन सके तो जरा साहस करके भीतर घुस कर देखने की कोशिश तो करें। कबीरदास जी की अनुभव से भरी वाणी कहती है :

जिन खोजा तिन पाइयाँ गहरे पानी पैठ।
मैं वपुरा बूड़न चला रहा किनारे बैठ।।

नदियों के भीतर पायी जाने वाली मछलियाँ और अन्य जलीय जीव और वनस्पतियाँ आदमी की खाद्य समस्या को हल करने में सहयोग करते हैं। नदियों में पाये जाने वाले खनिज हमारे आर्थिक

जीवन को समृद्ध करते हैं। बड़े–बड़े बाँध बनाकर विद्युत उत्पादन व नहरों के माध्यम से कृषि और उद्योग जगत में क्रान्तिकारी परिवर्तन लाने का प्रयास किया जा रहा है, परन्तु इन बड़े बाँधों ने पर्यावरण असन्तुलन की समस्या भी खड़ी की है जो मनुष्यता के लिए गम्भीर संकट बन गयी है। नदियों को प्राकृतिक स्वरूप में बचाये रखने के लिए सम्पूर्ण विश्व के पर्यावरणविद् बड़े बाँधों का विरोध करते हुए संघर्षरत हैं। नदी के दामन में क्या–क्या छिपा है, यह जानने के लिए नदी की सुनना होगा और सम्मान भी देना होगा। भगवत शरण उपाध्याय की एक किताब है 'भारत की नदियों की कहानी' उसका एक अंश उद्धृत करने से पहले राशिद अनवर राशिद की पंक्तियाँ याद आ जाती है–

उसके अन्दर की ख़ामोशी में ग़जब का राज था।
अपने एक मख्सूस लय में गुनगुनाती थी नदी।।

भगवत शरण उपाध्याय (2019) की किताब 'भारत की नदियों की कहानी' में विभिन्न नदियों की कहानी प्रस्तुत की गयी है–''मैं सिन्धु नदी हूँ, इतनी लम्बी–चौड़ी कि लोगों को मेरे समुद्र होने का धोखा हो जाता है। बहुत पुराने काल में जब आर्य लोग इस प्रदेश में आये, तब उन्होंने ही मुझे समुद्र समझकर यह 'सिन्धु' नाम दिया, और इसी नाम से मैं आज हज़ारों साल से पुकारी जाती रही हूँ। मानसरोवर के उत्तर में तिब्बती हिमालय से मेरा निकास है। जोरकुल झील से–जहाँ से पूर्व में ब्रह्मपुत्र, उत्तर में यारकन्द (सीता) और पश्चिम में आमू नदी वक्षु निकलती है और संसार की सबसे ऊँची चोटियों से निकलकर मध्य एशिया और कश्मीर के बीच सरहद बनाती है–निकलकर पहाड़ों से पंजाब से नीचे उतर आती हूँ। फिर पंजाब और अफ़गानिस्तान की धाराओं को पीती, सिन्धु के रेगिस्तान में प्रवेश कर जाती हूँ। आगे अरब सागर में मेरा मुहाना है, जहाँ देश–देशान्तर का लाया हुआ सारा जल लिये मैं आसमान चूमती लहरों में विलीन हो जाती हूँ।''

नदियों के किनारे सभ्यताओं का उदय हुआ। भगवत शरण उपाध्याय की सिन्धु नदी की कहानी की ही तरह हम प्रत्येक नदी और उसके किनारे घटे मानवीय इतिहास को जान और समझ सकते हैं। नदियों के किनारे ही अनेक युद्ध लड़े गये, जय–पराजय का इतिहास नदी घाटी सभ्यताओं का इतिहास है। सम्राट अशोक ने जब कलिंग पर आक्रमण किया था। तो कहा जाता है कि योद्धाओं के ख़ून से दया नदी की धार लाल हो गयी थी। मृत्यु का ऐसा दारुण दृश्य उपस्थित हुआ कि सम्राट अशोक का मन बदल गया। नदी की रक्तिम धार देखकर उसने शान्ति और अहिंसा का धर्म स्वीकार कर लिया था। नदी मार्ग सैनिकों के आवागमन का साधन होने के नाते दुनिया भर में थल सेना के साथ–साथ नौ सेना का विकास हुआ जिसकी देश की रक्षा में महत्त्वपूर्ण भूमिका रही है। महात्मा बुद्ध को एक नदी के किनारे ही बसे बोधगया में बुद्धत्व की प्राप्ति हुई थी। भारतीय इतिहास का वह महत्त्वपूर्ण क्षण अविस्मरणीय है। सर्वविदित है कि रोहिणी नदी के पानी के बँटवारे को लेकर आसन्न युद्ध को टालने के लिए शर्त हारकर बुद्ध को अपने राज्य से बाहर जाना पड़ा था। नदियों की उपस्थिति से ही धरती हरी भरी होती है। ग्रीष्म के ताप से पीड़ित जीव को स्नान कर शान्ति मिलती है, प्यास बुझती है। उसके दर्शन मात्र से दुखों से त्राण मिलता है। हमारी आर्ष परम्परा रही है मृत्यु के पश्चात् दाह संस्कार भी नदियों के किनारे किया जा रहा है। चिता की राख का विसर्जन नदियों में किया जाता है जो नदियाँ उसे निस्सीम समुद्र में पहुँचा देती हैं, अनन्त से जोड़ देती हैं। नदी घाटी में हम पैदा होते हैं तो वही जीवन का अन्त होता है। नदियाँ हमारी माँ हैं जिनकी शस्य श्यामला धरती पर हमें जीवन मिलता है। इसीलिए तो श्रद्धानवत होकर हमारे पूर्वजों ने नदियों की वन्दना करते हुए कहा है :

गंगा सिन्धु सरस्वती च यमुना गोदावरी नर्मदा
कावेरी सरयू महेन्द्रतनया चर्मण्यवती वेदिका।

क्षिप्रा वेत्रवती महासुरनदी ख्याता जया गण्डकी
पूर्णाः पूर्णजलैः समुद्रसहिताः कुर्वन्तु मे मंगलम्।।

नदियों की उपस्थिति ने हमें जीवन दिया है तो उसकी विनाश लीला भी कम महत्त्वपूर्ण नहीं होती है। प्रतिवर्ष नदियों में आने वाली बाढ़ के कारण अपार जनधन की हानि होती है। बाढ़ की विनाशकारी लीला से प्रलयकारी दृश्य उत्पन्न होते हैं। बहुत सारे गाँव नदियों में विलीन हो जाते, नदी किनारे कटते अड़ार कितने घर उजाड़ देते हैं। पीड़ा की भी एक निर्मम कहानी नदियाँ लिखती हैं। उनकी निर्ममता की ही एक प्रतीकात्मक कथा हो सकती है, महाराजा शान्तनु और गंगा की प्रेमकथा। महाराज शान्तनु एक बार स्वर्ग में देवराज इन्द्र के सहायतार्थ गये थे। उनके सामने से स्त्री रूप में लहराती बलखाती गंगा गुज़र गयीं। उन्हें देखकर महाराज शान्तनु के मन में कामेच्छा जागृत हो गयी। स्वर्ग में किसी भी तरह की इच्छा उत्पन्न होती है तो वह अनिवार्य रूप से पूर्ण होती ही है। इसी इच्छा के कारण गंगा ने महाराजा शान्तनु को पति रूप में इस शर्त के साथ वरण किया कि मैं जो कुछ भी करूँ आप मुझे मना नहीं करेंगे। पत्नी गंगा के गर्भ से क्रमशः सात बशु पुत्र रूप में उत्पन्न हुए, परन्तु गंगा जी स्वयं इन पुत्रगणों को मारती रहीं और महाराजा शान्तनु पुत्र शोक की पीड़ा झेलते रहें। आठवीं बार आठवें वसु भीष्म के रूप में उत्पन्न हुए इस आठवें पुत्र को भी गंगा जी ज्योंही मारने को उद्धृत हुईं महाराज शान्तनु ने उन्हें टोक दिया आप यह क्या कर रही हैं। उनका टोकना सुनते ही गंगा जी अन्तर्धान हो गयीं। गंगा पुत्र होने के कारण ही भीष्म पितामह को गांगेय कहा जाता है। इस कथा का निहितार्थ तो यही हो सकता है कि जो गंगा अपनी धवल धार से कछार की धरती को हरा–भरा करती है। जीवों की उपस्थिति से जो धरती गुलज़ार होती है, उसे ही एक दिन बड़े बेरहमी से निगल जाती है। यद्यपि माँ सर्वदा निर्दोष होती है :

समरथ को नहिं दोष गोसाईं।
रवि पावक सुरसरि की नाईं।।

जीवनदायिनी नदियों की रक्षा का तात्पर्य है, पर्यावरण की रक्षा और पर्यावरण की रक्षा का अर्थ है स्वयं मनुष्य की रक्षा। अगर नदियाँ मर जायेंगी तो धरती से जीवन भी समाप्त जायेगा। नदी और जीवन दोनों को बचाये रखने के लिए हमें जागरूक होकर प्रयास करना होगा। नदियों के महत्त्व को समझते हुए मनुस्मृति में कहा गया :

नाप्सु मूत्रं पुरीषं वा ष्ठीवनं वा समुत्सृजेत्।
अमेध्यलिप्तं अन्यद्वा लोहितं वा विषाणि वा।

अर्थात् जल में मल–मूत्र, थूक अथवा दूषित पदार्थ रक्त या विष का विसर्जन नहीं करना चाहिए। परन्तु प्राकृतिक सम्पदा के अतिशय दोहन ने हमारे सामने पर्यावरण का घोर संकट खड़ा कर दिया है। पारिस्थितिक तन्त्र में उत्पन्न विसंगति से जीवन कठिन होता जा रहा है। यदि यही स्थिति बनी रही तो एक दिन पृथ्वी का ही अस्तित्व मिट जायेगा। मनुस्मृतिकार ने जिन दूषित पदार्थों को नदी में विसर्जित करने से मना किया था। उससे भी भयंकर क़िस्म के प्रदूषण कारक अपशिष्ट नदियों में प्रवाहित हो रहे हैं। जिन नदियों के स्वच्छ जल में आदमी स्नान ही नहीं करता उसे पीकर स्वास्थ्य लाभ भी करता था, आज वे नदियाँ इतनी ज़हरीली हो गयी हैं कि आदमी उसमें उतरने से कतराता है। भले ही नदियों के किनारे आरती का कार्यक्रम होता हो। दीयों की श्रृंखला नदियों की धार पर बहाई जाती हो, मात्र औपचारिक कृत्य बनकर रह गयी है, नदियों की पूजा। सिन्धु सभ्यता से ही नदियों के पूजन का प्रमाण प्राप्त होता है परन्तु औद्योगिक विकास ने पूरे देश भर में नदियों को इस प्रकार प्रदूषित किया है कि जीवन–मरण का संकट खड़ा हो गया है। गंगा की सफ़ाई पर तो करोड़ों रुपये का ख़र्च किया जा रहा है जो कि उचित भी है परन्तु छोटी नदियों पर भी पर्याप्त ध्यान देने की आवश्यकता है। प्रकृति प्रदत्त जल और उसके उपयोग के क्रम में मानव समाज और पानी के स्रोतों के मध्य जो अन्तःक्रिया हुई और जो व्यवस्थाएँ स्थापित हुईं उनको समझने के लिए पानी के समाजशास्त्र को समझना होगा।

पानी का समाजशास्त्र

पानी प्रकृति प्रदत्त संसाधन है। मानव अपने विवेक से पानी के साथ समाज का व्यवहार स्थापित करता है जिसमें सामाजिक–सांस्कृतिक संरचना की अहम भूमिका होती है। समाजशास्त्र सामाजिक व्यवहार और सामाजिक अन्तःक्रियाओं का वैज्ञानिक अध्ययन है। पानी जैसे प्राकृतिक तत्त्व के विभाजन और उपयोग के मानव निर्मित अनेक सामाजिक नियम हैं। भारतीय समाज एक जाति आधारित समाज है और पानी के स्रोतों पर स्वामित्व किसका होगा उसका विभाजन और क्रम निर्धारित करने का अधिकार किसका होगा यह सब पहलू जाति व्यवस्था में निहित नियमों से तय होते हैं। भारतवर्ष के प्रारम्भिक समाजशास्त्रियों में एक राधाकमल मुकर्जी (2010 : 120–122) ने जल को सामुदायिक संरचना का आधारतत्त्व मानते हुए पानी के स्रोतों के स्वामित्व, उनकी देख–रेख, बँटवारे, सिंचाई के लिए पानी की बिक्री इत्यादि मुद्दों पर विस्तार से लिखा है। उनका कहना है कि विश्व के उन क्षेत्रों में जहाँ पानी की उपलब्धता कम है वहाँ सामुदायिक रूप से पानी का दोहन और उपयोग होता है। मिस्र जैसे देशों में ऐसे समुदायों को वे 'हाइड्रोलिक कम्युनिटीज़' कहते हैं। जापान, जावा और भारत जैसे वर्षा वाले देशों में जहाँ चावल का उत्पादन होता है वहाँ भी ग्रामीण समुदाय के लोग सामूहिक प्रयास से सिंचाई और धान जैसी फ़सलों का उत्पादन करते हैं इससे लोगों के बीच आपसी सहयोग की भावना मज़बूत होती है। जापान और सुदूर पूर्व के देशों में फ़सलों में सिंचाई और जल व्यवस्थापन के लिए सुइरी–कुईमिई (suiri-kumiai), और कोची–सिरी–कुमिई (kochi-seiri-kumiai) जैसी प्राचीन सोसायटीज़ का प्रचलन है। इन क्षेत्रों में प्रायः आने वाली बाढ़ का नियन्त्रण भी आपसी सहयोग से समुदाय के स्तर पर किया जाता रहा है।

गोरखपुर, देवरिया के डूब क्षेत्रों में स्थित कई गाँवों में बाढ़ से बचने के लिए 'ज़मींदारी बाँध' सामूहिक सहयोग से बनाये गये हैं जो

आज भी अस्तित्व में हैं। ज़मींदारी बाँध न केवल नदियों की बाढ़ से गाँवों को बचाते हैं बल्कि उनसे फ़सलों की सिंचाई के लिए तालाबों में पानी सँजोकर रखा जाता है, जिनमें सिंघाड़ा और मछली पालन भी किया जाता है। बिहार प्रदेश के गया और अन्य जनपदों में 'आहार' और 'पाइन्स' जैसी जल संरक्षण की परम्परागत तरीक़ों से किसानों को पानी की आपूर्ति सामूहिक सहयोग से की जाती है। जल संरक्षण की इस पारम्परिक व्यवस्था ने इन क्षेत्रों के निवासियों को भूख और अकाल से बचा रखा है। इन प्रयासों का समुदाय और समाज के स्तर पर समाजशास्त्रीय महत्त्व है जिसमें लोग मिल–जुल कर प्रकृति प्रदत्त संसाधनों का विवेकपूर्ण उपयोग करके अपने सामाजिक सम्बन्धों को न केवल मज़बूत बनाते हैं बल्कि सबकी आपसी सुरक्षा भी इसमें समाहित है। जजमानी व्यवस्था में परम्परागत रूप से घरों में पानी भरने का काम कहार जाति के लोगों द्वारा किया जाता था। राम चन्द्र गुहा द्वारा सम्पादित 'Social Ecology' (2010) शीर्षक किताब में देश के अलग–अलग हिस्सों में सामुदायिक आधार पर जल के व्यवस्थापन और वितरण के बारे में विस्तार से बताया गया हैं। सरकारों द्वारा नहरों के माध्यम से जल को नदियों से निकालकर दूर–दूर तक सिंचाई के उद्देश्य से ले जाने और उसके प्रभावों पर भी इस पुस्तक में सामग्री उपलब्ध है। जलस्रोतों का व्यवस्थापन, समुदाय, ज़मींदार या सरकार जो भी संस्था करती है उसके अपने नियम होते हैं साथ ही जल का उपयोग करने वालों से राजस्व भी वसूला जाता है ताकि जल स्रोतों की देखभाल उचित ढंग से की जा सके। पानी के सामाजिक पक्ष को और बेहतर ढंग से जानने के लिए इस पुस्तक से गुज़रना अलग तरह का अनुभव है।

असित के. बिस्वास अपने शोधपत्र 'Sociological Aspect of Water Development' में पानी से जुड़े सामाजिक मुद्दों पर लिखते हैं, "जल संसाधनों का विकास आर्थिक और तकनीकी मुद्दों को प्राथमिकता देने के स्थान पर ऐसे पहलुओं पर ध्यान देना चाहिए जिससे मानव जीवन की गुणवत्ता में वृद्धि हो सके। इसी तरह किसी

परियोजना की सफलता और असफलता को उसके इंजीनियरिंग और तकनीकि के आधार पर नहीं बल्कि लोगों पर पड़े प्रभाव की दृष्टि से या सामाजिक परिणामों की दृष्टि से आकलन करना चाहिए। दुनिया भर की बड़ी नदियों पर बनी जल–विद्युत् परियोजनाओं के अनपेक्षित परिणामों पर हुए अध्ययनों का ज़िक्र करते हुए असित बिस्वास सामाजिक–सांस्कृतिक दृष्टिकोण से मिसौरी नदी पर बने बाँध, नील नदी के असवान बाँध इत्यादि के प्रभावों पर लिखा है कि बाँध बनने के बाद मछलियों की संख्या कम हो गयी। अन्य जलीय जीवों और वनस्पतियों की संख्या में भी भारी कमी दर्ज़ की गयी, भू–क्षरण होने के साथ ज़मीन की उर्वरा क्षमता भी कम हो गयी। मिस्र में यह समस्या बढ़ती जा रही है। बिल्हार्जिया परजीवी से संक्रमण फैलने व बीमार होने और मरने वालों की संख्या बढ़ गयी। अन्य देशों में जहाँ बड़े बाँधों का निर्माण विद्युत और सिंचाई के लिए हुआ है वहाँ विस्थापन के साथ–साथ अनेक बीमारियाँ व अन्य समस्याएँ खड़ी हो गयी हैं। ऐसी कोई भी परियोजना बनने से पहले वहाँ के स्थानीय निवासियों से परामर्श करना चाहिए। भू–माफिया उस क्षेत्र में ज़मीन ख़रीदने के लिए दौड़ पड़ते हैं उनके ऊपर नियन्त्रण करना चाहिए। निर्माण के स्थान पर बहुत सारे लोग आकर बस जाते हैं जिसकी वजह से संसाधनों पर अतिरिक्त दबाव बढ़ जाता है। स्थानीय और बाहरी लोगों में कई तरह के संघर्ष भी बढ़ जाते हैं, लेकिन इन मुद्दों पर प्रायः परियोजनाओं की तैयारी के दौरान ध्यान नहीं दिया जाता है जिसके कारण स्थानीय निवासियों को अपनी आजीविका खोनी पड़ती है। हमें आर्थिक और तकनीकी पक्षों के साथ ही सामाजिक और पर्यावरणीय पक्षों को भी विशेष ध्यान देकर परियोजनाओं का निर्माण करना चाहिए।

दीपा जोशी और बेन फावकेट ने उत्तराखण्ड में अपने फील्ड वर्क के बाद 'Water, Hindu Mythology and an Unequal Social Order in India' (2001 : 1–5) में लिखा है कि जाति आधारित 'पवित्र और अपवित्र' (purity and pollution) की अवधारणा के

अन्तर्गत एक समुदाय में पानी के स्रोतों पर स्वामित्व और उपयोग को निर्धारित किया जाता है। वेदों में जल को आध्यात्मिक त्याग का सार कहा गया है। दिन–प्रतिदिन के उपयोग या कर्मकाण्डों में इसके प्रयोग से स्वर्ग प्राप्ति को सुगम होना बताया गया है। वे आगे लिखते हैं कि धर्मशास्त्रों में शूद्रों के सम्पर्क या बातचीत से उत्पन्न हुई अपवित्रता को दूर करने के लिए पानी को एक माध्यम के रूप में चिह्नित किया गया था। मनुस्मृति में भी कहा गया है कि यदि शूद्र किसी कुएँ या तालाब को स्पर्श करता है तो वह प्रदूषित या अपवित्र हो जाता है। ऐसे में पानी के स्रोत को पवित्र करने के लिए कर्मकाण्ड करने पड़ते हैं। मनुस्मृति और कई धर्मग्रन्थों में शूद्रों को कुत्ता, सूअर जैसे जानवरों की श्रेणी में रखा गया है। जन्म–मृत्यु और माहवारी से जुड़े सभी तरह के अस्थायी अपवित्रता को पानी के द्वारा ही दूर किया जाता है। जोशी और फावकेट द्वारा जिस 'चुनी गाँव' का अध्ययन किया गया है उसमें जल देवी का मन्दिर है। उच्च जातीय लोगों द्वारा जिन धाराओं और गुलों के पानी का उपयोग किया जाता है उन्हें जल देवी का आशीर्वाद मानते हुए उनकी पूजा की जाती है। रोज़ के पूजा–पाठ, शादी–विवाह व अन्य धार्मिक सामूहिक कार्यक्रमों में नौला–गुल के पानी का उपयोग इसे पवित्र मानते हुए किया जाता है। दलितों को यहाँ भी अपवित्र और जल को प्रदूषित करने वाला माना जाता है। यदि उच्च जाति का कोई व्यक्ति किसी दलित व्यक्ति के सम्पर्क में आ जाता है तो नौला के पानी से वह ख़ुद को पवित्र करता है।

सन् 1975 में 'कुमाऊँ एंड गढ़वाल वाटर एक्ट' बनाकर पानी के स्रोतों पर निजी स्वामित्व समाप्त कर इसे राज्य के अधीन कर दिया गया परन्तु व्यावहारिक तौर पर अभी लोग पुरानी परम्परा के अनुसार अपने स्वामित्व बनाये हुए हैं। यदि कोई दलित व्यक्ति उच्च जातियों के लिए प्रवाहित नौला से पानी चुराकर भी पी लेता है तो उसे पीटा जाता है या उसे अन्य दण्ड दिये जा सकते हैं। एक ही गाँव में कुछ लोग जल स्वामी बने हुए हैं तो कुछ लोग जल की कमी झेलने को मजबूर हैं। उच्च जाति और दलित जातियों की संख्या गाँव में

बराबर होने के बाद भी दलितों के लिए केवल एक नाला है जिसके कारण उन्हें अक्सर अपने काम पानी की कमी में सम्पादित करने पड़ते हैं। जातीय विषमता और शोषण के ये उदाहरण उत्तराखण्ड के गाँवों में आज भी मौजूद हैं। जातीय आधार पर होने वाले भेदभावों और सोशल एक्सक्लूशन को कम करने के लिए क़ानून और नीतियाँ बनती हैं लेकिन स्थानीय स्तर पर उनका क्रियान्वयन कठिन होता है। परम्परागत रूप से प्रभुत्वशाली लोग अपना प्रभाव हमेशा बनाये रखते हैं। उनके निष्कर्ष कुछ इस प्रकार हैं, "To equitably improve access to water for the Dalits and women, the root cause of the determinants of social inequity need to be identified, exposed and addressed locally-Blueprint, approaches construed in ignorance of deep-rooted cultural values of caste and gender hierarchies will at best result in cosmetic, but not real changes to the social fabric of Hindu society, and the power-based distribution and access to basic resources in such societies (Joshi-Fawcett 2001:11)". भारतीय सामाजिक संरचना में जातीय स्तरीकरण इस तरह रचा–बसा है कि स्तरीकरण की सीढ़ी पर प्रत्येक जाति चाहे वह कितने ही निचले पायदान पर हो ख़ुद से नीचे भी दूसरी जाति को खोज लेती है। मेरा ख़ुद का एक आनुभविक अध्ययन है कि किस तरह देवरिया जनपद के उदयपुरा गाँव में डोम जाति के लोग मुसहर जाति से छुआछूत मानते हैं। पूर्वी उत्तर प्रदेश के कई जनपदों में स्वयं छुआछूत के शिकार डोम जाति के लोग मुसहर जाति के लोगों को अपने प्रयोग में आने वाले सरकारी नल से पानी नहीं लेने देते थे। मुसहरों के हित में काम करने वाली संस्था 'सोशल डेवलपमेंट फाउंडेशन' की संगीता कुशवाहा जी के माध्यम से मामला संज्ञान में आने व विवाद बढ़ने पर मुशहर लोगों के लिए जनसहयोग से अलग नल की व्यवस्था की गयी।

नदियों के समाजशास्त्र का एक पहलू दमन, शोषण, विद्रोह और बदले से भी जुड़ा हुआ है। चम्बल, यमुना और गंगा की कटरी

के विशाल क्षेत्र में जातीय आधार पर जो भेदभाव होते रहे और वहाँ सरकारी मशीनरी की विरल उपलब्धता के कारण डाकुओं का उद्‌भव हुआ। अपने विरुद्ध हुए शोषण का बदला शोषक जातियों और परिवारों से कई लोगों ने डाकू बनकर लिया। लाखन सिंह, फूलन देवी, कल्लू यादव, ददुआ, ठोंकिया आदि बड़े डाकुओं ने नदियों के बीहड़ों और जंगलों में शरण लेकर बहुत उथल–पुथल मचाया। कल्लू डाकू तो फर्रुखाबाद और बदायूँ में गंगा के दोनों तरफ़ की कटरी में बरसों तक आतंक का पर्याय बना रहा। कल्लू डाकू गंगा नदी के किनारे बैठकर मछलियों को दाना खिलाता था और कोई व्यक्ति अगर नदी में मछली मारते दिख जाये तो उसको बहुत मारता था और कभी–कभी गोली भी मार देता था। चम्बल ने तो जाने कितने विद्रोहियों को पैदा किया और शरण दी। इटावा में पोस्टिंग के दौरान हमे पता चला कि चम्बल नदी में पाये जाने वाले क्विंटल भर तक बड़े कछुओं, घड़ियाल को पकड़कर तस्करी की जाती है। इसमें कंजड़ जैसे कई घुमन्तू जातियों के लोग पकड़े भी जाते थे। अपराधियों का एक इंटरनेशनल नेटवर्क इसमें जुड़ा होता है। लखीमपुर–खीरी और बहराइच जनपद के बॉर्डर पर घाघरा नदी के किनारे बैठकर सन् 2014 में घण्टों डॉलफिन फिश को हवा में उछलते–खेलते देखा था। वहीं की गोर्रा नदी में आप घड़ियाल और मगरमच्छ को नदी के किनारे बैठ के देख सकते हैं। इन सभी विलुप्तप्राय जीव–जन्तुओं का शिकार और तस्करी होने की ख़बरें गाहे–बगाहे आती ही रहती हैं।

भारत में जल संरक्षण के परम्परागत उपाय

जल को संरक्षित करने के परम्परागत उपाय समुदायों द्वारा अपनी अर्जित समझ से ही विकसित किये जाते रहे हैं। समुदाय एक निश्चित स्थान पर स्थायी रूप से रहने वाले लोगों का समूह होता है जिनके बीच आपस में प्राथमिक सम्बन्ध होते हैं। जनजातीय अर्थव्यवस्था, भरण–पोषण आधारित अर्थव्यवस्था, कृषि व्यवस्थाओं के अन्तर्गत भारतवर्ष के विभिन्न पारिस्थिकी क्षेत्रों में जल संरक्षण के

अलग–अलग प्रकार के परम्परागत तरीके प्रचलित हैं जिनमें वर्षा के पानी को समुदाय के सहयोग से संरक्षित करके रखा जाता है और पीने के पानी और सिंचाई या अन्य ज़रूरतों में उपयोग किया जाता है। इतिहास के एक लम्बे कालखण्ड में विभिन्न समुदायों द्वारा जल संरक्षण और उपयोग की जो पद्धतियाँ विकसित हुईं उनका संक्षिप्त विवरण निम्न प्रकार है :

1. ट्रांस हिमालय–जम्मू–कश्मीर और लदाख–जिंग, 2. वेस्टर्न हिमालय–उत्तराखण्ड, हिमाचल प्रदेश–कुल, नौला, कुल्ह, खत्री, नौला, गुल, धारा, सिमर, खाल, 3. ईस्टर्न हिमालय–अरुणाचल प्रदेश–अपातानी, 4. नार्थ–ईस्टर्न हिल रेंज्स–नागालैण्ड–जाबो, 5. ब्रह्मपुत्र वैली–असम, पश्चिम बंगाल–डोंग्स, दुंग्स, जम्पोइस, मेघालय–बम्बू ड्रिप इरीगेशन, 6. ठण्डो–जेनेटिक्स मैदान–बिहार–आहार–पाइनस, दिघिस, बोलिस, 7. थार मरुस्थल–गुजरात, कुण्ड्स, कुइस बरिस, बोरिस, बेर, झालारस, नाडी, टोबस, टाँका, खन्दिन्स, वाव, जोहड़, बावड़ी, वीरदास, पार, उत्तर प्रदेश–कुण्ड, कुआँ, तालाब, दिल्ली–बावली, डीघी, 8. सेंट्रल हाईलैंड्स, तालाब, बन्धिस, साजा कुआँ, जोहड़, नादा, बाँध, पाट, रपट, चन्देला, टैंक, बुन्देला टैंक, 9. ईस्टर्न हाईलैंड्स–मध्य प्रदेश, ओडिशा–कटास, मुन्दास, बन्धास, 10. दक्कन प्लेटू–आन्ध्र प्रदेश–चेरुवु, कोहली टैंक्स, भण्डारास, फाड़, रामटेक, कर्नाटक–मडाकास, नीरुगन्ती, 11. वेस्टर्न घाट/ईस्टर्न घाट–केरल–सुरंगम, कोराम्बू, 12. वेस्ट कॉस्टल प्लेन्स–वीरदास 13. ईस्टर्न कॉस्टल प्लेंस–तमिलनाडु–एरी, ओराइन, अण्डमान आइलैंड–जैक वेल्स।

ऊपर दिये गये उपायों के अतिरिक्त देश भर में अनेक तरह के जल संरक्षण की पद्धतियाँ मौजूद हैं जिनमें कट्टा, सैंड बोरस, पेमधारा, झालरा, रूफटॉप रेन वाटर हार्वेस्टिंग, टेक स्पीक्स टेबल, जॉय पम्पस, साइकिल रन वाटर पंप्स, रेन वाटर सिरिंज, वाटर व्हील इत्यादि। तकनीकी रूप से वाटर हार्वेस्टिंग हमारे घरों और कार्यालयों की छत से बारिश के पानी को बचाने का एक महत्त्वपूर्ण तरीका है जिसके प्रचार–प्रसार की आवश्यकता है।

कल्चर–नेचर विमर्श

पृथ्वी, जल, अग्नि, आकाश, वायु सभी प्राकृतिक तत्त्व हैं जिनसे मानव शरीर के निर्माण की बात कही जाती है। प्रकृति–प्रदत्त इन अमूल्य साधनों को मनुष्य स्वयं द्वारा निर्मित सांस्कृतिक नियमों और व्यवस्थाओं के तहत उपयोग करता है। यहीं से जाति, धर्म, लिंग, उम्र, क्षेत्र के आधार पर भेदभाव की संस्थागत व्यवस्था जन्म लेती है। भारत देश में जातीय और धार्मिक स्तरीकरण की जड़ें बहुत गहरी हैं। पानी एक प्राकृतिक तत्त्व है लेकिन पानी के स्रोतों को हम दो श्रेणियों में बाँट सकते हैं–

1. नदियाँ और बड़ी प्राकृतिक झीलें–इन पर बड़े क्षेत्रफल में आवासित बड़ी जनसंख्या कृषि और पेयजल व अन्य कार्यों के लिए निर्भर होती है।

2. मानव निर्मित तालाब, कुएँ, झील, बावड़ी, नहरें और अन्य संरचनाएँ। इन संरचनाओं से कम क्षेत्रफल में स्थित एक समुदाय के लोग लाभान्वित होते हैं।

मानव निर्मित संरचनाएँ संस्कृति और सभ्यता हैं। पेयजल के उद्देश्य से बने कुएँ आबादी के भीतर जातीय और आर्थिक आधार पर बनाये जाते थे, जैसे हमारे अपने गाँव में तीन कुएँ हैं, एक गाँव के बीच में नाई जाति के समृद्ध व्यक्ति के घर के सामने ब्राह्मण, और अन्य मध्य वर्णीय जातियों के लगभग 25 परिवार पानी लेते थे। एक गाँव के सबसे सम्पन्न कुर्मी किसान परिवार के घर के सामने और तीसरा गाँव के अनुसूचित जातीय बस्ती 'चमरौटी' में आर्थिक रूप से बेहतर और सम्मानित व्यक्ति के घर के सामने। इस कुएँ से अनुसूचित जाति के लगभग 15 परिवार पानी लेते थे। उनकी आबादी में चमरगढ़िया नाम से एक तालाब भी है। बाकी तीन तालाबों का प्रयोग सभी लोग करते रहे हैं। चमरगढ़िया तालाब में अन्य जातियों के लोग आज भी मछली मारने तक से परहेज करते हैं। खेतों के बीच भी छोटे–छोटे तालाब और कुएँ मौजूद रहते हैं जिनमें पानी को

संरक्षित करके रखा जाता है और कृषि कार्य में प्रयुक्त किया जाता है। तालाब और कुएँ के पानी को भी गाँव के प्रभुत्व जाति के लोग प्राथमिकता के आधार पर प्रयोग करते हैं। उनके पास कृषि भूमि और जातियों की तुलना में ज़्यादा होती है।

इतना ही नहीं बरसात के पानी की निकासी का रास्ता भी जातीय आधार पर तय होता रहा है। चमरगढ़िया का पानी सवर्ण जाति के लोगों की बसावट की तरफ़ से होकर खेतों में नहीं जा सकता। दोनों बसावटों का पानी अलग–अलग रास्ते से गाँव से बाहर जायेगा। इसकी स्पष्ट व्यवस्था जातीय ग्रामीण भारत में रही है। शहरों में भी निश्चित रूप से रही होगी। सूखा प्रभावित और कम पानी वाले क्षेत्रों जैसे विदर्भ बुन्देलखण्ड और सौराष्ट्र स्थानों पर तो महिलाओं का यौन शोषण एवं मज़दूरों को बँधक बनाकर कम मज़दूरी पर काम कराने का काम पानी देने के लालच में सम्पन्न लोग कराते हैं। सन् 2016 में आयी फ़िल्म 'तारा : द जर्नी ऑफ़ लव एंड पैशन' में पानी की कमी और सूखा प्रभावित क्षेत्रों में ग़रीब महिलाओं के शोषण को दिखाया गया है। प्रकृति द्वारा दिये गये पानी का सामाजिक आधार पर किया गया भेदभावपूर्ण विभाजन ही कल्चर–नेचर विमर्श की आधारशिला है।

प्रभुत्व और जल संसाधन

एम.एन. श्रीनिवास ने 'डोमिनेंट कास्ट' की अवधारणा को परिभाषित किया था। प्रत्येक गाँव या क्षेत्र में ऐसी जातियाँ पायी जाती हैं जो सामाजिक, आर्थिक, जातीय संख्याबल, शिक्षा इत्यादि में अग्रणी होती हैं उन्हें प्रभु जाति कहते हैं। कृषि भूमि, तालाब, कुआँ जैसे प्राकृतिक संसाधनों पर भी इन प्रभावशाली लोगों का नियन्त्रण रहता है। जल ग्रामीण सामुदायिक जीवन का निर्णायक आधारभूत तत्त्व है। राजशाही और ज़मींदारी शासन व्यवस्था में जल स्रोतों पर शासक वर्ग का ही नियन्त्रण होता था। शासित लोग उनके द्वारा बनाये नियमों के अन्तर्गत जल का वितरण और उपभोग करते थे। नदियों के पानी के

विभाजन और प्राकृतिक संसाधनों पर अधिकार का झगड़ा तो महात्मा बुद्ध के समय से चला आ रहा है।

नाव चलाने के लिए नदियों के घाटों का पट्टा, मछली मारने और सिंघाड़ा इत्यादि जलीय पौधों को उगाने के लिए नदियों, तालों और तालाबों का पट्टा सरकारी नियमों के अन्तर्गत किया जाता है। समुद्र तटीय क्षेत्रों में भी सम्बनन्धित राज्य या केन्द्र सरकार के कुछ क़ानूनी प्रावधान इस सम्बन्ध में होंगे। लोक निर्माण विभाग और रेलवे जैसे विभिन्न विभागों में ठेकों के लिए जिस तरह प्रभावशाली लोगों के बीच संघर्ष–विवाद होते हैं उसी तरह नदी–तालाब के पट्टों के लिए संघर्ष होते हैं। यदि किसी जाति विशेष को पट्टे दिये जाने का प्रावधान है तो उनके पीछे भी कुछ जातीय, आर्थिक और राजनीतिक रूप से प्रभावशाली व्यक्ति खड़े होते हैं और वही प्रॉक्सी के रूप में सारे कार्य करते हैं। वास्तविक पट्टेदार नाममात्र का पट्टेदार होता है। बोतल बन्द पानी और कोल्ड ड्रिंक बनाने वाली कम्पनियाँ भूगर्भ जल का अन्धाधुन्ध दोहन करती हैं भले ही उन्हें सरकारी परमिट मिला हो लेकिन उसका दुरुपयोग तो होता ही है। फिल्टर्ड पानी पीने के लिए लगभग 60 प्रतिशत जल नालियों में अमीर शहरी लोग बहा देते हैं।

नदी में पानी तो उसके प्रवाह क्षेत्र में बहता है लेकिन नदी का रिवर बेड दोनों किनारों पर दूर तक फैला हुआ होता है। गंगा, यमुना और घाघरा जैसी बड़ी नदियों के रिवर बेड के किनारे फैली नदी के खाते में दर्ज़ ज़मीनों पर क़ब्ज़े और फ़सल लूट ले जाने का अपना अलहदा अर्थशास्त्र और समाजशास्त्र है। उदाहरण के लिए यदि गंगा नदी को लें तो यह बिजनौर जनपद में मैदान में प्रवेश करती है और वहीं से ज़मीनों पर क़ब्ज़े करने और गेहूँ की फ़सल बोने और काटने का झगड़ा शुरू हो जाता है जो वहाँ से लेकर नदी के बंगाल की खाड़ी में गिरने तक हर स्थान पर पाया जाता है। मेरठ के गंगा मैदान और फर्रुखाबाद–बदायूँ–शाहजहाँपुर के मैदानों में बड़ी संख्या में पंजाबी सिख और सरदार लोग सस्ती ज़मीनों के लोभ में इधर आकर बस गये हैं। डाकुओं के प्रभाव को कम करने के लिए

इन बीहड़ निर्जन क्षेत्रों में सरदार जी लोगों को बसाया गया। इस साहसी और मेहनती समुदाय ने तो इस क्षेत्र के लोगों को खेती करना सिखाया लेकिन अब स्थानीय लोग उनके साथ ठीक व्यवहार नहीं करते। ज़मीन का कुछ टुकड़ा ख़रीदकर बाकी कटरी में गंगा जी की ज़मीन को स्थानीय ग्रामप्रधान, पुलिस–प्रशासन या अन्य किसी दबंग व्यक्ति के निर्देशानुसार उसके संरक्षण में जोता बोया जाता है। तैयार फ़सल को काटने के समय कुछ नये तरह के झगड़े उत्पादन के बँटवारे को लेकर होते हैं। कभी–कभी खेत बोता कोई और किसान है और काटने के समय दूसरे लोग उस फ़सल को लूटकर बन्दर बाँट करते हैं। घाघरा नदी के कछार और कटरी क्षेत्र में भी ज़मीन और गेहूँ की फ़सल काटने के विवाद भी पूरे प्रवाह क्षेत्र में मौजूद हैं। इसे मैं अपने निजी अनुभव से लिख रहा हूँ। प्रभावशाली व्यक्ति और उनके समूह एक क्षेत्र से दूसरे क्षेत्र में बदलते रहते हैं। इसमें उस क्षेत्र की जातीय संरचना का बहुत बड़ा योगदान है। आपराधिक पृष्ठभूमि के लोग कटरी के इस डायनामिक्स में बड़े पैमाने पर सम्मिलित हैं। राजनीतिक समीकरणों के बदलने पर थोड़ा बहुत परिवर्तन यहाँ देखा जा सकता है। आम तौर पर स्थानीय दबंग व्यक्ति अपने सम्पर्क नये प्रभावशाली लोगों से स्थापित कर और उनको हिस्सा देकर अपने समर्थन में कर लेता है। दबंग और प्रभावशाली लोगों के बीच वर्चस्व को लेकर प्रत्येक वर्ष गोलियाँ चलने और लोगों के मारे जाने की सूचनाएँ भी आती रहती हैं। इस विषय पर व्यापक समाजशास्त्रीय अध्ययन की आवश्यकता है। पानी के समाजशास्त्र का यह अत्यन्त अहम पहलू है जिस तरफ़ कम ध्यान दिया गया है।

गैर–क़ानूनी ढंग से भी सार्वजनिक प्रयोग के संसाधनों (Common Property Resource) पर प्रभुत्वशाली लोग क़ब्ज़ा जमाकर उनका दोहन करते हैं या सदा के लिए उनका अस्तित्व समाप्त कर देते हैं। प्रत्येक गाँव में कुछ लोग छोटे या बड़े तालाबों को पाटकर घर या खेत के रूप में प्रयोग करने का काम करने को आतुर रहते हैं। गाँव एक प्राथमिक समुदाय है इसलिए ग्राम प्रधान या अन्य ग्रामीण

किसी प्रभावशाली व्यक्ति के विरुद्ध शिकायत या मुक़दमा करने में डरता या हिचकिचाहट रखता है। यदि कोई आर्थिक, राजनीतिक और जातीय आधार पर कमज़ोर व्यक्ति ऐसा करता है तो उसके ख़िलाफ़ शिकायत या मुक़दमे आसानी से होते हैं। कभी–कभी तो एक ही सार्वजनिक सम्पत्ति को क़ब्ज़ा करने के लिए एकाधिक लोगों में गम्भीर क़िस्म के विवाद और संघर्ष होते हैं। मानसूनी, छोटी और मझोली आकार की नदियों और तालाबों में भी प्रत्येक जनपद में प्रभु जातियों के लोगों द्वारा घर, स्कूल, कॉलेज इत्यादि बनाकर क़ब्ज़ा किया गया है। इनके विरुद्ध राजस्व विभाग मुकदमे दर्ज़ कर बेदखली व् ज़ुर्माने की कार्यवाही भी करता है। परन्तु जल स्रोतों के प्रति अदूरदर्शी सोच, ज़मीन क़ब्ज़ा करने की दुष्प्रवृत्ति, अवैध क़ब्ज़ा करने की क्रिया को अपने स्टेट्स सिम्बल में इज़ाफा समझने वाले लोग स्वयं का, समुदाय और समाज का दीर्घकालिक नुक़सान कर रहे हैं।

पानी तो प्रकृति प्रदत्त है, लेकिन उसको मनुष्य ने अपने स्वार्थवश कई तरीक़े से बाँट रखा है। दलित बस्तियों में जो पानी के निजी या सरकारी नल और हैंडपंप हैं उनका पानी गाँव के अन्य उच्च जाति के समझे जाने वाले लोग कभी नहीं पीते। बड़े तो बड़े हैं छोटे बच्चे भी उनके नलों से पानी नहीं पीते हैं क्योंकि यह बात उन्हें अपने परिवार और समुदाय से 'सामाजिक सीख' (social learning) में परम्परागत रूप से पीढ़ी–दर–पीढ़ी मिलती है। अपने गाँव में मेरे सबसे अच्छे दोस्त और क्लासमेट गोविन्द भाई थे, वे दलित बस्ती 'चमरौटी' में ही रहते थे। मैं रोज़ उनके घर जाता था फिर हम लोग एक साथ स्कूल जाते थे, लेकिन मुझे प्यास लगी भी होती थी तो उनके घर के सामने के नल से पानी नहीं पीता था। हम स्कूल में साथ–साथ रहते, साथ में लंच करते लेकिन उसके नल से पानी नहीं पीते। परम्परा, संस्कृति के अतिरिक्त पवित्रता और अपवित्रता की अवधारणा में 'लोकेशन' और समय का भी बहुत निर्णायक स्थान होता है।

जल प्रदूषण और समाज

जल स्रोतों को प्रदूषित करने का भी अलग समाजशास्त्र है। जलस्रोतों के पानी को प्रदूषित करने के लिए उद्योग, कृषि रसायन और सीवेज तीन प्रमुख कारण हैं। उद्योगों पर पूँजीपतियों का स्वामित्व है, कृषि भूमि का ज़्यादातर हिस्सा समर्थ लोगों के पास है, शहरी सीवेज में भी शहर के पढ़े–लिखे और आर्थिक रूप से सम्पन्न लोगों का गन्दा प्रदूषित पानी बहता है झोंपड़ पट्टी और नालों के ऊँपर तथा नदियों के किनारे रहने वाले ग़रीब लोग शौचालय के अभाव में और अपनी बसावट की लोकेशन के कारण सीधे नदियों और नालों में मल–मूत्र का विसर्जन करके सार्वजनिक जल स्रोतों को प्रदूषित करते हैं। इस प्रदूषण में अधिकतम हिस्सा अमीर, स्वकेन्द्रित, और सम्पन्न वर्ग द्वारा किया जाता रहा है।

महाड़ तालाब आन्दोलन

महात्मा बुद्ध को शाक्य और कोलिय राज्यों के बीच कृषि कार्य हेतु रोहिणी नदी के पानी के बँटवारे के विवाद को सुलझाने और युद्ध के विरुद्ध खड़े होने के परिणामस्वरूप राज्य का परित्याग कर बाहर जाना पड़ा था। बीसवीं सदी में डॉ. अम्बेडकर ने अपने ज्ञान और संघर्ष से सदियों से स्थापित अनेक विमर्शों को हमेशा के लिए बदल दिया या ध्वस्त कर दिया। महाड़ का सत्याग्रह जिसे चवदार तालाब सत्याग्रह व महाड का मुक्ति संग्राम नामों से भी जाना जाता है। उनके द्वारा किये गये प्रयासों में से एक है। डॉ. भीमराव अम्बेडकर ने 20 मार्च, 1927 को महाराष्ट्र राज्य के रायगढ़ ज़िले के महाड़ नामक स्थान पर दलितों को सार्वजनिक चवदार तालाब से पानी पीने और इस्तेमाल करने का अधिकार दिलाने के लिए एक प्रभावी सत्याग्रह किया था। इस ऐतिहासिक दिन को भारत में 'सामाजिक सशक्तीकरण दिवस' के रूप में मनाया जाता है। इस सत्याग्रह में हज़ारों की संख्या में दलित लोग एकत्र होकर महाड़ के चवदार तालाब पहुँचे और अम्बेडकर जी ने सर्वप्रथम अपने दोनों हाथों से

उस तालाब का पानी पिया, जिसका अनुकरण करते हुए हज़ारों सत्याग्रहियों ने उस तालाब का पानी पिया था।

वर्ण और जाति विभाजन पर आधारित समाज में अछूतों को सार्वजनिक तालाब से पानी पीने का अधिकार नहीं था। इस असमानता के विरोध में अम्बेडकर ने क्रान्ति का आरम्भ किया था। जाति प्रथा की व्यवस्थाओं के अनुसार तत्कालीन समय में अछूतों को सार्वजनिक नदी, तालाब और सड़कें इस्तेमाल करने की मनाही थी। अगस्त 1923 को बॉम्बे लेजिस्लेटिव कौंसिल के द्वारा एक प्रस्ताव लाया गया, कि उन सभी जगहों, जिनका निर्माण और देखरेख सरकार करती है, ऐसी जगहों का इस्तेमाल हर कोई कर सकता है। जनवरी, 1924 में, महाड़ जो कि बॉम्बे कार्यक्षेत्र का हिस्सा था, उस अधिनियम को नगर निगम परिषद के द्वारा लागू किया गया लेकिन विरोध के कारण इसे अमल में नहीं लाया जा सका। इसके आगे डॉ. अम्बेडकर के नेतृत्व में किये गये महाड़ आन्दोलन का प्रतीकात्मक महत्त्व यह था कि अस्पृश्यता की समाप्ति के लिए संघर्षरत लोगों ने तालाब का पानी पीकर हज़ारों साल से जकड़ बनायी हुई असमानता की पोषक जातिवादी व्यवस्था के ख़िलाफ़ बग़ावत का ऐलान किया था। महाड़ सत्याग्रह की घटना को बड़े गर्व से ऐसे याद किया जाता है 'जब पानी में आग लगी थी' जिससे न केवल दलित आत्मसम्मान की स्थापना हुई बल्कि एक स्वतन्त्र राजनीतिक सामाजिक ताक़त के तौर पर दलितों के संगठित होकर उभरने का आरम्भ भी हुआ। दलितों द्वारा ख़ुद अपने नेतृत्व में किया गया यह आन्दोलन उनके स्वयं के मानवाधिकारों की घोषणा की मज़बूत पहल थी।

पानी को लेकर जो भेदभाव जाति के आधार पर किया जाता है वह अत्यन्त अमानवीय व्यवहार है। गाँवों में दलित जातियों के लिए अलग तालाब और कुएँ हैं। नदी किनारे किस जाति–समुदाय के लोग बसेंगे ये पानी और पानी में पाये जाने वाली जीव और वनस्पतियाँ तय करती हैं। मछलियाँ, घोंघे, सिंघाड़ा, कँवलगट्टे, बालू और उनसे जुड़े व्यवसाय करने वाले लोग जाने कब से नदियों के

किनारे बसे हैं। नदी की रेत में ख़रबूज, तरबूज और सब्ज़ियाँ उगाने वाले समुदाय भी विशिष्ट ही हैं। पानी के कुएँ, तालाब सब जातियों के आधार पर बँटे हुए हैं। आज भी तालाबों और कुओं के नाम जातियों, गाँव के विशिष्ट व्यक्तियों के नाम पर हैं और उनके स्थान भी उसी जाति विशेष की बसावट के बीच हैं। जौनपुर जनपद के दो नदियों गोमती और सई के किनारे मछुआरों, केवट, मल्लाहों की बड़ी जनसंख्या रहती है। गोरखपुर और देवरिया में राप्ती और घाघरा नदियों के किनारे और डूब क्षेत्रों में मछली मारने वाले समुदायों की बड़ी संख्या निवास करती है। नदियों के किनारे स्थित श्मशान घाटों पर हिन्दू धर्म के लोगों के मृतक शरीर का दाह संस्कार करने के लिए डोम जाति के लोग अब भी परम्परागत रूप से इस कार्य में लगे हुए हैं। तालाबों और बड़े तालों के मछली पालन के सरकारी पट्टे भी प्राथमिकता के आधार पर इन्हीं समुदायों के लोगों को दिये जाते हैं। फर्रुखाबाद में गंगा और देवरिया की छोटी गण्डक नदी के किनारे मुस्लिम समुदाय के मछुआरों के बड़े–बड़े गाँव हैं जो नदी में नाव चलाते हैं और मछलियाँ भी पकड़ते हैं।

जन्म से लेकर मृत्यु तक अनेक कर्मकाण्ड नदियों और तालाबों के किनारे करने की हिन्दूवादी परम्परा है। बिहार और पूर्वी उत्तर प्रदेश का महालोकपर्व छठ नदियों और तालाबों के किनारे ही मनाया जाता है। सुरक्षा, सुन्दरता और पानी की सहज उपलब्धता के दृष्टिकोण से प्राचीनकाल से ही राजा, अंग्रेज़ और ज़मींदार लोगों ने अपने किले घर और सेना के छावनी स्थल नदियों के किनारे बनाये। इस अध्याय में हमने जल के उपयोग, जातीय आधार पर जल के स्रोतों के विभाजन, सामाजिक व्यवहार, संस्कार, नदियों के किनारे बसे समुदायों और उनके पानी से जुड़े व्यवसायों और सम्पूर्ण सामाजिक इकोलॉजी को भी समझने के प्रयास किये गये हैं।

3
असीमित जलराशि का महासंगम

जनपद देवरिया उत्तर प्रदेश के पूर्व–उत्तर क्षेत्र में स्थित है। यह जनपद बिहार प्रदेश के गोपालगंज और सीवान जनपदों से उत्तर प्रदेश की सीमा निर्धारित करता है। यहाँ के लोग देवरिया को 'देवभूमि देवरिया' कहते हैं। देवरिया जनपद का भू–भाग आसपास के जनपदों से अपेक्षाकृत नीचा क्षेत्र है जिसके कारण गोरखपुर (राप्ती, गोर्रा, रोहिणी, आमी), कुशीनगर (हिरण्यवती, छोटी गण्डक, कुकुत्था), महाराजगंज (रोहिणी, कुँवरवर्ती) और बिहार राज्य के गोपालगंज से आने वाली नदियाँ और झीलों–तालों से निकले पचास से अधिक निरन्तर प्रवाहशील प्राकृतिक नाले (छोटी जलधाराएँ जिन्हें स्थानीय भाषा में नाला कहा जाता है) यहाँ एकत्रित होकर राप्ती और सरयू नदियों में मिल जाते हैं। बरहज तहसील में राप्ती का सरयू से संगम होता है और छोटी गण्डक भी सलेमपुर तहसील के लार क्षेत्र में सरयू में मिल जाती है। सरयू नदी इन छोटी–बड़ी जलधाराओं अर्थात् नदी–नालों की सम्मिलित अथाह जलराशि को बलिया जनपद में गंगा नदी को समर्पित कर देती है। इस तरह तथागत की विश्वयापी करुणा की तरह बुद्धभूमि–देवभूमि देवरिया एक महासंगम क्षेत्र है जो कि अथाह जलराशि का अक्षय भण्डार निर्मित करता है। महात्मा बुद्ध की कर्मस्थली रहा यह क्षेत्र कभी सघन साल वनों से आच्छादित हुआ करता था। इसी कारण इस क्षेत्र को देवारण्य के नाम से भी जाना जाता है।

देवरिया असीमित जलराशि का महासंगम है, इसका प्रमाण यहाँ बहने वाले नदियाँ और प्राकृतिक नाले हैं :

सिंचाई विभाग, देवरिया द्वारा दी गयी सूचना के अनुसार जनपद में प्रवाहित नदी–नालों का विस्तृत विवरण निम्न प्रकार है–

नदियों, नालों/ड्रेनों का विवरण

क्र. सं.	नाम		लम्बाई (कि.मी.) में
1	2	3	4
01	नदियाँ	राप्ती नदी	61.645
		गुर्रा नदी	20.525
		घाघरा नदी	55.05
		छोटी गण्डक नदी	104.00
		गोपालपुर ड्रेन	7.000
		नकटा ड्रेन	3.400
		पड़री ड्रेन	8.400
		पहाड़पुर ड्रेन	1.720
		परसिया ड्रेन	3.800
		सुरचक ड्रेन	3.800
		नेरूई अमवा ड्रेन	2.200
		बरारी ड्रेन	7.200
		बैतालपुर ड्रेन	8.000
		पिपरा ड्रेन	7.000
		शाहजहाँपुर ड्रेन	1.000
		बिचली दोहरी ड्रेन	7.500
02	ड्रेन/नाला	मुसहरी ड्रेन	4.730
		पिपरा दौला कदम ड्रेन	12.200
		दोहरी ड्रेन	20.000
		सोन्दा ताल ड्रेन	2.800
		बैकुण्ठपुर ड्रेन	7.100

		अहिलवार ताल ड्रेन	11.600
		गोबराई ड्रेन	2.400
		हिरन्दापुर ताल ड्रेन	2.200
		सिधुआ ताल ड्रेन	3.800
		गौरा ड्रेन	2.100
		डुमरी ड्रेन	1.730
		बरवां ड्रेन	4.400
		करमैनी ड्रेन	12.200
		दोराची नाला	88.000
		कोईलार नाला	25.800
		छितौनी ताल ड्रेन	13.000
		ताल दौना ड्रेन	25.000
		सरया ड्रेन	3.000
		खनुआ नाला	56.000
		मुण्डेरा ड्रेन	3.000
		तरकुलवा ड्रेन	6.000
		हथियागढ़ ड्रेन	5.000
		परासखाँड़ ड्रेन	7.500
		गढ़रामपुर ड्रेन	3.100
		बेलही ताल ड्रेन	17.000
		सकतुई ड्रेन	16.600
		मसजीदिया ड्रेन	17.200
		मलघोट ताल ड्रेन	2.800
		कुचिया ताल ड्रेन	3.800
		बघौच ताल ड्रेन	2.200
02	**ड्रेन/नाला**	सुन्दरपुर ड्रेन	5.400
		मलवाबर ड्रेन	5.200
		पकहाँ ड्रेन	2.200

नौतन ताल ड्रेन	8.200
बेलवाँ ड्रेन	1.300
कुर्ना नाला	58.300
नकटा नाला	32.400
जमुआर नाला	26.000
हरखौल ताल ड्रेन	13.000
करौता ताल ड्रेन	5.000
बड़का गाँव ड्रेन	2.200
बेलडाँड़ ड्रेन	1.500
मझना नाला	86.400
बथुआ नाला	24.400

जिस तरह नदियाँ अनवरत बहकर एक–दूसरे से मिलते हुए निस्सीम सागर में बदल जाती हैं, वैसे ही अनवरत अनन्त की यात्रा पर गतिशील होता है मानव मन, जिसने गंगा सागर को एक तीर्थ बनाया है जिसकी धवल धार में डुबकी लगाकर स्वयं को पापमुक्त होने का अनुभव करता है। नदी नालों से आदमी का गहरा नाता इस बात से भी स्पष्ट होता है कि आदिकाल में सभ्यता किसी–न–किसी नदी घाटी में विकसित हुई चाहे वह सिन्धु घाटी की सभ्यता हो या नील के कछार में विकसित होने वाली मिस्र की सभ्यता या इराक की दजला–फरात नदियों की घाटी में विकसित मेसोपोटामिया की सभ्यता। जनपद देवरिया के विकास की कहानी भी कहीं–न–कहीं इसकी धरती से गुज़रने वाली नदी–नालों से जुड़ी हुई है। जनपद की धरती को सिंचित करती है सरयू की धारा जिसके तट पर अयोध्या नगर बसा है। इस सरयू नदी के मैदान में हमारे पूर्वजों ने जन्म लिया, जिनका अस्थिफूल इसी सरयू की धारा से एकाकार होकर सागर की लहरों में विलीन होता आ रहा है। सरयू, जिससे मिलने वाले नदी–नालों ने जनपद की धरती को शस्य श्यामला किया है। जिसकी धरती पर हमारी जीवन–कथा लिखी जानी है उससे हमारा ऐसा जीवन्त नाता है कि हमारे समाज में सरयू नदी को एक

नदी जैसा ही नहीं, बल्कि एक माँ जैसा स्थान प्राप्त है। उन्हें बड़े आदर से सरयू जी या सरयू माइया कहा जाता है। सरयू माई को पियरी चढ़ाई जाती है। सरयू किनारे महिलाएँ कड़ाही चढ़ाती और मिन्नतें माँगती दिख जाती हैं। हमारे लोकमानस में बहने वाली धारा सरयू की धारा के साथ मूर्तिमान होती है। हर शुभ कार्य में सरयू माई को आमन्त्रित करने की परम्परा यहाँ सदैव से विद्यमान रही है। प्रायः संझा पराती में माई का आवाहन मधुर गीतों के साथ वाद्ययन्त्रों के थाप पर किया जाता है :

गंगा जी के नेवती लें आजु त
नेवती लें बेनी माधव हो
नेवती लें तीरथ परयाग
तबहिं जग पूरन हो

इन नदी–नालों का लोकजीवन से ऐसा गहरा नाता है कि सभी की अपनी राम कहानी है। ज़िले में एक नाला बहता है नकटा। नकटा नाम होने की भी एक कहानी है। कहा जाता है एक बार बरसात में नकटा उफनाया बड़े मर्दानगी से अथाह जल के साथ आसपास के खेतों को जलप्लावित करता नये–नवेले बाँके दूल्हे जैसा सरयू जी से मिलकर शादी के लिए प्रणय निवेदन किया, परन्तु धीर गम्भीर–सरयू ने कहा, "इस बरसात के दिन में शादी तो होगी नहीं। हमारी परम्परा तो लग्न–मुहूर्त शोधकर शादी करने की है। ठीक है जेठ–वैशाख के महीने में आना शुभ मुहूर्त देखकर शादी का अनुष्ठान विधि–विधान से सम्पन्न हो जायेगा।"

नकटा वैशाख का महीना आते–आते सूख गया पूरे नाले में पानी का कहीं अता–पता नहीं। सारी मर्दानगी जाती रही–पानी बिन सब सून। सरयू जी से शादी का मन्सूबा धरा–का–धरा रह गया, बेचारे की नाक कट गयी और नाम पड़ा नकटा, वैसे समझ में नहीं आता कि नकटा के मायने इज़्ज़त जाने से जोड़कर ही क्यों देखा जाता है। किसी की नाक कट गयी इज़्ज़त चली गयी। एक तरह की गीतों को भी नकटा कहा जाता है जो लड़के की बारात चली जाने के

बाद घर की औरतें रतजगा करते हुए गाती हैं, जिसे जलुआ का गीत भी कहा जाता है। जो भी हो नकटा से हमारा गहरा नाता है। याद हैं वे दिन जब हम अपनी भैंसों को नकटा में घुसाकर ख़ुद भी छलाँग लगा जाते और घर आकर डाँट भी सुनते सिर्फ़ इसलिए नहीं कि नकटा का पानी हमें डुबाने के लिए काफ़ी था, बल्कि इसलिए भी कि बुड़ुवा से मिलने की कथा भी सुनाते लोग मिल जाते। घर के लोग डरते कि कहीं बुडुआ से हमारा भी पाला न पड़ जाये। नहीं जानता किसी से नकटा का बुड्डुआ मिला होगा या नहीं मुझे तो सूखते हुए नकटा में घोंघा और सीपी ज़रूर मिले हैं। सीपियों को रगड़कर आम छीलने की सितुही भी जो लगभग हर घर में देखी जा सकती थी जिसका दर्शन अब दुर्लभ है। नकटा में अब कहीं सीपी नहीं दिखती भले ही मछली मारते लोग दिख जायें। बेचारा नकटा भले ही आज भी कुँवारा हो, नकटा के जल से सिंचित खेतों से उपजी फ़सल से न जाने कितनों की शादी हुई होगी और उसके झुरमुटों में अनेक युवक–युवतियों ने प्रणय कथा लिखी होगी। अब तो वन विभाग ने नाले के दोनों किनारों पर परती पड़ी भूमि में वृक्षारोपण करा दिया है, जिससे जगह–जगह घने जंगल का दृश्य उपस्थित हो रहा है। यही लघु जंगल नीलगायों और आवारा पशुओं के शरण स्थल बने हुए हैं जो किसानों की फ़सल को काफ़ी क्षति पहुँचा रहे हैं। नीलगाय तो वर्तमान समय में कृषि के लिए भारी समस्या बन चुके हैं।

नकटा का पानी कभी आसपास के खेतों की सिंचाई के काम आता था, परन्तु अब तो नये साधनों के चलते उससे सिंचाई बीते दिनों की बात हो गयी है। नाले में बनने वाले बोदर, ढेकुल, कूँड़, बरहा और चौन्हा सब कुछ भूलता–सा जा रहा है। ढेकुल से सिंचाई वाली नाली और उसे थोड़ा चौड़ा कर बनाया जाने वाला पौंड़ा जहाँ से हत्था मारकर पौधों तक पानी पहुँचाते थे सब कुछ भूल गया है, उपेक्षित उदास नकटा बहा जा रहा एक और नाले से मिलकर नदी बनने। समय के साथ सब कुछ बदल रहा है। नकटा सरयू जी से मिलने के पहले एक और नाले से मिलता है जिसकी व्यथा कथा

भी कम पीड़ादायी नहीं है। यह कुर्ना नाला देवरिया नगर के उत्तर पश्चिम से बहता हुआ आगे निकल जाता है, नगर का सारा कचरा पानी यही तो ढोता है। यह कुर्ना किसी ज़माने की करुणावती है, जिसकी उत्पत्ति तपस्यारत भगवान परशुराम की स्मृति में माँ दुर्गा के आँसू से मानी जाती है। देवरिया नगर के विकास का साक्षी है यह नाला। यह कुर्ना इस नगर का सौभाग्य और इस देश के दूसरे सोमनाथ मन्दिर अर्थात् भगवान शिव का चरणोदक लेकर आगे बढ़ता है किन्तु अब तो शहर के बीच घिर जाने से कुर्ना नाला अतिक्रमण का शिकार बन चुका है। इसके दोनों किनारों और प्रवाह की ज़मीन पाटकर लोग घर बनाते चले जा रहे हैं। अब कुर्ना और प्राचीन कर्णावती के सामने अस्तित्व का संकट खड़ा हो गया है। यही कारण है थोड़ी–सी भी बरसात में नगर के मुहल्ले डूबने लगते हैं और कुर्ना कुछ नाराज–सा नज़र आने लगता है।

देवरिया नगर के पूरबी छोर पर भी एक नाला मर रहा है। इस मरणासन्न नाले की पहचान काँची के रूप में है। सिंचाई विभाग के अभियन्ता से पूछने पर वे इसे विलुप्त नाला बताते हैं जिसका तात्पर्य है कि काँची नाला काग़ज़ों में पहले से ही मृत घोषित किया जा चुका है। यद्यपि बरसात के दिनों में आधे शहर का पानी बहाकर बाढ़ से बचाने में काँची नाला आज भी महत्त्वपूर्ण भूमिका निभा रहा है। जिस तरह से नगर का विस्तार हो रहा है, इसे भी अपना वजूद बचाये रख पाना मुश्किल हो रहा है। वैसे नालों की बात अगर चल पड़ी तो एक और नाला वर्तमान देवरिया और गोरखपुर की काफ़ी दूर तक सीमा बनाता है, जिसे 'मँझना' के नाम से जाना जाता है। 'मँझना' शब्द कुछ मध्यम जैसे भाव का बोध कराता है, न बहुत छोटा और न ही बहुत बड़ा। यह मँझना नाला कभी मत्स्यजीवी लोगों को काफ़ी प्रिय रहा होगा, तभी उनके कई गाँव इसके तटों पर बसे मिल जाते हैं। वैसे गर्मी के दिनों में इसका भी वही हाल होता है जो नकटा नाले का। यद्यपि नहरों का जुड़ाव हो जाने के कारण कभी–कभी असमय भी इन नालों में पानी दिख जाता है, लेकिन उधार के पानी से बहाव

कब तक हो सकेगा? समय–समय पर ये नाले बे–पानी होते ही रहते है। देवरिया जनपद में बहने वाले कुल 58 छोटे–बड़े नालों का अपना इतिहास और अपनी गौरव गाथा है। मझौली राज के पास दीर्घेश्वर नाथ मन्दिर से थोड़े ही दूरी पर दोना नाला गुजरता है। यह दोना नाम इसे महाभारतकालीन गुरु द्रोणाचार्य के नाम से मिला है ऐसा माना जाता है कि दोना के तट पर गुरु द्रोणाचार्य ने अपनी तप स्थली निर्मित किया था।

यहीं आचार्य की साधना स्थली दीर्घेश्वर नाथ है, जिससे महाभारत की अनेक कथाएँ जुड़ी हुई हैं। कहा जाता है कि अमरत्व का अभिशाप झेलते अश्वत्थामा दीर्घेश्वर नाथ मन्दिर के आसपास कभी कभार दिख जाते हैं। जो भी हो लोकमान्यताओं का अपना एक इतिहास और एक परम्परा होती है जो अनन्तकाल तक चलती रहती है। पुरातनकाल के गर्भ से निकला यही है हमारा वर्तमान। थोड़ा और पूरब बढ़ें तो बिहार के गोपालगंज जनपद से आने वाली एक मध्यम आकार की नदी है 'स्याही' जो देवरिया जनपद के थोड़े से भू–भाग से गुज़रती हुई पुनः बिहार की ही सीमा में प्रवेश कर जाती है। यह स्याही भी वैसे ही सूख रही है जैसे काग़ज़ पर स्याही से लिखी कोई इबारत सूखकर इतिहास का एक हिस्सा बन जाया करती है। 'स्याही' यानी रोशनाई जो होती तो है काली परन्तु इससे निकलने वाली रोशनी बहुत दूर तक जाती है। विलुप्त होती स्याही का अस्तित्व बचाने के लिए विभिन्न सामाजिक संगठनों द्वारा कई वर्षों से आवाज़ उठाया जा रहा था। अब प्रशासन ने मनरेगा योजना और जनसहयोग से इसे पुनर्जीवित करने का कार्य आरम्भ कर दिया है। बिहार के सीवान और गोपालगंज ज़िलों के साथ देवरिया की लम्बी दूरी तक सीमा बनाने वाली एक नदी है खनुआ जिसे बौद्ध साहित्य में कुकुत्था नदी के नाम से लिखा गया है। खनुआ नाला/नदी गण्डक से जुड़ी होने के कारण वर्षभर जीवन्त बनी रहती है और बरसात में तो लगता है बेपरवाह ठठाकर हँस रही है और इस शर्मीली नदी का आँचल गिर कर इतना फैल गया है कि किनारा का

कुछ अता–पता नहीं सिर्फ़ खेतों को लीलते, हिलोर मारते पानी से एक मदमाती ध्वनि आती है। ये छोटे–बड़े सभी नदी–नाले सरयू में विलीन हो जाते हैं जो जनपद के दक्षिणी सीमा का निर्माण करती हैं।

गोरखपुर और देवरिया के बीच कुछ दूरी तक मँझना नाले से सीमा निर्धारित होती है तो मँझना जहाँ गोर्रा में मिल जाती है वहाँ से जनपद की सीमा–रेखा खींचते हुए गोर्रा, राप्ती में समाहित हो जाती राप्ती नदी भी जनपद की दक्षिणी–पश्चिमी सीमा बनाते हुए घाघरा में मिल जाती है। देवारण्य देवरिया को नदी–नालों की समृद्ध बुनावट ने अपनी गोद में रखकर पुष्पित–पल्वित किया है। प्रदूषण की बात करें तो देवरिया जनपद के कछार की गंगा कही जाने वाली गोर्रा नदी अब इतनी प्रदूषित हो गयी है कि लोग अपने पशुओं को भी दूर रखने के लिए बाध्य है। जिस गोर्रा नदी के पानी से तटवासियों की दाल गलती थी आज उस गोर्रा के पानी से ऐसी दुर्गन्ध आती है कि नदी किनारे के गाँव के लोग परेशान हैं। गोर्रा नदी के प्रदूषित होने का मुख्य कारण सरदार नगर चीनी मिल और डिस्टिलरी है, जिसका दूषित पानी सरदार नगर के पास नाले में गिरता है और नाला गोर्रा में मिलकर नदी को ज़हरीला बना रहा है। खीरी जनपद के चीनी मिलों के प्रदूषित कचरे से वहाँ की कई नदियाँ लोगों को बीमार कर रही हैं। जब कभी बाढ़ आती है तो गोर्रा का पानी थोड़ा कम प्रदूषित नज़र आता है, लेकिन बाढ़ की विभीषिका भी कम दुखदायी नहीं होती है। कटान तेज़ होने के कारण फ़सलों और आबादी की काफ़ी क्षति होती है। सरकार द्वारा गोर्रा की धारा मोड़ने की बात की गयी थी जिसको लेकर के नयी तरह की समस्या उत्पन्न होने की आशंका जतायी जा रही थी। गोर्रा की धारा मोड़ने के ख़िलाफ़ स्थानीय लोगों ने सरकार को ज्ञापन भी दिया था। देवरिया नगर के उत्तर–पश्चिमी छोर से बहती है कुर्ना नदी जिसमें नगर के सारे सीवर का पानी विसर्जित होता है। अब तो पानी का रंग इतना काला हो चुका है कि छिछले जल में भी कुछ दिखाई नहीं पड़ता है। दुर्गन्ध ऐसी कि करीब से गुज़रना भी कभी–कभी कठिन होता है।

नगर की बढ़ती आबादी के कारण लोगों ने अवैध तरीक़े से नदी को पाटकर एक–आध घर नहीं मुहल्ला बसा लिया है। जिसका परिणाम जल संवहन की क्षमता कम हुई है और थोड़ी–सी बरसात के बाद ही नगर में बाढ़ जैसी स्थिति उत्पन्न हो जाती है। इस संकट से उबरने के लिए कुर्ना की खुदाई कर तट बँधों को सुरक्षित रखना ही एकमात्र उपाय है। उत्तर प्रदेश शासन ने कुर्ना नाले की सफ़ाई के लिए 55 लाख रुपये स्वीकृत किये हैं और जून, 2020 में पोकलेन मशीनों से सफ़ाई का काम तेज़ी से किया गया जिसके परिणामस्वरूप बरसात में शहर से पानी निकासी में सुविधाजनक रही। नदियों के प्रति लोगों को संवेदनशील बनाने के लिए जन जागरण भी आवश्यक है। नदियों के प्रदूषण के साथ बेतहाशा बढ़ती शहरी आबादी का बोझ ढोते–ढोते पूरी–की–पूरी नदी ही मरने को अभिशप्त है :

जिस जगह अब है घनी आबादियों का सिलसिला।
कल उसी क़स्बे के बीचोबीच बहती थी नदी।

एक और नदी छोटी तो नहीं है, पर नाम पड़ गया है छोटी गण्डक। यह कुशीनगर से होते हुए देवरिया में आती है और चुरिया नदौली के पास सरयू जी में विलीन हो जाती है। बुद्धचरित के अनुसार यही हिरण्यवती है जिसका जल पीकर तथागत भगवान बुद्ध ने भिक्षुओं को अन्तिम बार उपदेश देने के पश्चात् महापरिनिर्वाण प्राप्त किया था, उनका दाह संस्कार मल्लों ने चक्रवर्ती सम्राट की तरह रामाभार में किया था। उस समय यह नदी इतनी विशाल थी कि जब भिक्षु महाकश्यप वहाँ पहुँचे तो शाम हो जाने के कारण वे नदी पार नहीं कर पाये थे और दूसरे दिन प्रातःकाल उनके पहुँचने के बाद अन्तिम संस्कार सम्पन्न हो पाया था। इसी छोटी गण्डक के तट पर बसा है मझौलीराज जो प्राचीन काल का मध्यपल्ली है। इसी छोटी गण्डक के किनारे सोहगरा धाम है जहाँ वाणासुर द्वारा स्थापित विशाल शिवलिंग है। उत्तर प्रदेश और बिहार की सीमा पर स्थित इस शिवलिंग का अपना इतिहास है जो मौर्यकाल से लेकर मुगलों तक की लम्बी कहानी कहता है। जनपद के सभी नदी–नाले

जिस सरयू में मिलते हैं वह सरयू थोड़ी ही देर में गंगा में तब्दील हो जाती है और गंगा समुद्र से बाँहें मिलाती है गंगा सागर में। अनवरत बहते रहने की यह प्रवृत्ति जोड़ती है अनन्त से। बरहज में सरयू तट पर बिस्मिल की समाधि है जिसकी स्थापना बाबा राघव दास ने की थी। सरयू के तट पर स्थित बरहज नगर कभी व्यापार का केन्द्र हुआ करता था, जब आवागमन का सबसे बड़ा साधन जल मार्ग ही था। विभिन्न तिथियों पर लोग सरयू नदी में स्नान ध्यान कर बछिया की पूँछ पकड़कर अब भवसागर पार करने की कामना से बीस आने में गोदान करते दिख सकते हैं। इसके अतिरिक्त एक और अद्‌भुत दृश्य होता है जब फूलों की लम्बी माला से नदी को सजाया जाता है एक किनारे से दूसरे किनारे तक माला फैलाकर नदी माँ की आराधना की जाती है। हे माँ, दया करना, मेरे गाँव को छोड़ देना, अपनी धारा में जब तुम खेत–खलिहानों के साथ गाँवों को अपनी धारा में विलीन कर लेती हो तो कितना अनाथ हो जाते हैं हम, यही भाव होता है प्रार्थना का।

घाघरा/सरयू नदी एक तरफ़ कटान कर गाँवों का अस्तित्व मिटा देती है तो दूसरी तरफ़ ज़मीन छोड़ती है नदी की छाड़न यह ज़मीन ख़ूनीं संघर्ष का कारण बनती रही है। जिसकी लाठी उसकी भैंस...गरमी के दिनों में नदी की धारा जब पतली हो जाती है तो बालू वाली ज़मीन में ककड़ी, ख़रबूज और खीरे की खेती देखी जा सकती है। यहाँ भी ये गरमी की फ़सल उगाने वाले लोग इस ज़मीन के मालिक नहीं होते हैं। थोड़ी देर के लिए उभरी इस ज़मीन के भी अदृश्य मालिक कुछ स्थानीय प्रभाव सम्पन्न लोग होते हैं जो इन किसानों से रंगदारी वसूलते हैं। ऐसी परम्परा सभी बड़ी नदियों के खादर क्षेत्र में विद्यमान है। देखते–देखते पानी का रेला आता है और नदी पर लगे अस्थायी पीपे के पुल को उखाड़ जाता है और ककड़ी, ख़रबूज की फ़सल बह चलती है। फिर प्रतीक्षा शेष रह जाती है अगले साल गरमी आने की। बरसात का मौसम लेकर आता है बाढ़ की विभीषिका और मेरुदण्ड होते गाँव में नावें दौड़ने लगती हैं तो

कटान के चलते नदी की धारा बदल जाती है और बदल जाता है, आसपास का भूगोल। ऐसे ही इतिहास रचती भूगोल बदलती सरयू के तट पर एक गाँव बसा है पैना, जहाँ 1857 के स्वतन्त्रता संग्राम में सतीत्व की रक्षा करती हुई महिलाओं ने जलसमाधि ले ली थी, जिनका सती स्थान आज भी सरयू तट पर आज़ादी का इतिहास बयाँ कर रहा है। यह नदी नहीं पूजनीया वन्दनीया माँ है जिसके आँचल में मनुष्यता पुष्पित–पल्लवित हुई है। इसके दामन में आदिम काल से उत्थान–पतन की कहानी लिखी जाती रही है। नदियों की महिमा का बखान करते हुए महाकवि विद्यापति लिखते हैं :

'बड़ सुख सार पाओल तुअ तीरे
छड़इत निकट नयन बह नीरे'

प्रत्येक शहर किसी–न–किसी नदी के किनारे बसा और जिया लेकिन अब शहर चारों तरफ़ से नदी को घेरकर, उसके भीतर अतिक्रमण करके बसने–सड़ने लगा है। अपनी 'शिकार' कविता में हमने इसी मानवीय प्रवृत्ति को रेखांकित करने की कोशिश की है–

मछलियों को घेरकर मारते हुए/कितनी ही बार देखा है
इन्सान को/पर ये अजूबे इन्सान/अब जहाँ देखो
पानी को ही घेरकर/मारने में लगे हैं।

जीवन को बचाना है तो नदियों को बचाना होगा। नदियाँ बहती रहेंगी तो उनके किनारे होंगे और उनके किनारे, बसने और जीने का आनन्द मानवता को मिलता रहेगा। नदियाँ बहती रहें इसके लिए हमें सचेत रहकर प्रयास करते रहना होगा। उत्तर प्रदेश के देवरिया जनपद में चार बड़ी नदियाँ और कुल अट्ठावन छोटे–बड़े प्राकृतिक नाले बहते हैं और सभी विभिन्न क्षेत्रों से गुज़रते हुए राप्ती और घाघरा में मिल जाते हैं। सालभर बहने वाले नदी–नालों के कारण यह जनपद जल संसाधन से परिपूर्ण है जिसके कारण इस क्षेत्र को असीमित जलराशि का महासंगम कहा गया है।

4
स्याही नदी का पुनरुद्धार

स्याही नदी बिहार और उत्तर प्रदेश के गोपालगंज, सीवान और देवरिया जनपदों से लगी अन्तर्राज्यीय सीमा निर्धारित करती है। स्याही नदी को इस क्षेत्र के निवासी 'महानदी स्याही' के नाम से भी पुकारते हैं। यह एक हरा–भरा प्राकृतिक सुन्दरता से भरपूर क्षेत्र है। यदि किसी अजनबी व्यक्ति को यहाँ भेज दिया जाये तो उसे एक बारगी भ्रम हो जायेगा कि वह मेघालय के किसी गाँव में पहुँच गया है जहाँ हर तरफ़ हरियाली है, झरने–नदियाँ और पानी है। बरसात के दिनों में स्याही नदी के आसपास का क्षेत्र और भी हरियाली से भर उठता है। वर्ष 2018 के पूर्व लगभग एक दशक से कम बारिश होने के कारण नदी सूख गयी थी। साथ ही हरियाली पर भी प्रतिकूल प्रभाव पड़ रहा था। वर्ष 2019–20 में स्याही नदी को प्रशासन और जनसहयोग से पुनर्जीवित करने के प्रयास शुरू हुए जिसका मूल मन्त्र था :

'एक नदी जिसको फिर से बहाने हम चले
रूठ गयी थी जो गंगा उसे मनाने हम चले'

इस सम्बन्ध में पहली बैठक बनकटा ब्लॉक सभागार में 8 दिसम्बर, 2019 को हुई जिसमें क्षेत्र के ग्राम प्रधान, ग्राम विकास अधिकारी एवं ग्राम पंचायत अधिकारी व विकास विभाग के अन्य अधिकारीगण सम्मिलित हुए। सभी ग्राम प्रधान मनरेगा के लिए

आवंटित बजट से नदी से घास और सिल्ट सफ़ाई के कार्य के लिए एकमत से तैयार हो गये। विकास विभाग के अधिकारियों ने इंजीनियरों और तकनीकी सहायकों को प्रत्येक ग्राम का आगणन बनाने को कहा। कार्यालय स्तर पर कागज़ी कार्य आरम्भ हो गये और क्षेत्र में भी सम्बन्धित ग्राम प्रधान और कर्मचारी अपने–अपने कार्य में लग गये। लगभग एक महीने बाद 2 जनवरी को स्याही नदी के किनारे बसे दो गाँवों में ग्रामवासियों से संवाद का कार्यक्रम रखा गया। जनता से सीधे संवाद के इस अभियान में भोपतपुरा गाँव में जुटे ग्रामीण जन स्याही के उद्धार के लिए उत्साहित दिखे। नदी के पक्ष में सकारात्मक वातावरण देखकर हमे भी उम्मीद मिली। हमने अपनी बातचीत में गाँव के लोगों से जानना चाहा कि नदी का नाम 'स्याही' क्यों पड़ा तो उपस्थित जनसमुदाय में से कुछ वरिष्ठ ग्रामीणों ने बताया कि इस नदी का पानी स्याही के रंग का दिखता है इसलिए इसका नाम स्याही हो गया। लोगों ने हमें यह भी बताया कि वे अपनी प्यारी नदी को सम्मान से 'महानदी स्याही' कहते हैं। नाम से विश्लेषण करें तो स्याही अत्यन्त महत्त्वपूर्ण द्रव है। उसके नाम के साथ 'महा' विशेषण का लगना उपयुक्त है। रूढ़ अर्थ में देखें तो स्याही ने कलम का साथ लेकर आज तक जाने क्या–क्या और कितने तरह के विषयों पर लिखा। अक्षरों, लिपियों के आविष्कार की ही तरह ही स्याही की एक द्रव के रूप में खोज एक असाधारण प्रघटना है। पक्षियों के पंखों, नरकट, बेंत या ऐसी ही किसी झाड़ी के तनों से बने कलमों से मशीनों से बनी अत्याधुनिक पेन तक की संगिनी बनकर स्याही ने पूरी दुनिया में लिखने की जो ज़िम्मेदारी सँभाली वह आगाज़ से लेकर आज तक बदस्तूर जारी है। एक नदी का नाम स्याही होना भी कम एक अनोखी घटना नहीं है। जब पहली बार मार्च, 2019 में हमने इस नदी के बारे में सुना तो मुझे भी आश्चर्य हुआ। वैसे नदियों के बड़े अनोखे नाम हुआ करते हैं जिसकी चर्चा इस पुस्तक में एक अलग अध्याय में की गयी है।

स्याही नदी का जी.आई.एस. मैपिंग से तैयार किया गया मानचित्र

स्याही नदी

विकास खण्ड–बनकटा

एक जुनून चाहिए नदी के हक़ में

नदियाँ प्रकृति की अनमोल देन हैं। वे लोग निश्चित रूप से सौभाग्यशाली हैं जिनके गाँव, घर, शहर किसी छोटी या बड़ी नदी के किनारे पर स्थित हैं। मुझे व्यक्तिगत रूप से प्रकृति से यह शिकायत रहती है कि हमारा गाँव नदी के किनारे क्यों नहीं है। हमारा बचपन भी नदी किनारे बीतना चाहिए था। यदि गाँव के बग़ल से कोई नदी गुज़रती तो कितना अच्छा होता और हम भी कहते कि अमुक नदी के किनारे हमारा गाँव है। नदी को बहते हुए देखना एक सुकून भरा एहसास है। क्या वे लोग जिन्होंने अपने गाँव की नदी को कभी लहराकर बहते देखा था आज जब उसे सूखते हुए, गन्दा होते हुए देखते हैं तो उनके मन में कष्ट नहीं होता एक हूक–सी नहीं उठती? वे नदी को बचाने के लिए कुछ प्रयास क्यों नहीं करते? क्या वे नदी को सूखने को अपने फायदे के रूप में देखते हैं कि उनको अपने खेत का क्षेत्रफल बढ़ाने का मौका मिलेगा? क्या इन्सान इतना अदूरदर्शी

और आत्मकेन्द्रित हो चुका है कि नदी को जोत लेने और घर बनाकर उनका अस्तित्व मिटा देने को अपनी होशियारी समझता है?

नदियाँ मानवीय कृत्यों से जाने–अनजाने गन्दी हुई हैं। उनकी घोर उपेक्षा की गयी है। जब नदियाँ मरने लगी हैं तो कुछ जागरूक लोगों ने उनके उद्धार के प्रयास देश के भिन्न–भिन्न हिस्सों में शुरू किये हैं। नदियों को बचाने के लिए या जल संरक्षण के लिए एक जूनून का होना जरूरी है। वैसा ही जूनून जैसा राजेन्द्र सिंह में हैं और सन्त सीन्चवाल में है। केवल बड़ी और धार्मिक महत्त्व की नदियों की ही नहीं हमारे घर–खेत के पास से बहने वाली छोटी नदियों को हमारे सहारे एवं देखभाल की जरूरत है। अगस्त, 2018 में मेरी नियुक्ति देवरिया जनपद में हुई थी। देवरिया जलशक्ति से सम्पन्न जनपद है। महात्मा बुद्ध की यह तपोभूमि पानी के साथ–साथ हरियाली से भी भरपूर है। इस क्षेत्र को देवारण्य भी कहा जाता है। यहाँ पर स्थित झीलों–तालों और उनसे प्रवाहित नदी–नालों की सिंचाई विभाग द्वारा उपलब्ध कराई गयी सूची पूर्व के अध्याय में दी गयी है। बिहार के सीवान जनपद की सीमा से लगती हुई स्याही नदी के विलुप्त होने के बारे में पता चलने पर हमने जनपद के विकास और सिंचाई विभाग के अधिकारियों से मनरेगा योजना के अन्तर्गत कार्य कराने हेतु विचार–विमर्श किया। जनपद मुख्यालय से दूर होने के बावजूद समय निकालकर इस ख़ूबसूरत नदी और आसपास के हरे–भरे क्षेत्र को कई बार देखने गया। नदी के किनारे बसे गाँवों के ग्रामीणों से स्याही नदी के बारे में बातचीत कर जानकारी एकत्र की। ग्रामीणों के मन में अपनी प्यारी नदी के सूख जाने की एक पीड़ा थी। वे चाहते थे कि उनकी नदी फिर से बहे ताकि उन्हें खेती और पीने के पानी के लिए जद्दोजहद न करनी पड़े। पानी के अभाव और नदी की चाह ने लोगों के मन में एक जूनून पैदा किया था और इसी क्षेत्र के निवासी छोटेलाल कुशवाहा तो स्याही को उसके प्राकृतिक स्वरूप में वापस लाने की जिद लिये उसके साधक बन गये।

'स्याही बचाओ, जीवन बचाओ' आन्दोलन

छोटेलाल कुशवाहा और उनकी टीम ने स्याही नदी को बचाने के लिए निरन्तर प्रयास किये हैं। छोटेलाल और श्रीराम कुशवाहा ने दिनांक 18–6–2019 को उप ज़िलाधिकारी भाटपार रानी, देवरिया को एक ज्ञापन दिया जिसका विषय था "उत्तर प्रदेश के कुशीनगर ज़िले के करमैनी झील/ताल से निकलने वाली स्याही नदी के सूखने के सन्दर्भ में।" इस ज्ञापन से पता चलता है कि स्याही नदी कुशीनगर जनपद के दुदही ब्लॉक से निकलकर बिहार प्रान्त के गोपालगंज ज़िले के ब्लॉक कटया भोरे से होते हुए उत्तर प्रदेश के देवरिया जनपद के बनकटा ब्लॉक के गाँवों से होते हुए आगे बिहार प्रान्त के सीवान जनपद के मैरवा के पास झरही नदी में मिल जाती है। इसी प्रार्थना–पत्र/ज्ञापन के दूसरे पैरा में वे बताते हैं कि स्याही नदी लगभग पन्द्रह वर्षों से सूख चुकी है जिसके कारण इस क्षेत्र का जलस्तर नीचे चला गया है। नल और बोरिंग ने पानी देना बन्द कर दिया है जिसके कारण खेती का कार्य प्रभावित हो रहा है। पर्यावरण पर बुरा असर पड़ रहा है और पीने के पानी की समस्या भी गम्भीर हो गयी है। वे माँग करते हैं कि नदी के सूखने के कारणों का विशेषज्ञों से जाँच कराकर, न्यूनतम जलप्रवाह सुनिश्चित कराया जाये। नदी के जलप्रवाह को बाधित करने वाले व्यक्तियों के विरुद्ध सख़्त कार्रवाई की जाये। इसके पूर्व 14 फ़रवरी, 2019 को गोरखपुर में हुए नदी सम्मलेन में पूर्वांचल की नदियों, जलाशयों के संरक्षण की आवाज़ उठी। अगले दिन 15 फ़रवरी, 2019 को अमर उजाला अख़बार ने इस सम्मेलन की ख़बर को 'पानीदार इलाकों को बेपानी नहीं होने देंगे' शीर्षक से प्रकाशित किया। अन्य समाचार पत्रों ने भी पूर्वांचल के तालों, तालाबों और नदियों के विलुप्त होते जाने के सम्बन्ध में हुए इस सम्मेलन में उठे मुद्दों को प्रमुखता से प्रकाशित किया। इसके पूर्व स्याही नदी को बचाने के लिए किये गये अपने प्रयासों को छोटेलाल कुशवाहा ने क्रमवार विवरण हमको उपलब्ध कराया जो निम्नवत हैं :

स्याही का साधक

छोटेलाल कुशवाहा स्याही नदी के सच्चे साधक हैं। वे स्याही के दुख–दर्द को जीते हैं और उसके उद्धार के लिए प्रयासरत रहते हैं। स्याही नदी में कम होते जल प्रवाह से चिन्तित छोटेलाल आसपास के गाँवों में पैदल और अपनी पुरानी साइकिल से घूमे। गाँवों, चौराहों और बाज़ारों में उन्होंने जनसभाएँ कीं। वे बताते हैं कि लोगों ने उनका मजाक़ उड़ाया और पागल तक कहा। नदी सूखती गयी, उसके प्रवाह मार्ग में बड़ी–बड़ी घासें उग आयीं, लेकिन लोग अपनी दुनियादारी में व्यस्त रहे। फिर एक समय आया जब नदी की धारा सूख गयी। नदी के दोनों तरफ़ बसे गाँवों में जल स्तर गिरने लगा। कृषि कार्य और पीने के लिए पानी कम पड़ने लगा। तालाब और कुएँ भी सूख गये। तब जाकर लोगों को स्याही नदी का महत्त्व समझ में आया। अब लोगों को छोटेलाल की बात समझ में आने लगी। उनकी आर्थिक हालत बहुत ही चिन्ताजनक है फिर भी दिल में स्याही का दर्द लिये वे लोगों को जागरूक करते रहते हैं। छोटेलाल व अन्य जागरूक नागरिक हमारे साथ विभिन्न गाँवों की बैठकों में भी गये और ग्रामीणों से सहयोग हेतु जनसंवाद किया। वे अपनी एक कविता 'स्याही नदी की पुकार' में अपनी चिन्ता व्यक्त करते हुए कहते हैं कि यदि स्याही सूख गयी तो तुम भी नहीं बचोगे। इस कविता के एक–एक शब्द को ध्यान से पढ़ना चाहिए :

स्याही नदी की पुकार

मैं तथागत बुद्ध की धरती से
आती स्याही हूँ
मैं तुम सबका जीवन हूँ/हमराही हूँ
मैं स्याही हूँ
मैं कल-कल बहती/धारा ही नहीं थी/मैं मानव सभ्यता की
सहारा ही नहीं थी/मैं सदियों से तुम्हारे ही/गीत गायी हूँ
मैं मानव मात्र का जीवन/अपने ही गोद में पायी हूँ

मैं स्याही हूँ
मैं कभी लाखों लोगों की/जीवन रेखा थी
आज मैं मर रही/अब जो भी हूँ
तुम्हारी तबाही हूँ
मैं स्याही हूँ
मैं तथागत बुद्ध की धरती से आयी हूँ
मैं तो अपनी दुर्दशा पर रोती हूँ
कल तुम्हें भी रोना होगा/बहुत कुछ अपना खोना होगा
सज़ा मिलेगी तुम्हें इस ज़ुल्म की/जिसे मैं बहुत दिनों से
सहती आयी हूँ/मैं स्याही हूँ
मैं तथागत बुद्ध की धरती से आयी हूँ
दुनिया में किसी के मौत पर मातम मनाया जाता है
आँसुओं की नदियाँ बहाई जाती हैं/किन्तु तुम हँसते हो
सज़ा एक दिन मिलेगी मेरे दुखों की
जिसे मैं वर्षों से सहती आयी हूँ
मैं स्याही हूँ
सुन लो मेरी पुकार को/मुझ स्याही की चीत्कार को
मेरे भीतर के हाहाकार को/एक दिन तुम्हें चेतना होगा
नहीं तो तुम्हारे जीवन को भी सूखना होगा
मैं छोटेलाल से सदा यही कहती आयी हूँ
मैं स्याही हूँ
मैं तथागत बुद्ध की धरती से आयी हूँ।

यह धरती बुद्ध के चरणों से पवित्र हुई धरती है। उत्तर प्रदेश और बिहार प्रदेश के इस वन और नदियों से समृद्ध क्षेत्र में बुद्ध ने जाने कितनी बार भ्रमण किया होगा। बुद्ध स्वयं शाक्यों और कोलियों के बीच रोहिणी नदी के पानी के बँटवारे के झगड़े में होने वाले युद्ध को टालने के प्रयास में ही शर्त हारकर अपने राज्य से निर्वासित हो गये थे। स्याही की चिन्ता में गाँव–गाँव और सरकारी दफ्तरों तक दस्तक देने वाले स्याही के साधक छोटेलाल स्याही नदी को बुद्ध

की धरती से आयी हुई बताकर उस क्षेत्र के सामाजिक–सांस्कृतिक और प्राकृतिक इतिहास को भी अपनी चिन्ता में समेटकर हमें अपनी विरासत को बचाने के लिए सचेत करते हैं। उनके छोटे से घर में कुछ कॉपियों में अख़बारों की कतरनें और अधिकारियों को समय–समय पर दिये गये ज्ञापन और प्रार्थना पत्र सँभालकर रखे हुए हैं। इन काग़ज़ों को देखकर लगता है छोटेलाल ने स्याही के पक्ष में कितना खून–पसीना और समय ख़र्च किया है। वे नदी के किनारे खाली पड़ी जगह में पीपल, पाकड़, बरगद और अन्य पौधे लगाने का काम भी कर रहे हैं। छोटेलाल स्याही नदी के राईपेरियन जोन में वृक्षारोपण को एक आन्दोलन बनाना चाहते हैं क्योंकि वृक्ष ही नदी को सदानीरा बनाते हैं। उनके द्वारा स्याही नदी के पुनरुद्धार के लिए अब तक किये गये प्रयास निम्नवत हैं :

- 6 जून, 2017 से 5 अगस्त, 2017 तक जनसंवाद पदयात्रा, जनजागरण एवं तहसील भाटपार रानी मुख्यालय पर धरना–प्रदर्शन।
- नदी किनारे के गाँवों में हस्ताक्षर अभियान, नुक्कड़ नाटकों के द्वारा जनजागृति। 6 जनवरी 2019 को 'स्याही नदी बचाओ, जीवन बचाओ' महापंचायत पड़री बाज़ार में हुआ जिसमें मुख्य अतिथि गोरखपुर विश्वविद्यालय के पूर्व कुलपति प्रो. राधेमोहन मिश्र थे।
- 15 फ़रवरी, 2019 को 'पूर्वांचल नदी मंच' का गठन हुआ। इस सम्मलेन के माध्यम से पूर्वांचल की विभिन्न नदियों की दशा एवं दिशा पर चर्चा हुई, जिसमे छोटेलाल कुशवाहा द्वारा स्याही नदी का मुद्दा मजबूती से उठाया गया।
- 11 मार्च, 2019 को राष्ट्रीय हरित प्राधिकरण न्यायालय में जनहित याचिका दायर की गयी।
- दिसम्बर, 2019 में स्याही नदी में मुख्य धारा की खुदाई का काम प्रशासन की तरफ़ से आरम्भ कराया गया।
- स्याही नदी के पुनरुद्धार हेतु सतत प्रयासरत रहने के लिए

18 जनवरी, 2020 को उत्तर प्रदेश सरकार की तरफ़ से आयोजित एक कार्यक्रम में ज़िलाधिकारी बाँदा और हास्य अभिनेता राजू श्रीवास्तव के द्वारा छोटेलाल कुशवाहा को 'जल–संरक्षक' सम्मान दिया गया। छोटेलाल कुशवाहा के साथ स्याही नदी को बिहार से लेकर उत्तर प्रदेश तक के बहाव क्षेत्रों में पुनर्जीवित करने के लिए आन्दोलनरत जागरूक नागरिकों में प्रमुख रूप से सुभाष पटेल, रामकिशोर वर्मा, प्रोफ़ेसर राधे मोहन मिश्र जी हैं। इन लोगों के प्रयास से ही नदी के पक्ष में कुछ कार्य आरम्भ हो सका है और आगे बहुत काम किये जाने की आवश्यकता है।

मार्च, 2019 में अख़बार में हमने एक समाचार पढ़ा था कि उत्तर प्रदेश और बिहार की सीमा पर गोपालगंज, सीवान और देवरिया से होकर स्याही नदी बहती थी जो अब विलुप्तप्राय हो चुकी है। भाटपार रानी तहसील के लगभग 30 गाँवों से बहने वाली यह नदी इस क्षेत्र की जीवनरेखा कही जाती है। कई सामाजिक संगठनों ने इस नदी को पुनर्जीवित करने के लिए आन्दोलन भी किये हैं। 'राष्ट्रीय हरित ट्रिब्यूनल' में भी स्याही नदी को पुनर्जीवित करने के लिए शिकायतें की गयीं। ट्रिब्यूनल द्वारा एक पत्र के माध्यम से कार्रवाई करने के सम्बन्ध में ज़िला प्रशासन देवरिया को निर्देश प्राप्त हुआ। इसी क्रम में तहसील के सम्बन्धित लेखपालों एवं राजस्व निरीक्षकों की टीम बनाकर स्याही नदी के किनारे बसे सभी गाँवों के खातों, गाटों और नदी पर बने पुलों की विधिवत रिपोर्ट व नजरी नक्शा तैयार किया गया। उप ज़िलाधिकारी द्वारा रिपोर्ट मिलने पर अनुरोध के साथ उसे मुख्य विकास अधिकारी देवरिया को भेजा गया। मुख्य विकास अधिकारी ने उपायुक्त मनरेगा को मनरेगा के तहत विस्तृत प्रोजेक्ट तैयार करने का निर्देश दिया। मनरेगा के उपायुक्त द्वारा जी.आई. एस. मैपिंग कराकर नदी के परम्परागत बहाव को चिह्नित करने का काम किया गया। प्रत्येक ग्राम पंचायत ने अपनी सीमा के क्षेत्र हेतु प्रोजेक्ट तैयार कराया। नदी के कैचमेंट एरिया में स्थित प्रत्येक तालाब,

कुएँ और अन्य जलस्रोतों को भी पुनर्जीवित करने का भी इसमें सम्मिलित किया गया। नदी के बारे में अन्य तथ्यों का पता लगाने के लिए 'राजस्व रिकॉर्ड रूम' से स्याही नदी के दस्तावेज खँगाले गये। लगभग बीस किलोमीटर में उत्तर प्रदेश की सीमा में बहने वाली इस नदी को राजस्व रिकॉर्ड में 'मोहाल स्याही नदी' के नाम से एक राजस्व ग्राम के रूप में दर्ज़ किया गया है। बीस किलोमीटर लम्बा और दो सौ मीटर चौड़ा एक राजस्व ग्राम जिसमें खाता संख्या 524 में लगभग 16 एकड़ (15.83 एकड़) पानी के नाम और खाता संख्या 525 में लगभग दो एकड़ (1.66 एकड़) तालाब के नाम से दर्ज़ है। ज़िल्द बन्दोबस्त 1324 फ़सली अर्थात सन् 1916–17 ई. में ब्रिटिश शासनकाल में इस क्षेत्र का पहला भूमि बन्दोबस्त किया गया था। तत्समय यह क्षेत्र जनपद गोरखपुर में 'रानी श्याम सुन्दर कुँवरि' के ज़मींदारी खेवट में दर्ज़ था। आश्चर्य और हैरानी इस बात की थी कि अंग्रेज़ लोगों ने इस तरह का सेटेलमेंट क्यों किया? जब चालीस साल की उम्र वाले लोग बताते हैं कि इस नदी में ख़ूब पानी बहता था और वे लोग स्याही नदी में बीस साल पहले तक मछली मारने और नहाने जाते थे, तो 1917 में तो और ज़्यादा पानी इस नदी में बहता रहा होगा। ऐसी परिस्थिति में स्याही नदी में एक मोहाल बनाकर किसानों के लिए खेती की ज़मीनों का आवंटन करने की क्या मजबूरी रही होगी? कारण चाहे जो भी रहा हो ऐसा किया जाना तर्कसंगत और पर्यावरण संगत कृत्य नही था।

स्याही नदी के दोनों किनारों पर कुल 28 गाँव बसे हैं, जिनके नाम कटहरिया, चकिया कोठी, करजरिया, खेमिपुर, भेड़वा, सिसवनिया, नवादा, गुलहा, कड़सरवा बुजुर्ग, पड़री बाज़ार, बड़हरिया, परसिया छितनी सिंह, नियरवा, बतरौली, सिकटीया, गजहड़वा, रतसिया कोठी, सुन्दरपार, इंदरवा, बनकटा, चित्रसेन, बनकटा जगदीश, चफवा कला, दलन छपरा ग्वाल, बेनी चक, खेम छपरा आदि हैं। 8 दिसम्बर, 2019 को हुई बैठक में स्याही नदी के दोनों तरफ़ बसे गाँवों के ग्राम प्रधान, ब्लॉक स्तरीय कर्मचारी, अधिकारी एवं जनपद स्तरीय अधिकारी

भी शामिल हुए। उपायुक्त मनरेगा, अधिशासी अभियन्ता सिंचाई, तहसील के परगनाधिकारी और मेरे द्वारा उपस्थित जनसमुदाय को सम्बोधित किया। बैठक का मुख्य उद्देश्य लोगों को बताया गया कि आपकी स्याही नदी को पुनः बहाना है, उसे पुराने समय की तरह सदानीरा बनाना है। उन्हें देश भर में गिरते भूगर्भ जल के स्तर और पीने के पानी के कम होते जाने के बारे में भी बताया गया। उनके सुझाव और विचार भी सुने गये। उत्तर प्रदेश की ससुर खदेरी (फतेहपुर), बकुलाही (प्रतापगढ़), काँठा (बागपत) जैसी छोटी नदियों को पुनर्जीवित किये जाने के सफल उदाहरणों के माध्यम से लोगों को प्रेरित करने की कोशिश की गयी। ज़िम्मेदार लोगों से अपील का अन्तिम वाक्य था "आप सभी इस महान कार्य में सहयोग और सहभाग करें। लोग कुआँ खोद सकते हैं, तालाब खोद सकते हैं, पानी पाने के लिए बहुत कुछ कर सकते हैं लेकिन किसी में इतनी क्षमता नहीं है कि वह एक नयी नदी बहा सके। हमारा यहाँ आने का बस एक स्वार्थ है कि हमारा कोई स्वार्थ नहीं है सिर्फ़ इसके कि आपकी ये नदी फिर से बह चले।''

वर्ष 2019 में अच्छी बारिश होने के नाते नदी के रिवरबेड में अभी काफ़ी पानी है जिसके कम होने का इन्तज़ार किया जा रहा है। कई स्थानों पर नदी के बहाव के हिस्से को कुछ किसानों द्वारा जोत लिया गया है सबसे बड़ी समस्या उनको समझाने की होगी। समस्या यह भी है कि राजस्व अभिलेखों और सिंचाई और बाढ़ विभाग के नक्शों में इस नदी का नाम और क्षेत्र दर्ज़ नहीं है। चकबन्दी बन्दोबस्त में इसके लगभग बीस किलोमीटर वाले समस्त भू–भाग को एक गाँव 'मोहाल स्याही नदी' के नाम से दर्ज़ किया गया है। राजस्व मानचित्र में भी इसका भू–भाग बीस किलोमीटर लम्बा और दो सौ मीटर चौड़ाई में दर्शाया गया है जो कि मौके पर मौजूद भी है।

2 जनवरी, 2020 को हमने इंजीनियर चन्द्रभानु सिंह के साथ भोपतपुरा और चकिया कोठी दो गाँवों में वहाँ के ग्रामीणों के साथ बैठक की।

सभी लोगों ने एकमत से नदी की खुदाई करने और उसको पूर्व स्वरूप में लौटाने के प्रति सहमति व्यक्त की। लेकिन एक तरफ़ हम अपने जुनून से स्याही के पक्ष में एक जनान्दोलन खड़ा करने की कोशिश कर रहे थे, वहीं आफ़िसों में इसके दूसरे पक्षों पर बात करके माहौल को ख़राब करने श्रेय लेने की होड़ जैसे काम भी हो रहे थे। कैडर विकास विभाग बनाम अन्य का बाइनरी बनाया जा रहा था। मन इससे दुखी भी हो रहा था लेकिन इन सब बातों से अलग मुझे इस बात से ज़्यादा मतलब था कि काम कोई भी करे नदी को फिर से बहना ही चाहिए।

मनरेगा के अन्तर्गत आवंटित राजकीय धन से नदी की खुदाई का काम जनवरी 2020 में आरम्भ हुआ। काम में तेज़ी लाने के उद्‌देश्य से हम लोगों ने थाना प्रभारी बनकटा, उपज़िलाधिकारी और पुलिस क्षेत्राधिकारी भाटपार रानी के माध्यम से क्षेत्र के समृद्ध और साधन सम्पन्न लोगों से सहयोग की अपील की। जेसीबी मशीन मालिकों ने दो–दो दिन सहयोग का आश्वासन दिया मनरेगा मज़दूरों ने जो रेखांकन अपनी कुदाल–टोकरी और मेहनत के पसीने से खींचा उसमें तेज़ी से रंग भरने का काम जागरूक और समृद्ध नागरिकों ने किया। सबके मन में एक उम्मीदों भरा संकल्प था कि उनकी महानदी

स्याही फिर से बहेगी और लोगों का जीवन पुनः खुशहाल करेगी। कोरोना वायरस से फैली महामारी में जब गाँव से बाहर रह रहे श्रमिक वापस अपने गाँव लौटे तो उनको मनरेगा के तहत रोज़गार उपलब्ध कराकर नदी की खुदाई–सफ़ाई का काम दिया गया जिसके कारण मई–जून 2020 के महीनों में तेज़ी से कार्य हुआ और नदी को एक मुकम्मल राह मिलती हुई दिखने लगी।

समाचार पत्र दैनिक जागरण ने अपने 1 जनवरी, 2020 के अंक में 'स्याही नदी को मिलेगा जीवनदान' शीर्षक से ख़बर लिखी, 'एक दशक पहले सूख चुकी स्याही नदी को बचाने के लिए कई सामाजिक संगठनों की तरफ़ से शुरू की गयी मुहिम अब रंग लाने लगी है। ज़िलाधिकारी अमित किशोर के निर्देश पर एडीएम प्रशासन राकेश पटेल गाँव में जाकर ग्रामीणों के साथ बैठक भी कर चुके हैं। तटवर्ती गाँवों के लोग भी सहयोग दे रहे हैं। बनकटा ब्लॉक के कटहरिया, चकिया कोठी, करजनिया, खेमीपुर, भेड़वा, ब्रह्मपट्टी, सिसवनियाँ, नवादा, गुलहाँ, कड़सरवा बुजुर्ग, पड़रीबाज़ार, बड़हरिया, परसियाँ छितनी सिंह, नियरवा, बतरौली, सिकटिया, गजहड़वा, रससिया कोठी, सुन्दरपार, इन्द्ररवा, बनकटा, चित्रसेन, बनकटा जगदीश, चफवा कलाँ, नहरछपरा, दलन छपरा, ग्वाल, बेनीचक, खेमछपरा आदि गाँव इसके किनारे बसे हैं। एडीएम प्रशासन राकेश पटेल ने बताया कि 'स्याही नदी मुक्ति अभियान चलाया जा रहा है। जनसहयोग से ही जीवनदान सम्भव है।' इन गाँवों में ग्राम प्रधान, ग्राम सचिव, तकनीकी सहायक, जूनियर इंजीनियर, रोज़गार सेवक, विकास खण्ड अधिकारी की टीम आगणन करने, जॉब कार्ड वाले मनरेगा मजदूरों को काम देने, अनुश्रवण करने का कार्य कर रहे हैं। 15 जून, 2020 तक मानसून आ चुका था और बारिश भी निरन्तर हो रही थी लेकिन नदी को खोजने का काम जारी था। वर्ष 2021 में भी नदी के प्रवाह मार्ग की सफ़ाई का काम जारी रहेगा ऐसी भावना जनपद में मौजूद प्रशासनिक टीम और जनता दोनों का है।

बचपन में जब हम महराजगंज जनपद में स्थित अपने गाँव में रहते थे तो जुलाई के पहले सप्ताह में इतनी बारिश होती थी कि तालाब, खेत सभी पानी से भर जाते थे। मेंड़ और चकरोड काटकर पानी को बहने का रास्ता देना पड़ता था। धान के खेतों की हरियाली से जगमगाता पूरा तराई का सिवान गाँव–ज्वार को ख़ुशी से भर देता था। वर्ष 2018 में जुलाई के प्रथम सप्ताह में जब भिण्ड ज़िले में मैं चम्बल जैसी विशाल नदी से मिलने गया तो उसमें इतना कम पानी था कि बच्चे उसे पैदल पार कर रहे थे और घुटने भी नहीं डूब रहे थे। इसी साल गंगा में रेत उड़ रही थी जिसमें बाइकर्स लड़के स्टंट कर रहे थे और शिमला के पहाड़ों में पानी के लिए लोग कतार लगा रहे थे। चेरापूँजी में तो अब सूखा पड़ता है जहाँ कभी एशिया में सबसे ज़्यादा बारिश होती थी। ये सारी ख़बरें अख़बारों–किताबों में छपती हैं लोग पढ़ते भी हैं चिन्ता भी ज़ाहिर करते हैं, लेकिन अपनी छत की टंकी से पानी ओवरफ्लो होकर घण्टों गिरता रहता है और लोगों को कोई फ़र्क़ नहीं पड़ता है। पानी की दुर्दशा की कहानी एक छोटे से गाँव से लेकर राजधानी दिल्ली तक और हिमालय तक एक–सी है। ताल, तालाब, नदी, नाला, नहर जल संचय के सभी साधनों–उपादानों को लील लेने को आतुर उपभोक्तावादी होड़ ने जरा सी बारिश से जलभराव और जाम से बिलबिला जाने वाले शहर पैदा किये हैं। अनियमित, असन्तुलित और अनियन्त्रित शहरीकरण ने जल, जंगल, ज़मीन, हवा, पानी जैसे प्रकृति के सभी अंगों का अन्धाधुन्ध दोहन कर उसे बदले में सीवेज, कचरा और प्लास्टिक की सड़ाँध वापस लौटाया है। इन्हीं अदूरदर्शी कृत्यों से मौसम के क्रम में लगातार बदलाव दिख रहा है। असमय आँधी–बरसात और समय पर इनके कम होते जाने से गाँव–गरीब–किसान सब हलकान हैं। पानी की वाजिब चिन्ता और उसके हक़ में कुछ ठोस किया जाना जीवन के लिए अब अनिवार्य हो गया है।

भारत देश में लोग नदियों को सम्मान से माँ और जीवनदायिनी कहते हैं। लेकिन दुख की बात यह है कि पानी और नदियों की

परवाह करना हम भूलते जा रहे हैं। इसी लापरवाही के कारण देश की हज़ारों छोटी और मध्यम आकार की नदियाँ विलुप्त होने के कगार पर हैं या उनमें बहुत कम जल बचा है। एक समय था जब नदी ही नहीं ताल, तालाब और नहर के पानी को भी गंगा जी का ही पानी मानकर सम्मान दिया जाता था। पिता जी कहते हैं हर नदी, तालाब का पानी गंगा जी के समान ही होता है। सब गंगा हैं। नहर का पानी तो सीधे नदी से आता है। घर की दीवार पर टँगे काग़ज़ के फोटो जिनमें देवी–देवताओं के प्रिंट होते थे, जब पुराने होकर फटने लगते थे तो उन्हें हटाकर उनके सम्मान को ध्यान में रखकर पानी में डालने की सलाह उनके द्वारा दी जाती थी बचपन में और आज भी। नदी और पानी के प्रति सम्मान का भाव समाज में रहा है। आज जब तालाब, नदी, सब सूख रहे हैं और लोग पानी से दोस्ती भूलकर सरकार पर निर्भर होते जा रहे हैं। ऐसे समय में अब अपरिहार्य हो गया है कि खोई हुई नदियों, तालों, तालाबों को फिर से खोजा जाये। बारिश के पानी को सँजोया जाये, देश और समाज को पानीदार बनाया जाये। इसी क्रम में 'स्याही मुक्ति अभियान' विलुप्त हो चुकी स्याही नदी को पुनर्जीवित करने का प्रयास है। उत्तर प्रदेश के पूर्वांचल क्षेत्र में स्थित देवरिया जनपद पानी की उपलब्धता की दृष्टि से अत्यन्त समृद्ध है। स्याही नदी के पुनरुद्धार से इस जलराशि में और भी वृद्धि होगी जो निश्चित रूप से इस क्षेत्र के वासियों के जीवन में ख़ुशहाली और समृद्धि लेकर आयेगी।

5
नदी प्रवाह का वैज्ञानिक पक्ष

एक बहती हुई नदी को देखकर मन में कई तरह के सवाल उठते हैं। नदी कैसे बहती है, एक नदी का निर्माण किन प्रक्रियाओं से होता है? आसपास के ऊँचे भू–भाग के बीच में एक गहरी नदी के बहाव क्षेत्र का निर्माण कब और कितने समय में हुआ होगा? नदी में बहने वाला पानी कहाँ से आता है? एक झील या कुएँ से नदी का उद्‌गम किन परिस्थितियों में सम्भव होता है? अब किसी झील, ताल या पहाड़ से नयी नदी का उद्‌भव क्यों नहीं होता? छोटी नदियाँ अब सूखती क्यों जा रही हैं? सूखी हुई नदी को पुनर्जीवित कैसे किया जा सकता है? भू–जल वैज्ञानिकों ने इन प्रश्नों के उत्तर खोजने के प्रयास किये हैं। सामान्य तौर पर हम सभी जानते हैं कि वर्षा जल और ग्लेसियरों से मिलने वाला जल ही धरती पर पाये जाने वाले जल का मुख्य स्रोत हैं। ग्लोबल वार्मिंग, मौसम चक्र में परिवर्तन और भूगर्भ जल के अन्धाधुन्ध दोहन के कारण छोटी और क्षेत्रीय नदियों के साथ–साथ बड़ी नदियों में भी जल की मात्रा लगातार कम होती जा रही है। नदियाँ सूखने लगी हैं, मानवीय कृत्यों से दुखी होकर धरती को छोड़ने भी लगी हैं।

नदी : एक आत्मनिर्भर सत्ता

नदी का उद्भव किसी बच्चे के जन्म के समान ही होता है। पृथ्वी के गर्भ में कुछ क्रियाओं, हलचलों के परिणामस्वरूप जलसमूह का संग्रहीत होना और प्रसव पीड़ा के असह्य दबाव से एक जल धारा का भूतल के ऊपर प्रवाहित होना और नदी बन जाना, नदी कहलाना प्रकृति का अनोखा क्रियाकलाप है। नदी न केवल स्वतः उत्पन्न (Sui generic) होती है बल्कि राह के चट्टान, पत्थर और भाँति–भाँति की मिट्टी से लड़–झगड़कर वह अपनी राह भी ख़ुद बनाती है। अपनी राह ख़ुद चुनना और बनाना आसान नहीं होता। नदी की धरती से घनघोर लड़ाई देखनी हो तो पहाड़ों में गंगा, चिनाब और नर्मदा की ओर मैदानों में यमुना–चम्बल के दोआब को देखना चाहिए कि कैसे उसके किनारों पर बीहड़ बन जाया करते हैं। 'लीक छाड़ी तीन चले, शायर, शेर, सपूत' की परम्परागत कहावत में चौथा नाम नदी का भी जुड़ना चाहिए। नदी कभी दूसरे की बनी बनायी राह पर नहीं बहा करती इसीलिए उसकी धार सीधी नहीं हुआ करती। नदी नहर नहीं होती। नहर नदियों से उधार लिया पानी इंजीनियरों के नपे तुले बनाये आयतन में ढोती है। वह किसी दूसरे के नियन्त्रण में नहीं बहती। नदी की प्रकृति संचयी और समावेशी होती है। सबको साथ लेकर चलने की उदारता और सबको जीवन देने के लिए समान रूप से उपलब्धता नदी का आचरण है। अपने उदात्त गुणों के साथ निरन्तर प्रवाहमान होना ही नदी होना है। जीवन भी नदी की तरह निरन्तर गतिमान है और कविता भी। कविता भी जीवन के समानान्तर बहते हुए नदी बन जाती है जिसके तरल तत्त्व हैं संवेदना और करुणा। 'जल ही जीवन है' के नारे को किताबों के पन्नों में दीवारों पर पुते हुए इश्तहारों में पढ़ते हुए तमाम विद्वानों के भाषणों को सुनते हुए भी इस देश के लोगों ने और पढ़े–लिखे लोगों ने सबसे ज़्यादा पानी की दुर्गति की है। एडवांस होती तकनीक ने लोगों को ये सिखाया है कि ज़मीन के अन्दर बोरिंग और सबमर्सिबल पंप डालकर जब जी चाहे और जितना चाहे पानी

निकाला जा सकता है मुफ़्त में बहाकर बर्बाद किया जा सकता है। पहले पानी को गन्दा करो, फिर आर.ओ. मशीन से फिल्टर कर शुद्ध पानी पियो और इसका प्रचार रोज़ टेलीविज़न पर देखते रहो। पानी और प्रकृति के प्रति यही व्यवहार भारतीय जनमानस का नया जीवन दर्शन बन चुका है।

नदियाँ विलुप्त न हों इसके लिए आवश्यक है कि हम उनके बारे में जानकारी रखें और उन्हें बचाने में सहयोग करें। वास्तव में नदी एक जीवित सत्ता है। प्रकृति द्वारा विकसित एवं लगातार परिमार्जित मार्ग पर बहते पानी की अविरल धारा ही नदी है। बरसात के पानी से नदी का जन्म होता है। वह सामान्यतः ग्लेशियर, पहाड़ अथवा झरने से निकलकर सागर अथवा झील में समा जाती है। इस यात्रा में उसे अनेक सहायक नदियाँ मिलती हैं। नदी और उसकी सहायक नदियाँ मिलकर नदी तन्त्र बनाती हैं। जिस इलाके का सारा पानी नदी तन्त्र को मिलता है, वह इलाका जल निकास घाटी (वाटरशेड) कहलाता है। नदी, जल निकास घाटी पर बरसे पानी को इकट्ठा करती है। उसे प्रवाह में शामिल कर आगे बढ़ती है। वही उसके पानी की समृद्धि का आधार होता है। जल जीवमण्डल में प्रचुर मात्रा में पाया जाने वाला आधारभूत तत्त्व है। धरातल पर जल तीन रूपों में मिलता है–गैसीय रूप में (जलवाष्प), ठोस रूप में (हिम) तथा तरल रूप में जल। जल विभिन्न स्थितियों में पाया जाता है, जैसे–झीलों, तालाबों, जलाशयों, नदियों, सागरों एवं महासागरों, मिट्टियों, धरातलीय एवं धरातल के नीचे स्थित शैलों, जीवित जीवों, वायुमण्डलीय जलवाष्प तथा हिम एवं बर्फ़ में, जीवमण्डल में जल सभी जीवधारियों के लिए अत्यन्त आवश्यक तत्त्व है क्योंकि यह सभी तत्वों में घुलने में सक्षम है। इसमें ऊष्मा धारण करने की अपार क्षमता होती है तथा यह जीवों के पोषण में सहायक होता है। जल जीवमण्डल में तत्वों के परिसंचरण (सर्कुलेशन) में सहायता करता है। **(सिंह 167 : 2020)**

कैसे बहती है नदी

भूगर्भ जल का एक हिस्सा 'जल प्रवाह प्रणाली' का निर्माण करता है। पृथ्वी की सतहों के बीच जल का संग्रहण करने वाली संरचनाएँ जलाशय और बहाव के लिए पाइप लाइन का निर्माण करती हैं। इन्हीं जलाशयों में जल का संग्रहीत होना 'ग्राउंड वाटर रिचार्ज' कहलाता है। ज़मीन के सतह का पानी रिसकर नीचे भूगर्भ जल के भण्डार में पहुँचता है। यह पानी दूर तक ज़मीन के नीचे की प्राकृतिक पाइपलाइन के सहारे धीमी गति से यात्रा करता रहता है और फिर किसी स्थान पर यह पानी पुनः भूतल पर गुरुत्वाकर्षण के माध्यम से प्राकृतिक प्रवाह में परिवर्तित हो जाता है। भूगर्भ जल और सतह पर स्थित जल के प्रवाह में काफ़ी अन्तर होता है। जहाँ भूतल पर प्रवाहित जल एक दिन में कई किलोमीटर की दूरी तय करता है वहीं ज़मीन के नीचे जल केवल कुछ मीटर तक जा पाता है। **(जलदूत : पृ. 30)**

भू–आकृति विज्ञान में अपवाह बेसिन को एक जीवित जीव के रूप में लिया जाता, क्योंकि इसमें सरिता जल द्वारा जल का संचरण होता रहता है। अतः अपवाह बेसिन की तुलना जीव से की जाती है (सिंह 2020 : 359)। प्रदेशों की नदियों को इफ्लुएंट (effulent) कहते हैं क्योंकि इनके जल में भूमिगत जल का भी योगदान रहता है। शुष्क प्रदेशों की सरिताओं का जल दो रूपों में क्षय होता है–वाष्पीकरण द्वारा तथा भूमि में रिसाव द्वारा। कभी कभी तो ये नदियाँ मार्ग में ही सूख जाती हैं तथा सागर तक नहीं पहुँच पाती हैं। शुष्क प्रदेशों की ऐसी नदियों को इंफ्लुएंट (influent) कहते हैं (सिंह 2020 : 389)। विभिन्न स्थितियों में पाये जाने वाले स्वरूपों में भूतल पर समतल स्थापक शक्तियों में बहते हुए जल अर्थात् नदी कार्य सर्वाधिक महत्त्वपूर्ण होता है। वर्षा का जल जो धरातल पर किसी–न–किसी रूप में बहने लगता है उसे बाही जल (runoff) कहते हैं। जब बाही जल एक निश्चित रूप में ऊँचाई से निचले ढाल पर गुरुत्वाकर्षण

के कारण प्रवाहित होता है तो उसे सरिता कहते हैं। अतः नदी किसी भी ढाल पर एक निश्चित मार्ग में प्रवाहित होने वाली जलराशि होती है जिसमें जलधारा के साथ चट्टानचूर्ण भी बहते हुए चलते हैं। **(वही : 405)**

भू–आकृति विज्ञानवेत्ताओं के अनुसार नदी का अपवाह बेसिन एक भू आकृति इकाई है। इसी क्रम में अध्ययन करते हुए टी.जे. टेलर ने (1851) इस सिद्धान्त पर बल दिया कि अपवाह बेसिन का जल विसर्जन उसके क्षेत्रफल पर निर्भर करता है। विलियम मोरिस डेविस (1899) ने नदियों के महत्त्व को उजागर किया तथा बताया कि 'सामान्य रूप में नदियाँ, किसी पत्ती की नसें होती हैं, व्यापक रूप में समग्र पत्ती होती है'। देशों के अन्दर प्रदेशों, जनपदों के बँटवारे का कार्य नदियों के द्वारा किया जाता है। जीन ब्रूंस (1920) के अनुसार, "नदियाँ धरातल एवं मानव क्रियाकलापों के मध्य कड़ी का कार्य करती हैं, क्योंकि जल किसी राष्ट्र एवं उसके निवासियों की प्रभुत्व सम्पन्न सम्पत्ति होता है। यह पोषक तत्त्व होता है, उर्वरक होता है, यह ऊर्जा तथा शक्ति होता, यह परिवहन होता है।'' हार्टन के अनुसार, "अपवाह बेसिन उस स्थलीय क्षेत्र को कहते हैं जो किसी ख़ास सरिता एवं उसकी सहायक सरिताओं को जल प्रदान करता है। यह वर्षा का स्रोत स्थल होती है जो विभिन्न मार्गों से अपने क्षेत्र की विभिन्न सरिताओं को जल पहुँचाती है। इसे वाटरशेड या जलग्रहण क्षेत्र भी कहते हैं।'' किसी भी प्रमुख सरिता तथा उसकी सहायक सरिताओं के जाल को सामूहिक रूप से अपवाह जाल या ड्रेनेज नेटवर्क कह्ते हैं जिसके अन्तर्गत सतत, मौसमी, अस्थायी सभी तरह की नदियाँ सम्मिलित होती हैं। **(सिंह 2020 : 346–347)**

आर्थर एल. ब्लूम (2003) ने अपनी किताब 'Geomorphology : A Systematic Analysis of Late Cenozoic Landforms' में नदियों की उत्पत्ति, उनके बहाव मार्ग का निर्माण पर कुछ ऐसे शब्दों में लिखा है, "नीचे की ओर ढाल पर जहाँ से अवनालिका और गली

कटाव शुरू होता है, पानी और अवसाद मुख्यतः एक अपवाह नेटवर्क द्वारा ले जाया जाता है, जो अपने ढालू अपरदनीय किनारों और अपरदित तली द्वारा तय होते हैं। कुछ अपवाह/चैनल का ऊपरी सिरा अस्पष्ट होता है, जबकि अन्य का अप्रत्याशित और ऊपर की तरफ़ खिसकने वाले जलप्रपात के निकपॉइंट होते हैं। किसी भी पैमाने पर, फ़ोटोग्राफ़ी से लेकर फील्ड प्रयोग तक, चैनल नेटवर्क नदीय स्थलाकृतियों पर बेहद प्रभावकारी पाये जाते हैं। प्रत्येक नदी एक मुख्य धारा का विकास करती है जो विभिन्न प्रकार की उप शाखाओं से पोषित होती है, जो अपने आकार के अनुरूप घाटी में बहती रहती है और ये सब मिलकर एक घाटी में एक तन्त्र बनाती हैं। इनमें से कोई भी मुख्य शाखा को बहुत ऊपरी या निचले स्तर पर ज्वाइन नहीं करती हैं। घाटी इसमें बहने वाली जलधाराओं का परिणाम होने पर यह स्थिति अनन्त काल तक बनी रहेगी।'' नदी का उद्‌गम पहाड़, झील, ताल, कुआँ जिस भी स्थान से हो वह अकेले नहीं बहती अपने मार्ग के वाटरशेड से आकर मिलने वाले छोटी नदियों, बरसाती नालों, अदृश्य वाटर चैनल को ख़ुद में समेटकर वह अपनी जलराशि को समृद्ध करती रहती है। 'नदी को अपने बहाव मार्ग में बरसात के पानी के अतिरिक्त भू–जल से भी आदान–प्रदान की प्रक्रियाएँ चलती रहती हैं। नदी कहीं भू–जल भण्डारों से पानी प्राप्त करती है तो कहीं–कहीं उसके पानी का एक हिस्सा रिसकर भू–जल भण्डारों में मिलता है। नदी, दोनों ही स्थितियों (Effluent–Gaining stage or influent– losing stage) का सामना करते हुए आगे बढ़ती है।' **(व्यास : 2017)**

नदी का प्रवाह मिट्‌टी के कटाव व चट्टानों के नष्ट होने से प्राप्त मलबे तथा वनस्पतियों के अवशिष्टों को बहाकर आगे ले जाता है। उसका एक भाग सतही रन–ऑफ़ और दूसरा भाग भू–जल प्रवाह कहलाता है। प्रवाह के इस विभाजन को प्रकृति नियन्त्रित करती है। बरसात में सतही रन–ऑफ और बाकी दिनों में धरती की कोख से

रिसा भू–जल ही नदी में बहता है। अनुमान है कि नदी तल के ऊपर बहने वाले रन–ऑफ और नदी तल के नीचे बहने वाले भू–जल का अनुपात 38:01 है। उल्लेखनीय है कि भू–जल प्रवाह, गुरुत्वाकर्षण बल के प्रभाव से लगातार निचले इलाक़ों की ओर बहता है। उसकी इस यात्रा में कुछ पानी नदी के प्रवाह के रूप में सतह पर तथा बाक़ी हिस्सा नदी तल के नीचे–नीचे चलकर समुद्र में समा जाता है। नदी के सूखने के बावजूद नदी तल के नीचे पानी का प्रवाह बना रहता है। दूसरा महत्त्वपूर्ण तथ्य यह है कि नदी को भू–जल का अधिकतम योगदान उथले एक्वीफरों से ही मिलता है। नदी तन्त्र में प्रवाहित बाढ़ के पानी के साथ मलबा (मिट्टी, सिल्ट, उपजाऊ तत्त्व इत्यादि) बहता है। उसका कुछ हिस्सा बाढ़–क्षेत्र (Floodplain) में और बाक़ी हिस्सा पानी के साथ आगे बढ़ जाता है और समुद्र के निकट पहुँचकर डेल्टा का निर्माण करता है। नदी तन्त्र में प्रवाहित पानी का लगभग 70 प्रतिशत हिस्सा मलबे (ठोस) का और बाकी 30 प्रतिशत हिस्सा घुलित रसायनों का होता है। नदी तन्त्र में प्रवाहित पानी का लगभग 70 प्रतिशत हिस्सा मुख्यतः बोल्डरों, बजरी, रेत और सिल्ट होता है। नदी मार्ग में उनका जमाव धरती का ढाल, प्रवाह की गति, जल की परिवहन क्षमता से नियन्त्रित होता है। बोल्डर, बजरी जैसे बड़े कण नदी के प्रारम्भिक भाग में तथा छोटे कण अन्तिम भाग में मिलते हैं। नदी अपने जलग्रहण क्षेत्र पर बरसे पानी को बड़ी नदी, झील अथवा समुद्र में जमा करती है पर कभी–कभी उसके मार्ग में मरुस्थल आ जाता है। उसके आने के कारण नदी का पानी रेत में रिसने लगता है। वाष्पीकरण भी बढ़ जाता है। नदी पर सूखने का ख़तरा बढ़ने लगता है। यदि पानी की आपूर्ति बनी रहती है तो वह मरुस्थल की रिसाव बाधा को पार कर लेती है। यदि पार नहीं कर पाती तो मरुस्थल में गुम हो जाती है।

नदी अपने जीवन काल में युवावस्था, प्रौढ़ावस्था, तथा वृद्धावस्था से गुज़रती है। अपनी युवावस्था तथा प्रौढ़ावस्था में नदी अपने कछार

में भू–आकृतियों का निर्माण व परिमार्जन करते हुए अपनी प्राकृतिक भूमिका का निर्वाह करती है। नदी जैविक विविधता से परिपूर्ण होती है जिसका अपना विशिष्ट पारिस्थितिक तन्त्र होता है। नदी एक जीवित इको–सिस्टम है। नदियाँ लाखों–करोड़ों लोगों की आजीविका का आधार हैं। प्राकृतिक रूप से नदी का प्रवाह अविरल होता है। ग़ैर–मानसून वाले दिनों में नदी का प्रवाह धीरे–धीरे कम होता जाता है। नदी में रहने वाले जीव–जन्तु और वनस्पतियाँ नदी के प्रवाह में होने वाले बदलाव के अनुसार अपने को ढाल लेते हैं या उनमें से कुछ अन्य इलाक़ों में पलायन कर जाते हैं। वृद्धावस्था में नदी का कछार लगभग समतल हो जाता है और पानी फैलकर बहता है। नदी स्वस्थ है तो अविरल और प्रदूषण मुक्त बहती रहेगी। स्वस्थ नदी में चार गुण विद्यमान रहते हैं–

1. सुरक्षित कैचमेंट, 2. पर्याप्त बहाव, 3. स्वच्छ पानी, 4. अक्षत चरित्र।

स्पष्ट है कि एक नदी का जन्म लेना अपना मार्ग खोजना, बनाना और बहते रहना बहुत ही संश्लिष्ट प्रक्रिया है। नदी का जटिल प्रणाली/सिस्टम है। इस सिस्टम में जल धारा के अलावा नदी तल (River Bed), नदी तट, बाढ़ क्षेत्र, राईपेरियन जोन और कछार/बेसिन इत्यादि होते हैं। नदी प्रणाली के इन घटकों का संक्षिप्त विवरण आगे वर्णित है। भारत देश में मानसून की वर्षा से नदियों को भारी मात्रा में बाढ़ का पानी मिलता है। वर्ष के शेष महीनों में नदी के प्रवाह को बनाये रखने का स्रोत भू–जल होता है। नदी के दोनों तरफ़ उसके कैचमेंट क्षेत्र में पाये जाने वाले ताल–तालाब, झीलों में संचित जल के सहयोग से तथा नदियों के किनारे बड़े–बड़े जल भण्डार या एक्विफायरों का पानी नदी में डिस्चार्ज होकर नदी के प्रवाह को बनाये रखने में मदद करता है जिससे ये एक्विफर खाली होते जाते हैं। पानी की कमी से भू–जल स्तर में गिरावट आती है और नदी का प्रवाह भी कम होने लगता है। बरसात कम होने पर पानी की लगातार

कमी होते जाने से नदियों के प्रवाह के सूखने का ख़तरा बढ़ जाता है। मानसून के अतिरिक्त वाले महीनों में नदियों के प्रवाह का घटना स्वाभाविक है लेकिन प्रत्येक स्वस्थ नदी को अपने अस्तित्व को बनाये रखने के लिए हर समय न्यूनतम प्रवाह की आवश्यकता होती है। इस न्यूनतम प्रवाह को भू–वैज्ञानिक पर्यावरणीय प्रवाह कहते हैं। नदी का न्यूनतम प्रवाह उस पर आश्रित जीव–जन्तुओं तथा वनस्पतियों की सुरक्षा, विकास एवं जीवित रहने तथा प्राकृतिक ज़िम्मेदारियों को निभाने के लिये आवश्यक है। पर्यावरणीय प्रवाह में कमी से नदी की सेहत खराब होती है। भारत की प्रत्येक नदी का न्यूनतम पर्यावरणीय प्रवाह पूर्व निर्धारित होना चाहिए अन्यथा नदियों ख़ासकर छोटी नदियों की अस्मिता समाप्त हो जायेगी।

नदी तल की सतह प्रवाह की दिशा में ढालू होती है। उसकी सतह पर कैचमेंट से बहाकर लाये कण, प्राकृतिक ढंग से जमा होते हैं, जिनका जमाव बेहद व्यवस्थित और निश्चित क्रम (बड़े से छोटे) में होता है। इन कणों के नीचे की सतह चट्टानी, कच्चे पत्थर या बालू/मिट्टी की होती है। नदी का तल हमेशा नदी की भौतिक सीमाओं के अन्दर स्थित होता है। उसका निर्माण और परिमार्जन, बहता पानी करता है। यह निरन्तर चलने वाली प्रक्रिया है। स्वस्थ नदी में तल के ऊपर से पानी बहता है। यदि वाटर टेबल नदी के तल के नीचे उतर जाये तो तल पानी सोखने लगता है। नदी का प्रवाह कम होने लगता है। उस पर सूखने का ख़तरा मँडराने लगता है। उल्लेखनीय है कि सूखे दिनों में पानी सामान्यतः नदी तल के आंशिक हिस्से से ही बहता है। बरसात में जब रन–ऑफ की मात्रा बढ़ जाती है तो सबसे पहले नदी तल की रेत पानी सोखती है। संतृप्त होती उसके बाद ही पानी, नदी तल के पूरे हिस्से से या उसकी सीमाओं को लाँघ कर बहता है। ज़्यादा बरसात होने पर नदियों में बाढ़ आती है। कई बार वह नदी के दोनों तटों को लाँघकर कछार में भी फैलती है पर बाढ़ के दौरान, कछार में पानी का फैलाव

एक जैसा नहीं होता। वह अक्सर बदलता रहता है। जल विज्ञानियों ने बाढ़ क्षेत्र को परिभाषित किया है। उनके अनुसार बाढ़ क्षेत्र, नदी कछार का वह आप्लावित इलाक़ा है जो अधिकतम बाढ़ के दौरान डूबता है। यही वह क्षेत्र है जो पानी में अस्थायी रूप से डूबता है। बाढ़ क्षेत्र में नमी की अधिकता के कारण अक्सर हरी घास और फूलों की अधिकता देखी जाती है। कुछ स्थानों और विशेष परिस्थियों में बाढ़ क्षेत्र में दलदली भूमि भी पायी जाती है। वनस्पतियों, काई या शैवाल से ढँकी होने के बावजूद यह भूमि नदी तन्त्र तथा जैवविविधता का महत्त्वपूर्ण हिस्सा होती है। बाढ़ क्षेत्र में अर्जुन, जामुन, गुटेल जैसे वृक्ष पाये जाते हैं जो पानी की अधिकता या जलजमाव को झेलने में सक्षम होते हैं।

नदी के दोनों किनारों पर फैले रिवरबेड में प्राकृतिक रूप से कुछ विशेष प्रकार की वनस्पतियाँ पैदा होती हैं जिसे 'राईपेरियन जोन' कहते हैं। ये वनस्पतियाँ नदी की सेहत के लिये बेहद महत्त्वपूर्ण होती हैं। हर साल आने वाली बाढ़ इन वनस्पतियों को समृद्ध करती है। साथ ही इनकी जड़ों से होकर भूगर्भ जल भण्डार भी समृद्ध होता रहता है जो नदी के प्रवाह को बनाये रखने में अपना योगदान करता है। नदी के पानी (सतही जल और भू–जल) की गुणवत्ता सुधारने में राईपेरियन जोन और उनमें स्थित वनस्पतियों की बहुत महत्त्वपूर्ण भूमिका होती है। वे पानी में मौजूद नाइट्रेट की सान्द्रता को कम करती हैं। इन वनस्पतियों से नदी में मिलने वाले जलीय जीव–जन्तुओं को भोजन भी उपलब्ध होता रहता है जो नदी के परितन्त्र को जीवन्त बनाये रखता है। उमाकान्त उमराव जी का मानना है कि "राइपेरियन जोन की वनस्पतियों से ही पानी का गुण और गुणवत्ता तय होती है। गंगा और नर्मदा नदी के पानी में जो औषधीय गुण पाये जाते हैं वो इन्हीं वनस्पतियों के कारण है।" राईपेरियन जोन में पायी जाने वाली वनस्पतियों के सूखे पत्ते झड़कर या बहकर नदी में मिलते रहते हैं। ये पत्ते सूखे अर्थात् मृत होने के कारण, भले ही ऑक्सीजन उपलब्ध

नहीं करा पाते पर वे जलीय जीव–जन्तुओं को सूखी वनस्पतियों और उन पर पनप रहे बैक्टीरिया या फंगस या कीड़ों का भोजन अवश्य उपलब्ध कराते हैं। इसके अलावा राईपेरियन जोन की वनस्पतियाँ नदी के घाट को स्थायित्व तथा नदी के पानी को सही अम्लीयता प्रदान करती हैं। वे भू–जल रीचार्ज में सहयोग भी देती हैं। नदी जल को निर्मल बनाने में राईपेरियन जोन का विशिष्ट महत्त्व है।

इस अध्याय में नदियों के उद्‌गम, प्रवाह, वाटरशेड, कैचमेंट एरिया, राईपेरियन जोन जैसी मूलभूत अवधारणाओं पर भौगोलिक और वैज्ञानिक दृष्टिकोण से हुए अध्ययनों के विवरण के माध्यम से नदियों के विभिन्न पहलुओं को समझने की कोशिश की गयी है।

6
नदियाँ जो फिर से बह चलीं

विश्व भर में विभिन्न कारणों से नदियों के प्रवाह में कई तरह की समस्याएँ पैदा हुई हैं। ग्लोबल वार्मिंग से तापमान का बढ़ते जाना, मौसम चक्र में परिवर्तन, बारिश का कम होना और परम्परागत जल स्रोतों का दोहन व अतिक्रमण बड़े पैमाने पर होने के कारण नदियों में जल की मात्रा कम होते जाने से एक इकोसिस्टम के रूप में नदियों पर प्रतिकूल प्रभाव पड़ा है। जलसंकट की आसन्न समस्या को देखते हुए सभी देश अपनी छोटी–बड़ी नदियों को पुनर्जीवित करने के प्रयास कर रहे हैं। भू वैज्ञानिकों और जल विज्ञान के विशेषज्ञों ने भी अपने शोध से समाधान के उपाय सुझाए हैं। इसी क्रम में एलेन वोहल, स्टुअर्ट एन. लेन और एंड्रू सी. विलकॉक्स अपने शोधपत्र 'The Science and Practice of River Restoration' में लिखते हैं कि, "नदी को एक इकोसिस्टम समझते हुए और उसे पुनर्जीवित करने के कार्य को सामाजिक प्रक्रिया मानते हुए एक नदी के प्रवाह मार्ग, राइपेरियन जोन, और बाढ़ क्षेत्र, जल की मात्रा, रिवरबेड के बालू के मैदान सभी तत्त्वों में आवश्यक बदलाव इस तरह करना कि नदी सदानीरा बनी रहे नदी का पुनरुद्धार (river rsestoration) कहलाता है। जिन क्षेत्रों में नदी की बनावट, उसकी जटिल संरचना के समस्त कारकों में गिरावट या क्षरण हुआ है उन्हें कम करके नदी को उसके प्राकृतिक स्वरूप में लौटाना पुनरुद्धार

का मुख्य उदेश्य होता है। नदियों के पुनरुद्धार के प्रमुख घटक हैं, नदी के किनारों को दुबारा तय करना, नदी धारा की पुनर्रचना, बाँधों का हटाया जाना, मछलियों के लिए मार्ग बनाना, बाढ़ के मैदान से नदी को जोड़ना, प्रवाह में सुधार करना, धारा के अन्दर जन्तुओं और वनस्पतियों के जीवित रहने लायक वातावरण उपलब्ध कराना, आवश्यकतानुसार नदी क्षेत्र में भूमि अधिग्रहण करना इत्यादि।'' नदी की धारा की भौतिक संरचना की पुनर्रचना और राइपेरियन जोन में वृक्षारोपण इत्यादि करने से नदी को पुनर्जीवित करने में बहुत मदद मिलती है। संक्षिप्त में उन्होंने नदी पुनरुद्धार को इस तरह परिभाषित किया है, "river restoration can thus include projects designed to improve fish habitat, water quality, or river creation, for example.We distinguish ecological river restoration that assits the recovery of ecological integrity in a degraded watershed by reestablishing the processes necessary to support the natural ecosystem within the watershed from restoration intended for other outcomes such as enhanced recreation"। वे छोटी, मध्यम और बड़ी नदियों के ग्रामीण और शहरी क्षेत्रों में पुनरुद्धार के मॉडल पर भी चर्चा करते हैं। शहरी क्षेत्रों में पानी की गुणवत्ता बढ़ाने पर फोकस किया जाता है।

किसी नदी को स्वच्छ, अविरल रूप में प्रवाहित होते देखना जीवन का सबसे आनन्ददायक क्षण होता है। प्रकृति की अनुपम छटाओं में सर्वाधिक सुन्दर दृश्य कलकल करती नदियाँ हैं और यह सुन्दरता और व्यापक हो जाती है जब समर्पित प्रयासों से अस्तित्व खो चुकी नदी को उसके पुराने स्वरूप में लौटाने के लिए कड़ी मशक्कत की जा रही हो। नदी को वापस उसके प्राकृतिक स्वरूप में आते देखकर भरोसा होता है कि सच्चे प्रयास कभी व्यर्थ नहीं जाते। नदियों के पुनरुद्धार के कार्य से जनता में जागरूकता और जल स्रोतों के प्रति चेतना में वृद्धि होती है। इस अध्याय में हम ऐसे ही

प्रयासों के बारे में विवरण प्रस्तुत करेंगे जिनके माध्यम से नदियों को उनके मूल प्राकृतिक स्वरूप में लौटाया जा सका है :

कालीबेई नदी

सिख धर्म के प्रवर्तक महान् सन्त गुरु नानकदेव जी की साधना से जुड़े होने कारण कालीबेई नदी का अलग ही महत्त्व है। यह नदी पंजाब के होशियारपुर ज़िले के धनोआ गाँव से निकलकर कपूरथला तक जाती है, जिसकी लम्बाई 160 किलोमीटर है। इसे स्थानीय लोग कालीबेरी भी कहते हैं। कुछ खनिजों की उपस्थिति के चलते इसके पानी के काले रंग होने के कारण इसका नाम 'काली' पड़ा। पंजाब की इस काली नदी के किनारे बेरी का दरख्त लगाकर गुरुनानक साहब ने चौदह साल, नौ महीने और तेरह दिन साधना की थी ऐसा माना जाता है। उनके बारे में यह भी आख्यान है कि एक बार गुरुनानक जी नदी में डूबे, तो दो दिन बाद दो किलोमीटर आगे निकले। मुँह से निकला पहला वाक्य था, "न कोई हिन्दू, न कोई मुसलमाँ।" उन्होंने 'जपजी साहब' कालीबेई के किनारे ही रचा। उनकी बहन नानकी भी उनके साथ यहीं रही। यह लगभग पाँच सौ साल पुरानी बात है। कहा जाता है कि सम्राट अकबर ने कालीबेई नदी के तटों का सुन्दरीकरण कराया। कालीबेई नदी के जल का प्रमुख स्रोत ब्यास नदी है। ब्यास नदी के प्रवाह बदलने के कारण कालीबेई पर अगले चार सौ साल तक पानी और अस्तित्व का संकट रहा। लोगों की उपेक्षा व संवेदनहीनता समय के साथ ऐसे बढ़ी कि कपूरथला से लेकर कालीबेई नदी के किनारे बसे सभी शहरों का गन्दा जल और तमाम उद्योगों के कचरे ने इस ऐतिहासिक और धार्मिक महत्त्व की नदी को गन्दे नाले में बदल दिया। गुरु नानकदेव के पथ का अनुकरण करते हुए जनसेवा में रत नौजवान सन्त सिंचवाल ने वर्ष 2003 में कालीबेई को दुर्दशा से मुक्त कराने का संकल्प लिया, प्रेरणा ली गुरु वचन से "पवन गुरु, पानी पिता, माता धरती मात।" कहते हैं कि कीचड़ में घुसोगे तो मलीन ही हो जाओगे। सिंचवाल भी कीचड़

में घुसे, लेकिन मलीन नहीं हुए बल्कि एक मलिन नदी कालीबेई को ही निर्मल कर दिया वास्तव में यही सन्त स्वभाव है। सन्त सिंचवाल ने ख़ुद अपनी चिन्ता को कर्म में बदला और समाज को कारसेवा का महत्त्व समझाया। कालीबेई नदी से सिख इतिहास के रिश्ते को आमजन से परिचित कराया। लोगों ने सन्त की सद्भावनापूर्ण अपील को समझा। विदेशों में बसे प्रवासी सिख भारतीयों ने इसे रब का काम समझकर भरपूर मदद की। उन्होंने धन दिया और अनुयायियों ने श्रम से योगदान किया। समय, श्रम और धन सब एकत्र होकर जब सद्कार्य करने के लिए संकल्पित हो जायें, तो हर लक्ष्य पूरा होता है। सबके मन में नदी सफ़ाई का सपना था जिसको सच करने के लिए एक जुनून, "यह गुरु का स्थान है, इसे पवित्र होना चाहिए। नदी से कचरा निकालने का सिलसिला कभी रुका नहीं। सत्ताईस गाँवों के कचरे नाले से नदी में आ रहे थे। तालाब खोदकर नालों का मुँह उधर मोड़ा गया। पाँच शहरों के कचरे की सफ़ाई के लिए सीवेज ट्रीटमेंट प्लांट की माँग बुलन्द हुई। पूरे तीन साल तक यह सिलसिला चलता रहा। पूर्व राष्ट्रपति डॉ. ए.पी.जे. अब्दुल कलाम इस काम को देखने सुल्तानपुर लोदी आये। एक वैज्ञानिक राष्ट्रपति ने राष्ट्रीय टेक्नालॉजी दिवस जैसे तकनीकी रुचि के मौके पर सन्त के सत्कर्म की सराहना की। स्थानीय प्रशासन को भी थोड़ी ज़िम्मेदारी समझ में आयी और पाँच करोड़ की लागत से सुल्तानपुर लोदी शहर में सीवेज ट्रीटमेंट प्लांट लगाया गया। कपूरथला शहर में दस करोड़ की लागत से तथा टाँडा, बेगोवाल जैसे औद्योगिक नगरों में भी ट्रीटमेंट प्लांट लगाने की तैयारी शुरू कर दी गयी। 'वीड टेक्नोलॉजी' पर आधारित तालाबों ने नतीजे देने शुरू कर दिये हैं।

सन्त सिंचवाल कहते हैं, "अभी लोग प्लान बनाते हैं कि नदी गन्दी हो गयी है, क्या करें? इसके लिए जाने कितने अध्ययन होते हैं। मीटिंगों में लोग माँग करते हैं कि नया क़ानून बनाओ। मैं कहता हूँ कि भाई, अभी जो क़ानून है, पहले उसे तो लागू करना चाहिए। म्युनिसिपलिटी को नदी में कचरा डालने से रोकना होगा।

लोग नदी पर जाकर ख़ुद खड़े हों, नदियों को साफ़ करने की मुहिम चलायें तो कई कालीबेई निर्मल हो उठेंगी। सन्त कहते हैं कि उन्होंने कालीबेई नदी में कोई अजूबा नहीं किया, हमने सिर्फ़ मिस–मैनेजमेंट ठीक किया है। हमने लोगों को सौ प्रतिशत विकल्प दिया यह साधारण सा काम है। ज़मीन से पानी कम दोहन करें और आसमान से बरसे पानी को तालाबों में संरक्षित करें। बाढ़ का पानी भू–जल रिचार्ज के काम में कैसे आये उन तकनीकों पर काम हो। हर शहर से गन्दे पानी की एक नदी निकलती है। उस गन्दे पानी को साफ़ करके, खेती में प्रयोग किया जाये। ऐसा प्रयास हो कि शोधन के पश्चात् भी नदी में उसको न डाला जाये। हमने यही किया है। सुल्तानपुर लोदी के आठ किलोमीटर के दायरे में यही गन्दा पानी साफ़ करके खेती में पहुँचा रहे हैं। लोग आनन्दित हैं। इससे भू–जल खींचने का काम कम हुआ है। ग्राउंड वाटर बैंक में हमारा अकाउंट बैलेंस बढ़ गया है। पानी का टीडीएस नीचे आ गया है। सबसे बडी बात यह है कि इससे कालीबेई को साफ़ रखने में हमे मदद मिल रही है। हर शहर में यह किया जा सकता है।''

सन्त सिंचवाल जी का कहना है कि नदी से रिश्ता बनाओ, वाहे गुरु फतेह करेगा। पंजाब में कैंसर बेल्ट/कैंसर ट्रेन जैसे शब्द सुनकर सन्त का हृदय दुख से भर उठता है। कहते हैं कि जिस पानी का काम जीवन देना है, हम उससे मौत ले रहे हैं, क्योंकि हम नदी और पानी से अपना रिश्ता भूल गये। यदि हमने इस रिश्ते का सम्मान किया होता, तो हम जिस नदी में स्नान करते हैं, उसमें गन्दगी नहीं करते। कहावत है, ''जैसा पाणी, वैसा प्राणी।'' लोगों को सोचना होगा कि पीने का पानी इसी धरती से हमें मिलेगा। इस अमृतजल को बर्बाद होने से बचाना होगा। हमें अपने लिए ही नहीं, अगली पीढ़ी के लिए भी सजग होकर पानी बचाना होगा। सन्त ने जनता से आह्वान किया कि जिस पीढ़ी की पढ़ाई, दवाई और परवरिश पर इतना पैसा और समय ख़र्च करते हो, उसकी ख़ातिर घरों से बाहर निकलो। यह सच है कि किसी भी काम से लोगों को जोड़ने के लिए लोगों को उस

काम से लाभ और उनका रिश्ता समझाना पड़ता है। कालीबेई नदी को पुनर्जीवित करने में अथक प्रयास करने वाले सन्त का मानना है कि आस्था, इतिहास और नियमित संसर्ग जनहित के कार्यों में बहुत सहायक होते हैं। अच्छी नीयत व निःस्वार्थ भाव से आरम्भ किये गये काम से लोग ख़ुद जुटते जाते हैं और संसाधन भी खुद–ब–खुद जुट जाते हैं। लोगों के समर्पित प्रयास देखकर शासन–प्रशासन भी साथ आ जाता है जिससे ऐसे कार्य और सुगम हो जाते हैं।

ससुर–खदेरी नदी

उत्तर प्रदेश के फतेहपुर जनपद में मानवीय उपेक्षा और अदूरदर्शिता से विलुप्त हो चुकी ससुर खदेरी नामक नदी को प्रशासन और जनता के सहयोग से पुनर्जीवित करने का सफल प्रयास किया गया।

ससुर–खदेरी नाम की ये दोनों नदियाँ फतेहपुर जनपद की कई झीलों से निकली धाराओं से मिलकर बनती हैं और फतेहपुर और इलाहाबाद के बीच दो सौ किलोमीटर का मार्ग तय करते हुए यमुना नदी में मिल जाती थी। ससुर खदेरी नं. 2 नदी फतेहपुर शहर से करीब 25 किलोमीटर दूर ठिठौरा गाँव से सटी एक झील से निकलती है और लगभग 80 किलोमीटर बहकर विजयीपुर गाँव के पास यमुना में मिल जाती है। ग्रामीणों का मानना है कि स्वतन्त्रता के बाद चकबन्दी शुरू होने के साथ ही वहाँ के बाहुबली और पानी के स्रोतों से बेपरवाह किसानों ने झील से नदी के निकास को बन्द करके उसके बहाव क्षेत्र को खेत के रूप में परिवर्तित कर दिया। कुछ ऐसा ही स्याही नदी के साथ देवरिया जनपद में हुआ है।

यह सच है कि पानी और हाथी अपना परम्परागत रास्ता नहीं भूलते। कुछ सालों तक पानी कम बरसने से लोग इस तरह लापरवाह हो जाते हैं कि नदी की राह में अवरोध करने का दुस्साहस कर बैठते हैं। प्रकृति ने केदारनाथ में 2012 में, चेन्नई में 2016 में और 2018 में केरल में अतिवृष्टि से तबाही का मंजर लाकर मनुष्य की ग़लतियों को सुधारने की चेतावनी दे दी है। हम यहाँ फतेहपुर जनपद की

ससुर–खदेरी नदी की बात कर रहे हैं जो एक बानगी है कि हम किस तरह अदूरदर्शितापूर्ण कार्यों से ख़ुद के लिए मुश्किलें खड़ी करते हैं। किसी साल अत्यधिक वर्षा के कारण ससुर–खदेरी नदी के उद्‌गम स्रोत वाली झील में पानी बढ़ने से आसपास के गाँवों में पानी भर गया। स्थानीय प्रशासन ने तात्कालिक समाधान की जल्दबाजी में झील के वास्तविक निकास को न समझते हुए एक नाली खोदकर झील के पानी को गंगा नदी से सीधे जोड़ दिया इस जल्दबाजी और अदूरदर्शिता के कारण बाद में झील सूख गयी, साथ ही नदी का अस्तित्व भी समाप्त हो गया। परिणाम यह हुआ कि आसपास का भू–जल स्तर गिर गया और क्षेत्र में पानी का संकट हो गया। इन नदियों को पुनर्जीवित करने का काम किसी व्यक्ति विशेष द्वारा सम्भव नहीं था। यह सामूहिक प्रयास से ही हो सकता था।'' नदी को पुनर्जीवित करने में 'फतेहपुर फोरम' नामक संगठन ने महत्त्वपूर्ण भूमिका निभायी। फतेहपुर जनपद की तत्कालीन ज़िला अधिकारी श्रीमती कंचन वर्मा द्वारा ख़ुद रुचि लेकर यह कार्य मनरेगा द्वारा कराया गया पर इसके बाद भी ग्रामीणों के विरोध के कारण यह कार्य आसान नहीं था।

स्वामी विज्ञानानन्द जी ने गंगा सफ़ाई का महत्त्वपूर्ण अभियान चलाया है। वे पदयात्रा के माध्यम से लोगों को जागरूक करते हैं। इसी पदयात्रा के दौरान ससुर–खदेरी नदी नं. दो के उद्‌गम स्थान पर पहुँचे। वहाँ पहुँचकर वे अचम्भित रह गये, क्योंकि जहाँ एक समय भू–जल स्तर इतना ऊपर था, वहाँ गाँव के लोग पीने के पानी को तरस रहे थे। उन्होंने महसूस किया कि कुछ समय में यहाँ का हाल तो राजस्थान से भी बदतर हो जायेगा। उन्होंने इसका कारण जानने की कोशिश की कि एक समय जो भूमि बहुत उर्वर थी, वह बंजर क्यों हो गयी। इस सम्बन्ध में उन्होंने इतिहास की एक घटना का भी ज़िक्र किया। मुहम्मद तुगलक के शासनकाल में राजधानी परिवर्तन के कारण उसका खजाना खाली हो गया तो उसके वजीरों ने सलाह दी कि दोआब में कर वृद्धि कर दी जाये। यह दोआब वही था,

जहाँ गंगा–यमुना के मध्य ससुर खदेरी नदियाँ बहती थीं। स्वामी जी ने प्रथम प्रयास में गाँववालों को नदियों का महत्त्व समझाते हुए उन्हें पुनर्जीवित करने की बात की जिसका घोर विरोध हुआ। जिन किसानों की ज़मीन झील व नदी बनने में जा रही थी, उनके द्वारा आपत्ति की गयी। उनके द्वितीय प्रयास से गाँव के 80 प्रतिशत प्रबुद्ध व समृद्ध लोगों को नदी को पुनर्जीवित करने के लिए राजी हो गये। मानवीय प्रयास व ज़िला प्रशासन, शासन तथा सरकार के सहयोग से कार्य आरम्भ हुआ। नदी की मातृ झील व लगभग 40 किलोमीटर लम्बी ससुर–खदेरी नं. 2 पुनर्जीवित हो गयी।

वन विभाग द्वारा झील व नदी तटों पर वृक्षारोपण का कार्य कराया गया। नदी के पुनर्जीवन के महत्त्व को देखते हुए विश्वविद्यालय अनुदान आयोग द्वारा अनुदानित इलेक्ट्रॉनिक मीडिया प्रोडक्शन सेंटर आईआईटी रुड़की शाखा द्वारा झील व नदी का वृत्तचित्र भी बनाया गया है। वर्ष 2020 में उत्तर प्रदेश सरकार ने ससुर–खदेरी नं.1 को पुनर्जीवित करने के लिए मनरेगा योजना के अन्तर्गत चिह्नित कर लिया है। जो झील पुनर्जीवित की गयी है उसकी अर्द्धचन्द्राकार परिधि लगभग नौ किलोमीटर है, जो नैनीताल झील के लगभग दोगुने के बराबर है। यह भविष्य में प्रवासी व देशी पक्षियों की शरणस्थली हो सकती है, जहाँ पर्यटन की अपार सम्भावनाएँ हैं। इस प्रकार आधुनिक भागीरथों ने वह कार्य कर दिखाया, जो किसी ने सोचा भी न था।

हिंडन नदी

यमुना की सहायक नदी हिण्डन का पुराना नाम हरनन्दी है। यह निचले हिमालय से निकलकर उत्तर प्रदेश के सात जनपदों में 280 किलोमीटर बहने के बाद गौतमबुद्ध नगर में यमुना में मिल जाती है। कई जनपदों के औद्योगिक कचरे को ढोने को मजबूर हिण्डन को केन्द्रीय प्रदूषण नियन्त्रण बोर्ड द्वारा एक मृत नदी घोषित कर दिया गया था। इस नदी के पानी को नहाने लायक भी नहीं माना गया है।

वह नदी जो कभी लाखों लोगों की लाइफ लाइन हुआ करती थी आज इस कदर गन्दी और दूषित हो चुकी है कि उसका पानी छूने लायक भी नहीं बचा है। सन् 2018 में मेरठ मण्डल के तत्कालीन कमिश्नर ने हिण्डन नदी की सफ़ाई और पुनर्जीवित करने का सराहनीय प्रयास किया। हिण्डन की दो सहायक नदियों कृष्णी और काली में गिरने वाले प्रदूषकों को रोकने के भी प्रयास किये गये। इस कार्य में नदी के किनारे बसने वाले समुदायों को भी शामिल कर उनका सहयोग लेने का प्रयास किया गया।

हिण्डन नदी के बुरे दिन 1980 के दशक में शुरू हुए जब इस क्षेत्र में बड़े पैमाने पर औद्योगिक इकाइयाँ लगने लगीं और इस प्यारी सी नदी को औद्योगिक कचरे को डंपिंग करने के स्थान के रूप में प्रयोग किया जाने लगा। नीर फाउंडेशन संस्था के रमन त्यागी बताते हैं कि कृष्णी और काली नदियों से सत्तर से ज़्यादा उद्योग हज़ारों लीटर पानी पेपर, चीनी, शराब और अन्य उद्योग लेते हैं और दूषित पानी बिना शुद्धीकरण के नदी में वापस डाल देते हैं। यही कारण हैं कि हिण्डन नदी एक ज़हरीले गन्दे नाले में बदल गयी। हिण्डन नदी को पुनर्जीवित करने के लिए ज़िला प्रशासन, निजी संस्थाएँ, किसान और आम नागरिक सबको समेकित कर उनको जागरूक करके उनका सहयोग लिया जाना आवश्यक है।

काली नदी

उत्तर प्रदेश में काली नदी नाम की दो नदियाँ हैं, 'पूर्वी काली नदी' और 'पश्चिमी काली नदी'। पूर्वी काली नदी मुजफ्फरनगर, मेरठ, बुलन्दशहर, अलीगढ़, फर्रुखाबाद आदि ज़िलों से होकर बहती है। इसका उद्गम मुजफ्फरनगर ज़िले में है जहाँ यह 'नागन' के नाम से विख्यात है। मुजफ्फरनगर तथा मेरठ ज़िलों में इसमें बहुत कम पानी रहता है तथा यह प्रदूषण और अतिक्रमण की शिकार हो चुकी है। बुलन्दशहर से आगे काली नदी एक निश्चित घाटी में बहती है इसमें वर्ष भर जल रहता है। काली नदी कन्नौज से कुछ पहले ही

गंगा नदी में मिल जाती है। बुलन्दशहर से एटा तक काली नदी में वर्षा तथा नहर से इतना अधिक जल प्राप्त होता है कि पहले यह भाग बाढ़ग्रस्त हो जाता था। अब सिंचाई विभाग ने इस समस्या का उचित उपाय कर दिया है। एटा ज़िले में निचली गंगा नहर इस नदी के ऊपर से नदरई ऐक्वेडक्ट द्वारा बहती है। काली नदी की कुल लम्बाई 460 किलोमीटर है। पश्चिमी काली नदी उत्तर प्रदेश के सहारनपुर जनपद में शिवालिक पहाड़ियों से 25 किलोमीटर दक्षिण से निकलकर दक्षिण–पश्चिम तथा दक्षिण की ओर सहारनपुर तथा मुजफ्फरनगर ज़िलों में बहती है। मेरठ जनपद की उत्तरी सीमा पर यह हिण्डन में समा जाती है।

प्रदूषण की वजह से दम तोड़ती काली नदी को अब संजीवनी मिलने जा रही है। केन्द्र सरकार ने इसके पुनरुद्धार के लिए 600 करोड़ रुपये जारी किये हैं। पुनरुद्धार कार्य का शुभारम्भ 20 फ़रवरी, 2020 को केन्द्रीय मन्त्री नितिन गडकरी द्वारा किया गया। नमामि गंगे परियोजना के तहत जल संसाधन, नदी विकास एवं गंगा पुनरुद्धार मन्त्रालय की देखरेख में काली नदी के लिए डीपीआर तैयार की गयी है। इसमें नदी के पुनरुद्धार के लिए 600 करोड़ रुपये लागत राशि बताई गयी है। काली नदी के उद्धार के लिए समाज के साथ–साथ अब प्रशासन का भी सहयोग मिलने लगा है। इन भगीरथ प्रयासों को देखते हुए उम्मीद जताई जा रही है कि जल्द ही काली नदी अपने उद्गम स्थल पर कल–कल करती हुई प्रवाहित होगी। काली के उद्धार के साथ–साथ ही अँतवाड़ा गाँव की तस्वीर भी बदलने लगी है, अथक प्रयासों से काली नदी की दशा तो सँवर ही रही है साथ ही अब लोग अँतवाड़ा गाँव को भी जानने लगे हैं। ग़ौरतलब है नीर फाउंडेशन के लम्बे समय से किये गये प्रयासों से काली अपने उद्गम स्थल पर जलधारा के रूप में प्रस्फुटित हो चुकी है, जिसे देखने के लिए लोग दूर–दूर से रोज़ाना यहाँ आ रहे हैं। नौ ज़िलों की जीवनरेखा काली को नवजीवन देने के लिए अब बहुत सी भावी परियोजनाओं पर कार्य किया जाने लगा है। ये कार्य पहले से

प्रस्तावित नदी संरक्षण के लिए काम कर रहे रमन त्यागी ने बताया, कुछ कार्य पहले ही स्वीकृत हो चुके हैं। इसके तहत अँतवाड़ा में 160 हेक्टेयर में झील बनायी जायेगी। उद्गम स्थल पर खतौली कैनाल का पानी छोड़ने की योजना बन चुकी है। नियमित सफ़ाई के लिए मनरेगा में शामिल कराने की भी प्रक्रिया चल रही है। काली नदी का उद्गम मुजफ्फरनगर में खतौली के अँतवाड़ा गाँव से हुआ है। यह लगभग पाँच सौ किलोमीटर लम्बी है। मेरठ, हापुड़, बुलन्दशहर, अलीगढ़, एटा, फर्रुखाबाद और कासगंज जनपदों से होती हुई काली नदी कन्नौज में गंगा में मिल जाती है। मेरठ, हापुड़, बुलन्दशहर व अलीगढ़ में नदी ज़्यादा प्रदूषित है।

काँठा नदी

उत्तर प्रदेश जनपद शामली की कैराना तहसील के रामड़ा गाँव के तीस साल उम्र के ग़रीब नौजवान मल्लाह मुस्तकीम जिसको अपनी पढ़ाई आठवीं कक्षा में ही छोड़कर रोजी–रोटी के काम में लगना पड़ा था। उन्होंने अपनी सोच और हौसले के बल पर काँठा नदी के पुनरुद्धार के कार्य के साथ 'सामाजिक कार्य' विषय में ग्रेजुएट भी कर चुके हैं। सूख चुकी काँठा नदी को पुनर्जीवित करने के प्रयास में मुस्तकीम पर झूठे मुक़दमे हुए, हतोत्साहित करने वाले भी हज़ारों लोग मिले लेकिन एक नदी के महत्त्व को मल्लाह से बेहतर कौन जान सकता है। नदी तो इस समुदाय की ज़िन्दगी है। नदी सूख जाये, तो मल्लाह की ज़िन्दगी का आधार भी सूख जाता है। नदी और मल्लाह एक दूसरे के पूरक हैं। मुस्तकीम का नदियों से मोहब्बत हो जाना सहज सम्भाव्य था। उनका मानना है कि "तमाम मखलूक, खुदा की बनायी हुई है। नदियों में आयी गन्दगी, उनकी जान ले रही है। नदियों का सूख जाना, और भी तकलीफ़देह है। मलीन नदियों को निर्मल करके, हम करोड़ों जिंदगियाँ बचा सकते हैं।" काँठा नदी को पानीदार बनाने का उसका प्रयास राष्ट्रीय स्तर पर सराहा गया। मुस्तकीम को वर्ष 2019 के प्रतिष्ठित भगीरथ प्रयास सम्मान से नवाजा गया।

यह सम्मान पाने वाले वह अब तक की सबसे कम उम्र की शख़्सियत हैं। यह सम्मान 'इंडियन रिवर फोरम' द्वारा वर्ष 2014 में नियोजित एक ऐसा सम्मान है जो कि प्रति वर्ष नदी पुनर्जीवन के एक ऐसे प्रयास को दिया जाता है, जो कम प्रचारित, किन्तु अधिक प्रेरक हो। डब्ल्यू. डब्ल्यू. एफ. ने नदी कार्य के लिए सम्मान के साथ आर्थिक सहयोग देने का भी वचन दिया है।

काँठा, यमुना नदी की सहायक धारा है। इसकी लम्बाई लगभग 100 किलोमीटर है। इसका उद्गम उत्तर प्रदेश के जनपद सहारनपुर के एक गाँव नया बाँस के एक तालाब से हुआ है। ज़िला मुजफ्फरनगर में यमुना नदी और पूर्वी यमुना नहर के बीच के इलाक़े से सफर करती काँठा नदी शामली जनपद के मावी नमक गाँव के पास यमुना से संगम करती है। काँठा नदी इस क्षेत्र के लोगों की लाइफलाइन थी। पाँच दशक पहले तक काँठा नदी का पानी इतना साफ़ था कि उसमें पड़ा सिक्का पानी के ऊपर से चमके, घड़ियाल को देख, लोग ख़ुद किनारे लग जाते थे। किनारे पर खीरा, ककड़ी, तरबूज, ख़रबूज की खेती से आसपास के किसानों की रोज़ी–रोटी चलती थी। नहर और नलकूप आधारित सिंचाई ने काँठा का पेट खाली कर दिया। शामली के पाँचों जोन, डार्क जोन हो गये। पेट खाली हो, तो नदी की सतह भूरी हो जाती है। काँठा भी भूरी हो गयी। लड़कों ने भूरी काँठा को क्रिकेट का मैदान बना लिया। लालची जमीर वालों ने भूरी काँठा की ज़मीन क़ब्ज़ा ली। कभी बारहमास लहराते पानी वाली जमीन, बारहमासी खेती वाली ज़मीन में तब्दील हो गयी। काँठा, महज बरसाती नाला बनकर रह गयी। गाँवों के खेतिहर, दूसरा आसरा खोजने को मजबूर हुए। बीमार नदी का पानी अपने साथ जलजनित बीमारियाँ लेकर आया। मुस्तकीम के गाँव रामड़ा में भी काला पीलिया फैला। पूरा गाँव प्रभावित हुआ लेकिन अपनी बीमारी का कारण नहीं जान सका। नदी के पेटे में क्रिकेट खेलते लड़के जागे भी तो सिर्फ़ आते–जाते सरकारी साहबों से पूछने तक "म्हारे काँठे में पानी कब आवेगा?" ख़ुद क्या करें किसी को पता नहीं था।

एक दिन यमुना नदी के संरक्षण के लिए काम करने वाले भीम सिंह बिष्ट सन् 2010 में एक दिन उस क्षेत्र में आये। वे 'यमुना जिये अभियान' के संयोजक और अध्ययनकर्ता हैं। उन्होंने गाँव वालों को बताया कि काँठे में पानी तब आयेगा, जब तुम स्वयं कुछ करोगे। मुस्तकीम ने उनकी बातों से प्रभावित होकर काँठा के उद्धार में लग गये और इसी क्रम में वे 'यमुना ग्राम सेवा समिति' के सदस्य बन गये और काँठा को और गहराई से जानना समझना शुरू किया। उन्होंने क्रिकेट के अपने दोस्तों को नदी का दोस्त बनायाँ मुस्तकीम ने 'गागर से सागर' की कहावत के अनुसार लोगों को काँठा से जोड़ने का काम आरम्भ किया। मुस्तकीम ने 'एक लोटा जल दान' का अभियान चलाया। गाँव–गाँव जाकर ग्रामवासियों को काँठा पुनर्जीवन के लाभ बताये। मुस्तकीम ने ज़िम्मेदारी और हक़दारी को एक साथ मिलाकर काँठा नदी पर सीधे निर्भर केवट–मल्लाह समाज की एकता समिति बनायी। प्रशासन का सहयोग लेने के प्रयास भी किये गये। परिन्दों को प्रिय मामूर झील की बदहाली के बारे में बताया गया। स्कूली बच्चों को पौधारोपण के लिए प्रोत्साहित किया। नदी में भर आयी गाद को निकालने के लिए फावड़े चलाये गये। प्रशासन और समाज के सहयोग से नदी के बीच में दो कच्चे बन्धे बनाये गये। नदी के कैचमेंट एरिया में स्थित कुओं और तालाबों को क़ब्ज़ामुक्त करने के कार्य किये गये। नदी में होने वाले अवैध खनन के ख़िलाफ़ अभियान चले। बरसात के दिनों में यमुना से काँठा में आने वाले बैकवाटर को रोकने के लिए लगे रेगुलेटर को खुलवाया गया। लोगों के कण्ठ को तर करने वाली काँठा को तारने के लिए बहुआयामी प्रयास किये गये। इस पूरी जद्दोजहद में अख़बार बाँटने के साथ–साथ रिपोर्टरों को इलाक़े की ख़बर देने का मुस्तकीम का पुराना सम्बन्ध काम आया। शामली ज़िला प्रशासन ने मुस्तकीम को इन सारे प्रयासों के लिए 'गार्डियन ऑफ़ रिवर सम्मान–2017' से सम्मानित किया।

अब मुस्तकीम गाँव–गाँव घूमकर अतिक्रमण का शिकार हुए कुओं, तालाबों की सूची बनाने में लगे हैं। वर्षा जल को संचित करने

के ढाँचे बनाने के लिए सहयोग जुटा रहे हैं। मुस्तकीम का कहना है कि तालाबों और कुओं की क़ब्ज़ा मुक्ति के लिए वह पहले लोगों से निवेदन करेंगे और बाद में प्रशासन का भी सहयोग लेंगे।" तकनीकी और वैज्ञानिक तरीक़ों से नदी पुनर्जीवन का सही मॉडल क्या है इस बारे में मुस्तकीम को ज़्यादा जानकारी नहीं है लेकिन काँठा के पुनर्जीवन के लिए उनके समर्पित प्रयासों के बारे में कोई सन्देह नहीं है। काँठा यमुना की महत्त्वपूर्ण सहयोगी नदी है उसका पुनर्जीवन यमुना नदी के कल्याण के लिए भी अधिक महत्त्व का विषय है।

तमसा

दिनांक 16 मार्च, 2020 को हिन्दी के एक प्रमुख समाचार पत्र दैनिक जागरण ने 'एक नदी...दोबारा जी उठी' शीर्षक से अयोध्या, अम्बेडकर नगर और आजमगढ़ से होकर बहने वाली और सरयू की सहायक तमसा नदी के पुनर्जीवित होने की रिपोर्ट को प्रमुखता से प्रकाशित किया। अयोध्या जनपद के मवई विकास खण्ड के लखनीपुर गाँव के सरोवर से निकलने वाली और 151 किलोमीटर लम्बाई में बहने वाली तमसा नदी का करीब 25 किमी का हिसा लगभग विलुप्त हो चुका था। जिसे सरकार की मनरेगा योजना और जनसहयोग से पुनर्जीवित किया जा सका। इस नदी के किनारे तटों पर लगभग दो लाख पौधे रोपे गये। मनरेगा योजना का सार्वजनिक परिसपत्तियों के सृजन और संरक्षण में यदि सही ढंग से क्रियान्वयन किया जाये तो ससुर खदेरी और तमसा जैसी छोटी और मध्यम आकार की नदियों को सँभाला और सहेजा जा सकता है।

तमसा का पुनरुद्धार दम तोड़ती नदियों के संरक्षण के लिए एक नजीर है जो जल संरक्षण के साथ–साथ पर्यावरण संरक्षण की भी एक मिसाल है। भारत सरकार के जलशक्ति मन्त्रालय ने तमसा नदी के पुनरुद्धार के लिए किये गये कार्यों का भौतिक सत्यापन कराया और अपनी सन्तुष्टि जतायी। तमसा के बारे में एक मिथक है कि श्रीराम जी ने अयोध्या से वनवास जाते वक़्त तमसा नदी के

तट पर पहली रात बिताई थी। अम्बेडकर नगर जनपद की बीकापुर तहसील स्थित तमसा नदी का गौरा घाट एक पौराणिक स्थल के रूप में प्रतिष्ठित है। वर्ष 2020 में अयोध्या के डी एम रहे डॉ. अनिल पाठक की सोच और मनरेगा योजना के धन के सदुपयोग से नदी के पाँच किलोमीटर की परिधि के बरसाती नालों, तालाबों, झीलों और कुओं को भी शामिल किया गया। नदी के कैचमेंट एरिया में स्थित जलस्रोतों की क्षमता बढ़ने से सूखी हुई तमसा एक साल में ही सदानीरा हो उठी। नवनीत श्रीवास्तव लिखते हैं, "प्रशासन ने मन बनाया, मनरेगा से जी उठी तमसा, इस प्रयास से जहाँ श्रमिकों को रोजगार मिल रहा है वहीं स्थायी परिसम्पत्ति का भी सृजन हुआ। जो स्थान सालभर पहले खेत के रूप में था अब वहाँ इतना पानी है कि नाव चल रही है।" अम्बेडकर नगर में नदी के दोनों किनारों पर खोदी गयी मिट्टी जमा होने से इसका स्वरूप बिगड़कर नहर जैसा हो गया जिस पर ध्यान दिये जाने की ज़रूरत है। नदी के प्राकृतिक स्वरूप को बनाये रखने के लिए नदी से निकाली गयी मिट्टी को अन्यत्र भेजकर या नीलामी करके राजस्व भी अर्जित किया जा सकता है।

बकुलाही नदी

प्रतापगढ़ में प्रवाहित होने वाली बकुलाही नदी को लोग प्यार से 'खुद की नदी' कहते हैं। यह नदी उपेक्षा के कारण विलुप्तप्राय हो चुकी है। इस नदी को सामूहिक प्रयासों से तीन दशकों बाद पुनर्जीवित किया जा सका है। बकुलाही नदी का ज़िक्र वेदों और 'वाल्मीकि रामायण' में भी है। बकुलाही नदी का प्राचीन नाम 'बालकुनी' था, जो बाद में परिवर्तित होकर 'बकुलाही' हो गया। जनश्रुति के अनुसार बगुले की तरह टेढ़ी–मेढ़ी होने के कारण भी इसे बकुलाही कहा जाता है। उत्तर प्रदेश के प्रतापगढ़ जनपद की बकुलाही नदी की 18 किलोमीटर लम्बी लुप्तप्राय हो चुकी प्राचीन धारा आज कल–कल करती अविरल प्रवाहित हो रही है और लगभग दो दर्जन से अधिक गाँवों के हज़ारों

लोगों की पानी की ज़रूरत को पूरा कर रही है। नदी के पुनर्जीवित होने से आसपास के गाँवों के भूगर्भ जलस्तर में भी सुधार हुआ है।

तीन दशक पूर्व बकुलाही नदी की प्राकृतिक धारा से छेड़छाड़ करके मूलधारा का अपहरण कर लिया गया था। परिणामस्वरूप नदी के तट पर बसे 25 गाँवों–पूरे तोरई, पूरे वैष्णव, जदवापुर, सरायदेवराय डीहकटरा, छतौना, मनेहू, हिन्दूपुर, बाबूपुर, सरायमेदीराय, बरईपुर, मिसिरपुर, सिउरा, हैसी, बुकनापुर, पनई का पुरा, शोभीपुर, जमुआ, वैरीसाल का पुरवा, रामनगर, भटपुरवा, ढेमा और गौरा आदि का जीवन कठिन हो गया था। गाँवों की हरियाली और ख़ुशहाली भी रूठ गयी। जलस्तर धीरे–धीरे नीचे जाने लगा। खेती–बाड़ी भी प्रभावित हुई। वन क्षेत्र उजाड़ होने लगे। प्रवासी पक्षियों ने भी इधर आना बन्द कर दिया। इन परिस्थितियों से प्रभावित गाँवों की लगभग एक लाख आबादी के बीच अपनी नदी बकुलाही को पुनः पाने की बेचैनी भी बढ़ती गयी। वर्ष 2003 में जलपुरुष राजेन्द्र सिंह ने इन गाँवों का दौरा किया और कहा कि बकुलाही की पुरानी धारा को वापस लाये बिना इस जल संकट से छुटकारा नहीं मिल सकता। यह बात उस समय अनेक समाजसेवियों ने सुनी, परन्तु एक युवा समाजशेखर के मन पर इसका सर्वाधिक असर हुआ।

समाजशेखर ने वर्ष 2011 में भयहरण धाम पर बकुलाही पंचायत का आयोजन किया, जिसमें हज़ार से अधिक लोग शामिल हुए। बकुलाही नदी के उद्धार को लेकर गम्भीर विमर्श हुआ और यह तय किया गया कि किसी भी सूरत में अपनी नदी को पुनर्जीवित करेंगे। सभी गाँववासियों ने अगले ही दिन से बकुलाही पुनरुद्धार का काम आरम्भ कर दिया। प्रतापगढ़ के तत्कालीन ज़िलाधिकारी ने ग्रामीणों के साथ नदी का भ्रमण किया और उन्होंने नदी के पुनरुद्धार के लिए हर सम्भव मदद करने का आश्वासन दिया। बकुलाही नदी की ज़मीन का पैमाइश–चिह्नांकन किया गया। नदी पर 'दोमुहाँ' डैम बनाने की योजना बनी। इस कार्य के लिए मनरेगा मज़दूरों को लगाया गया। सरकार और समाज के सामूहिक प्रयास से श्रमदान

एवं जेसीबी मशीनें लगाकर कार्य कराया गया। नदी पर कच्चा बाँध बनाकर उसकी धारा को प्राकृतिक मार्ग पर ले जाने के लिए मोड़ दिया गया। लगभग 18 किलोमीटर लम्बी नदी के पुराने मार्ग में हुए अवरोधों को हटाया गया। तीन दशकों बाद बकुलाही में पानी की धार बहने से प्रभावित गाँवों के लोग बहुत ख़ुश हुए। खेतों में हरियाली लौट आयी। प्रवासी पक्षी एक बार फिर से मेहमान बनकर इस क्षेत्र में आने लगे। आसपास के गाँवों के जलस्तर में भी सुधार हो रहा है।

कल्याणी नदी

बाराबंकी ज़िले में बहने वाली इस विलुप्तप्राय नदी का पुनरुद्धार मनरेगा योजना के तहत किया गया। नदी की सिल्ट सफ़ाई करके गहराई और चौड़ाई बढ़ाने के साथ–साथ उसके दोनों किनारों पर वृक्षारोपण भी किया जा रहा है। प्रधानमन्त्री श्री नरेन्द्र मोदी जी ने अपने मन की बात कार्यक्रम में इस नदी पर किये जा रहे कार्यों की प्रशंसा की। राज्यपाल श्रीमती आनन्दी बेन पटेल भी 6 जुलाई, 2020 को इस नदी के किनारे वन महोत्सव सप्ताह में वृक्षारोपण करने पहुँचीं और पुनरुद्धार कार्य की सराहना की। इस कार्य को ज़िलाधिकारी बाराबंकी डॉ. आदर्श सिंह और भारतीय प्रशासनिक सेवा के युवा अधिकारी दिव्यांशु पटेल की देख–रेख में किया गया।

टेढ़ी और मनवर नदियाँ

राज्य सरकार के आर्थिक सहयोग से गोण्डा जनपद की दो नदियों 'टेढ़ी' और 'मनवर' के पुनरुद्धार का कार्य ज़िला प्रशासन द्वारा कराया गया। वर्ष 2020 में कोरोना वायरस के कारण देशव्यापी बन्दी और मज़दूरों की घर वापसी के क्रम में उन्हें रोज़गार उपलब्ध कराया गया। फलस्वरूप मनवर नदी अपने पुराने स्वरूप में लौट आयी है।

जमुआरी नदी

खीरी ज़िला मुख्यालय से बेहजम ब्लॉक जाने वाली सड़क से होकर बहने वाली जमुआरी नदी अपना अस्तित्व खो चुकी थी।

बेहजम रोड पर बने पुल को पार करने के बाद पूरब दिशा के खेतों में पानी जमा रहता था। आगे नदी के मार्ग को लालची किसानों ने जोतकर समतल कर खेत बना डाला था। मुड़ाधामु और गौरिया बाज़ार के पास नदी की धारा बिल्कुल बन्द हो गयी थी, जिससे इसका पानी लगभग 4000 एकड़ ज़मीन और फ़सलों को बर्बाद कर रहा था। खीरी जनपद के सदर विधायक श्री योगेश वर्मा के प्रयासों से सिंचाई और राजस्व विभाग की मदद से नदी के मार्ग को खुदवाकर इसे पुराने स्वरूप में वापस लाने का महत्त्वपूर्ण कार्य किया गया। खीरी जनपद जल स्रोतों के मामले में अत्यन्त समृद्ध है लेकिन चीनी मिलों से होने वाले प्रदूषण और अतिक्रमण के कारण यहाँ की छोटी नदियों पर संकट खड़ा हो गया है। जमुआरी नदी आगे चलकर सरायन नदी में मिल जाती है जो ख़ुद ही संकटग्रस्त नदी है।

भैंसी नदी

शाहजहाँपुर ज़िले की भैंसी नदी को नदी तट के 50 गाँवों के लोगों ने अप्रैल 2019 में सूख चुकी अपनी नदी को पुनर्जीवित करने का संकल्प लिया और श्रमदान से सफ़ाई अभियान चलाया गया। इस दौरान लोग अपने हाथ में फावड़ा लेकर नदी की सफ़ाई में जुट गये। लोकभारती की प्रेरणा से भैंसी नदी की सफ़ाई के लिए अभियान की शुरुआत की गयी। इसके बाद मीरपुर, गंगाई, कलक्टरगंज, मोहनापुर, बसखेड़ा बुजुर्ग आदि गाँवों के लोग ख़ुद ही नदी के तट पर पहुँचना शुरू हो गये। सभी ने नदी को साफ़ करने के लिए अपना योगदान दिया। देखते ही देखते 250 मीटर नदी साफ़ हो गयी। अब नदी को साफ़ करने के लिए हर सप्ताह अभियान चलाने की योजना बनी, जिसमें सभी से सहयोग करने की अपील की गयी। इस बीच लोगों ने भैंसी नदी की मिट्टी लेकर अभियान को सफल बनाने का संकल्प लिया। नरेन्द्र यादव (दैनिक जागरण, 4 जनवरी 2020) लिखते हैं, "लोक भारती और गंगा समग्र संस्था से जुड़े बिजेन्द्र पाल सिंह ने गंगा बेसिन के तहत गोमती की सहायक नदियों

की सफ़ाई का भी सुझाव और प्रोजेक्ट दिया था। लोकभारती संस्था के सौजन्य से 70 किलोमीटर लम्बी गोमती यात्रा निकाली गयी। नदी सम्मेलन हुए जिनमें नदी मित्र चुने गये। नदी के प्रवाहक्षेत्र को चार सेक्टरों में बाँटकर अतिक्रमणमुक्त व साफ़ किया गया। मन्दिर, मस्जिद और गुरुद्वारों से नदी सफ़ाई का आह्वान किया गया। सभी समुदायों के लोगों ने बढ़–चढ़कर इस कार्य में सहयोग किया जिसके परिणामस्वरूप 22 दिसम्बर, 2019 को तीस साल बाद इस नदी में पुनः पानी देखकर लोगों का जैसे एक ख्वाब सच हो गया।''

सरायन नदी

खीरी जनपद के गोला तहसील के एक गाँव के ताल से उद्‌भूत सरायन नदी लगभग 80 किलोमीटर लम्बाई में बहकर सीतापुर जनपद के सिधौली तहसील क्षेत्र में गोमती नदी में मिल जाती है। इस नदी पर किसानों और सीतापुर नगरवासियों का निन्दनीय अतिक्रमण है। सीतापुर शहर के बीच से होकर लगभग 8 किलोमीटर की लम्बाई में यह मात्र नाले के शक्ल में बहती है। वर्ष 2017 की जुलाई में कुछ निजी संगठनों ने नदी के भीतर घुसकर उसकी सफ़ाई का अभियान चलाया। उससे प्रभावित होकर तत्कालीन नगर क्षेत्र के विधायक ने अपनी निधि से जेसीबी और पोकलेन मशीनें लगाकर गहरी सफ़ाई करायी। नदी में गिरने वाले नालों के गन्दे पानी को जब तक शोधित नहीं किया जायेगा, इसके स्वरूप में बहुत सुधार नहीं होने वाला है। नालों के माध्यम से प्लास्टिक भी बेरोकटोक सीधे इस नदी में प्रवाहित होता है। पुराने सीतापुर में सरायन नदी के ऊपर एक पैदल पुल है। वर्ष 2017 में जब हमने उस स्थान पर नदी की दुर्दशा और लोगों की संवेदनहीनता को देखा तो बड़ा दुख हुआ। नदी के प्रवाह मार्ग के आधे से ज़्यादा चौड़ाई में नगरपालिका ने रोज़ का कूड़ा डालकर भर दिया था। नगरपालिका की जेसीबी मशीनों और डम्पर से नदी में पटे कूड़े को खोदकर लखीमपुर रोड पर नये चिह्नित कूड़ा स्थल पर भिजवाया उसके बाद पश्चिमी किनारे

के धोबी घाट तक पानी पहुँच सका। 'बाबा लगे लठ आश्रम' के पास जहाँ नदी शहर में प्रवेश करती है, वहाँ पानी एकदम साफ़ दिखता है लेकिन शहर भर के नाले और गन्दगी ख़ुद में समेटने के बाद इसकी हालत 'दिशियत कालिन्दी अति कारी' होकर रह जाती है। इस नदी की सफ़ाई जब तक खीरी जनपद क्षेत्र के मार्ग में नहीं की जाती है तब तक इसको प्राकृतिक स्वरूप में नहीं लाया जा सकता है।

सोत नदी

सोत नदी का उद्गम अमरोहा जनपद से होता है और यह आगे बदायूँ जनपद के 85 गाँवों से होकर बहती है। अमरोहा जनपद में ज़िला प्रशासन और ज़िला पंचायत के सहयोग से अप्रैल, 2019 में कार्य आरम्भ हुआ जिसमें नदी से सिल्ट सफ़ाई और अतिक्रमण हटाने का काम किया गया। कोरोना काल में श्रमिकों को कार्य उपलब्ध कराने तथा सोत और भैंसोर नदियों के पुनरुद्धार के उद्देश्य से जून, 2020 में मनरेगा के तहत कार्य आरम्भ कराये गये। शहरी बहाव क्षेत्र में मकानों तथा ग्रामीण क्षेत्रों में अतिक्रमण करके नदी को खेतों में शामिल कर लिये जाने के कारण ये नदियाँ विलुप्ति के कगार पर थीं जिसे ज़िलाधिकारी श्री कुमार प्रशान्त और अपर ज़िलाधिकारी श्री नरेन्द्र बहादुर सिंह के प्रयासों से सोत नदी को पुनर्जीवित करने के सराहनीय प्रयास किये गये।

वरुणा नदी

'हमारी वरुणा अभियान' के अन्तर्गत इलाहाबाद के फूलपुर तहसील के मेलहम नामक स्थान से एक झील से निकली वरुणा नदी को बचाने का प्रयास किया जा रहा है। वाराणसी शहर का नामकरण इसकी दो नदियों वरुणा और असि के नाम पर किया गया है। वरुणा नदी का ज़िक्र ऋग्वेद, मत्स्य पुराण, अग्नि पुराण, महाभारत और जातककथाओं में हुआ है। कभी वाराणसी की लाइफ लाइन रही वरुणा आज अपने अस्तित्व के संकट से जूझ रही है।

भारत की सबसे प्रदूषित नदियों में आज वरुणा प्रमुख है। बनारस के एक ज़िम्मेदार सामजिक कार्यकर्ता और वकील डॉ. व्योमेश चित्रवंश और उनकी अगुआई में शहर के कुछ विद्यार्थियों और युवाओं ने हमारा वरुणा अभियान आरम्भ किया ताकि लुप्तप्राय नदी को पुनर्जीवित किया जा सके। नदियों के दुख–दर्द को लेकर जिस व्यक्ति के मन में गहरी संवेदना होगी केवल वही उनको पुनर्जीवित करने और प्राकृतिक स्वरूप में लौटाने के बारे में सोच व कार्य कर सकता है। भूमाफिया द्वारा असि नदी को बर्बाद किये जाने से डॉ. चित्रवंश बहुत दुखी थे अब वही हाल वरुणा का भी हो रहा है इसी डर से उन्होंने वरुणा बचाने और पुनर्जीवित करने का अभियान आरम्भ किया। अतिक्रमण, प्रदूषण और पोलिथीन से भरकर वरुणा अपना मूल स्वरूप खो चुकी थी। वरुणा के उद्‌गम स्थल से गंगा में संगम तक उन्होंने पदयात्रा की एवं लोगों को श्रमदान के लिए भी प्रोत्साहित किया। स्कूल, कॉलेज, नुक्कड़ मीटिंग करके वकील, डॉक्टर और विद्यार्थियों को जोड़ा गया। उनके प्रयास से नदी किनारे के 30 गाँवों में कार्य हो रहा और कचरे को नदी में डालने से सरकार ने रोक दिया है। वरुणा नदी के उद्‌गम स्थल मेलहम ताल को भी खुदवाया गया और पानी से भरने का प्लान बनाया गया। नदी के किनारे वृक्षारोपण भी किया गया। लेकिन अभी वरुणा को स्वच्छ और सदानीरा बनाया जाना बाक़ी है।

असि नदी

असि नदी को बचाने की दिशा में 4 जून, 2017 को बड़ी पहल हुई। नगर निगम वाराणसी की ओर से सीमांकन के बाद यमुना मिशन ने सुबह असि नदी में सफ़ाई के लिए जेसीबी उतार दिया। छिटपुट विरोधों के बीच सिल्ट और कूड़े से पाटे गये नदी के तट की खुदाई शुरू हो गयी। मलबा निकाला जाने लगा। इसी के साथ असि के दोनों तटों पर हरित पट्‌टी के विकास का काम आरम्भ हो गया। सहोदरवीर पुल से संकटमोचन के बीच नदी के दोनों किनारों पर

मानसूनी बारिश के बाद पौधरोपण किया गया। वाराणसी के अस्तित्व से जुड़ी पौराणिक काल की असि नदी की मुक्ति के लिए सतह पर आने वाला यह अब तक का सबसे बड़ा प्रयास माना जा रहा है। देश की अन्य छोटी नदियों की तरह जो शहरों से घिर गयी हैं, वाराणसी की पहचान असि नदी भी शहर के घरेलू और औद्योगिक कचरों को ढोने के लिए अपने मौलिक स्वरूप को खोकर नाला के रूप में प्रयोग की जा रही है। यमुना मिशन की ओर से असि नदी के पुनरुद्धार के लिए कार्य आरम्भ किया गया। नदी के तट पर स्थित ब्रह्मा मठ के कुछ आचार्यों ने विरोध भी जताया लेकिन बाद में उन्होंने इस महत्त्वपूर्ण अभियान में अपनी सहमति जता दी।

'नेशनल मिशन फॉर क्लीन गंगा' के राष्ट्रीय सलाहकार और सेवानिवृत्त डीजी (होमगाड्र्स) आर.एन. सिंह की मौजूदगी में असि नदी मुक्ति अभियान के कपीन्द्र, चन्द्रभूषण, राजीव आदि तथा यमुना मिशन के चन्द्रशेखर सेठ के अलावा तमाम लोगों ने नदी के मलबे को हटाने में सहयोग किया। नदी के दोनों किनारों पर हरित पट्टी का विकास कराने की भी योजना बनी। हरित पट्टी के लिए असि की तलहटी से खोदी जा रही सिल्ट पाटकर नया प्लेटफार्म बनाया जा रहा है। वर्ष भर पहले शहर के 20 से अधिक सामाजिक संगठनों ने असि नदी की मुक्ति के लिए बीएचयू के सिंहद्वार से अभियान शुरू किया था। असि नदी मुक्ति अभियान के तहत 'यमुना मिशन' द्वारा नदी के किनारे बृहद पौधरोपण कार्यक्रम चलाया गया। सहोदरवीर पुल से रवीन्द्रपुरी के बीच हरित पट्टी विकास के क्रम में 80 पेड़ लगाकर प्रस्तावित हरित पट्टी की शुरुआत भी कर दी गयी। पौधरोपण की शुरुआत नगर आयुक्त वाराणसी की देखरेख में स्थानीय संगठनों के सहयोग से किया गया।

अरवरी नदी

नदियाँ बहती हैं तो जीवन बहता है। नदियाँ बहती रहेंगी तो धरती पर जीवन बचा रहेगा। नदियों को माँ मानकर पूजने, आरती उतारने

और गाने की पुरानी भारतीय परम्परा रही है, जिसका कारण वस्तुतः नदियों के संरक्षण की प्रवृत्ति ही रही होगी। नदियों की पूजा और आरती तो अब भी हो रही है, लेकिन नदियों का हाल बेहाल है। देश की बड़ी और प्रमुख नदियाँ जैसे गंगा, यमुना, नर्मदा आदि प्रदूषण, अतिक्रमण, बाँध, असन्तुलित विकास से जूझते हुए अपने प्राकृतिक बहाव को बचाने के लिए संघर्ष कर रही हैं। छोटी नदियों की दशा तो अत्यधिक गम्भीर है। छोटी–छोटी नदियाँ बड़ी नदियों की धमनियों के समान हैं, इसलिए इनके संरक्षण की आवश्यकता सबसे अधिक है। लेकिन दुख की बात है कि छोटी नदियों के पुनरुद्धार की दिशा में अभी प्रभावी कदम नहीं उठाये जा रहे हैं।

राजस्थान में बहने वाली अरवरी देश की सबसे छोटी नदी है, जो मात्र 90 किलोमीटर के क्षेत्र में प्रवाहित होती है। अरवरी नदी बिल्कुल मृत हो चुकी थी, लेकिन सामुदायिक रूप से किये गये प्रयासों से आज यह नदी पुनर्जीवन प्राप्त कर बह रही है। राजस्थान के अलवर ज़िले में सरिस्का की पहाड़ियों के बीच थानागाजी के पास सँकरा बाँध में अरवरी नदी का उद्‌गम होता है, इसका उत्तरी जलग्रहण क्षेत्र कंकड़ की ढाणी के आसपास है। नदी के दो प्राकृतिक जल स्रोत हैं, जिनमें से एक भैरुदेव सार्वजनिक वन्यजीव अभयारण्य से ग्राम भवता कालियाल (भूरियावास) के पास और दूसरा स्रोत अमका और जोधुला के पास से निकलता है। एक तीसरी धारा है जो दूसरी धारा के काफ़ी पास बहती है लेकिन थोड़ी दूरी पर ही वह भूमिगत हो जाती है। बाकी बची दो धाराएँ अजबगढ़–प्रतापगढ़ के पास पलसाना के पहाड़ नामक स्थान पर मिलती हैं, जहाँ प्रवाहित नदी को अरवरी के नाम से जाना जाता है। अरवरी विभिन्न अन्य सहायकों और धाराओं के साथ मिलकर आगे बढ़ती है और अन्ततः उत्तांग नदी (गम्भीर नदी) के रूप में प्रयागराज के पास यमुना में विलीन हो जाती है।

कभी बारहमासी और सघन वनक्षेत्र से घिरी हुई अरवरी ने बढ़ती आबादी की मार झेली। जैसे–जैसे तटीय क्षेत्रों की जनसंख्या बढ़ने लगी,

पेयजल, सिंचाई आदि आवश्यकताओं के लिए जलदोहन भी बढ़ा। वर्ष 1960 के आसपास नदी के कैचमेंट क्षेत्र में संगमरमर की खुदाई का काम शुरू किया गया, जिसके लिए खदानें खोदी गयी और धीरे–धीरे जल संकट बढ़ता चला गया। सन् 1960 के बाद के दशकों में नदी पूरी तरह सूख गयी और लोग गाँव छोड़ने पर मजबूर होने लगे। भू–जल स्तर 200 फीट से नीचे चला गया।

वर्ष 1986 से नदी को पुनर्जीवन देने के प्रयासों का श्रीगणेश किया गया 'तरुण भारत संघ' के द्वारा और जलपुरुष राजेन्द्र सिंह के चलाये जागरूकता अभियान ने अरवरी को वापस लाने का जिम्मा उठाया। सन् 90 के दशक में तरुण भारत संघ ने भनोट–कोलयल गाँव के लोगों के साथ मिलकर नदी को पुनर्जीवन देने के लिए नदी के आसपास जोहड़ बनवाने का काम शुरू किया। गाँव वालों की सहायता से 1058 गाँवों में आठ हज़ार से अधिक जोहड़ पहाड़ियों के नीचे बनाये गये। बरसात का पानी इनमें एकत्र होने से भू–जल धीरे–धीरे रिचार्ज होने लगा। अक्टूबर, 1990 में पहली बार नदी में पानी बहता दिखाई दिया, जिससे नदी संरक्षण का कार्य कर रहे लोगों का हौसला बुलन्द हुआ और आगे आने वाले कुछ वर्षों में अरवरी कलकल बहने लगी। सन् 1995 तक नदी को पूरी तरह से जीवनदान मिल गया और सामुदायिक प्रयासों की जीत हुई। अरवरी सदानीरा बनी रहे, इसके लिए देश में पहली बार नदी संसद का निर्माण किया गया, जिसमें अरवरी के किनारे बसे सभी गाँवों को शामिल किया गया। 26 जनवरी, 1999 में बनी अरवरी नदी संसद के ज़रिये नदी को संरक्षित रखने के लिए फ़सल–चक्र में परिवर्तन, सिंचाई व्यवस्था के नियम, गहरी बोरिंग पर रोक, पानी के अतिदोहन को रोकने के लिए बड़े उद्योग धन्धों को गाँव में नहीं जमने देना, नदी के दोनों किनारों पर वनक्षेत्र विकसित करना आदि का निश्चय किया गया, जो आज तक जारी है। **(दैनिक जागरण : पानीदार बनेगा देश, 4 फ़रवरी, 2020)**

चम्पा नदी

बिहार के भागलपुर जनपद में बहने वाली और अब मृतप्राय हो चुकी चम्पा नदी को पुनर्जीवित करने का प्रयास 'कहाँ गुम हो गयी चम्पा' अभियान के माध्यम से किया जा रहा है। इस अभियान के तहत तैयार की गयी एक पुस्तिका बिहार राज्य के मुख्यमन्त्री श्री नितीश कुमार को दी गयी। उन्होंने अपनी सरकार के जल–जीवन–हरियाली मिशन से जोड़कर चम्पा नदी को पुनर्जीवित करने के लिए जल संसाधन विभाग को निर्देशित कर दिया है। भागलपुर के नागरिक प्रतिबद्ध हैं कि वे अपनी खोयी हुई नदी को खोज लायेंगे। उन्होंने अपने अभियान से जलपुरुष राजेन्द्र सिंह को भी जोड़ा है। नाले में तब्दील हो चुकी चम्पा नदी को देखकर उन्होंने कहा, नदी माँ है इसे मैला ढोने वाली गाडी नहीं बनने देना चाहिए। उम्मीद है कि स्थानीय जनता, सरकार, प्रशासन और मीडिया के सहयोग से पौराणिक नदी चम्पा पुनर्जीवित हो जायेगी।

कुमुदावती व अन्य नदियाँ

प्रकृति और प्राकृतिक प्रक्रियाओं का अनुकरण करके ही विलुप्त होती नदियों को पुनर्जीवित किया जा सकता है। कर्नाटक के डॉ. लिंगाराजू याले ने अपनी टीम के साथ मिलकर वहाँ की तीन नदियों कुमुदावती, वेदावती और पलार को पुनर्जीवित करने का सराहनीय प्रयास किया है। बरसात के छोटे समयान्तराल में बारिश के पानी को संरक्षित करने का सबसे आसान तरीका है नदियों के बेसिन में और दोनों किनारे ख़ूब सारा वृक्षारोपण। इसके माध्यम से हम बारिश के अलावा अन्य दिनों में नदी के स्ट्रीम और भूगर्भ जल दोनों के प्रवाह को बनाये रखा जा सकता है। डॉ. याले कहते हैं कि पहाड़ों, घाटियों और मैदानों से वृक्षों का कम होना, भूगर्भ जल का अतिदोहन, भू–क्षरण और भू–जल का ज़्यादा दोहन करने वाले वृक्षों का लगाया जाना नदियों के सूखने के प्रमुख कारण हैं। नदी एक प्रणाली है और पर्वत इसके बैंक हैं इस बात को समझकर और प्रकृति के तरीक़ों की

नकल करके ही हम नदियों को पुनर्जीवित कर सकते हैं। डॉ. येल और उनकी टीम ने महाराष्ट्र, कर्नाटक, तमिलनाडु और केरल की कुल 27 नदियों को पुनर्जीवित किया। यह एक बेहद महत्त्वपूर्ण और दर्ज़ किया जाने वाला काम है।

प्रकृति अपने तरीक़ों से अपनी भूमिका का निर्वहन करे और नदियों का पोषण करे तो सूखी हुई और अर्ध–बारहमासी नदियों को भी बारहमासी नदियों में बदला जा सकता है। भू–क्षरण को रोकने और प्राकृतिक वनस्पतिकरण को बढ़ावा देकर ही हम नदियों को दीर्घकाल तक के लिए संरक्षित कर सकते हैं। डॉ. येल ने नदियों को पुनर्जीवित करने का त्रिसूत्री दृष्टिकोण प्रस्तुत किया है–

1. पानी के बहाव को कम करके भूक्षरण को रोकना

2. भू–जल को रिचार्ज करना (कुओं और बोरवेल को रिचार्ज करना)

3. जल निकायों का कायाकल्प (स्टेप वेल, टैंक को ठीक करना और वन क्षेत्र में वृद्धि)। इस कार्य में 'कॉरपोरेट सोशल रिस्पांसिबिलिटी' और मनरेगा जैसी योजनाओं से धन की व्यवस्था की जा सकती है। "नदियों को पुनर्जीवित करने या कायाकल्प करने का प्रयास ही दीर्घकालिक और स्थायी समाधान है। इसका परिणाम धीरे–धीरे मिलता है और पूर्व में की गयी मानवीय भूलों के दोहराए जाने की भी पूरी सम्भावना रहती है। दीर्घकालिक उपायों को अपनाकर ही हम सूखी नदियों को पुनर्जीवित कर सदानीरा भी बना सकते हैं।" **(डॉ. लिंगाराजू)**

लन्दन की टेम्स नदी

सोपान जोशी ने अपनी किताब 'जल थल मल' में दुनिया भर में नदियों और अन्य जल स्रोतों का गम्भीर अध्ययन प्रस्तुत किया है। यूरोप के देशों फ्रांस, जर्मनी और ग्रेट ब्रिटेन से शुरू हुई औद्योगिक क्रान्ति ने जहाँ सामाजिक व्यवस्था में परिवर्तन लाकर युग–परिवर्तन का काम किया वही मानवता के समक्ष प्रदूषण जैसी नयी चुनौतियाँ

भी खड़ी की। औद्योगीकरण ने नये तरह के नगरीकरण को बढ़ावा दिया जहाँ कम क्षेत्रफल में बड़ी आबादी वाले मानवीय बस्तियों का प्रादुर्भाव हुआ। उद्योगों में कार्य करने के लिए बड़ी संख्या में ग्रामीण क्षेत्रों से श्रमिकों और अन्य लोगों का रोज़गार की तलाश में पलायन नगरीय क्षेत्रों में हुआ। 'अर्बन घेटो' का निर्माण इन्ही ग़रीब–श्रमिक वर्ग के लोगों से हुआ। इस क्रान्ति के फलस्वरूप उत्पन्न हुए उद्योगों के अपशिष्ट और मानवीय मल–मूत्र के निस्तारण का सबसे आसान तरीका ढूँढ़ा गया और प्राकृतिक नदी–नालों में बहाया जाने लगा। लन्दन की टेम्स नदी में हुए प्रदूषण की दास्तान को सोपान जोशी कुछ इस तरह बयाँ करते हैं, "सन् 1858 की गर्मी और खदबदाते मल की दुर्गन्ध ने सारी हदें पार कर दी थीं। लन्दन के लोगों के शरीर से निकला मल–मूत्र अब नदी के पानी तक सीमित नहीं था। उसकी हाजिरी बदबू के रूप में राजमहल और संसद तक लग रही थी। राज करने वाले इस मामले पर पर्दा नहीं डाल पा रहे थे। चूने में भीगा पर्दा तक काम नहीं कर रहा था। इस बदहवासी की वजह से संसद के सामने सीवर बनाने का विधेयक एकदम से लाया गया। अठारह दिन के भीतर ही यह पारित भी हो गया और क़ानून बन गया। उस साल इंग्लैंड में बहुत तेज़ गर्मी पड़ी थी। सूखे की वजह से टेम्स नदी में पानी कम था, मल–मूत्र बहुत ज़्यादा था। सन् 1596 में ईजाद हुआ फ्लश कमोड लन्दन में अब चल पड़ा था। पानी से मैला बहाने की आदत लोगों में आ चुकी थी। शहर में रहने वालों का मल–मूत्र टेम्स नदी में ही बहाया जाता था। इसी नदी से पीने का पानी भी लिया जाता था। लन्दन की टेम्स उन दिनों दुनिया की सबसे प्रदूषित नदी थी। मैल से अटी एक भूरी नाली जिसमें कोई मछली नहीं दिखती थी।''

सन् 1858 के सूखे और गर्मी में नदी में सड़ते मल–मूत्र से जो बदबू उठी उसे आज भी 'द ग्रेट स्टिंक' के नाम से याद किया जाता है। लन्दन में साँस लेना दूभर हो गया था। लोगों का घर से निकलना बन्द हो गया था। नदी के किनारे बने संसद भवन के

भीतर हो रही कार्यवाही कई बार असहनीय बदबू की वजह से रोकनी पड़ी। शाही महल, संसद भवन को दुर्गन्ध से बचाने के लिए उनकी खिड़कियों पर चूने में भिगोये पर्दे टाँगे गये। गुदा पोंछकर फेंके गये टॉयलेट पेपर नदी के ऊपर तैरते रहते थे। टेम्स नदी लन्दन शहर का शौचालय बन चुकी थी। उस समय लन्दन विश्व का सबसे बड़ा, ताक़तवर और आधुनिक शहर था। लन्दन और यूरोप के अन्य शहरों में लोग गड्ढों में मल इकट्ठा करते थे जिसे सेस्पित कहा जाता था। गाँवों के किसान इसमें एकत्रित मल को अपने खेतों के लिए ख़रीद ले जाते थे। आगे चलकर मल–मूत्र के निपटान में कुएँ हैंडपंप और पाइप जल से पानी की खपत बढ़ गयी थी। सेसपिट में ज़्यादा पानी भरने लगा और उफनकर, मैला पानी सड़कों पर बहने लगा। कुछ समय बाद शहर में नालियाँ बनने लगीं जो गन्दे पानी को समेटकर सीधे टेम्स नदी में उड़ेलने लगीं जिससे नदी दूषित होने लगी। शहर में पानी की आपूर्ति करने वाली कम्पनियों ने लन्दन से दूर, नदी के ऊपरी हिस्सों से पानी खींचकर दिया नदी में पानी कम, मैला ज़्यादा रहने लगा। औद्योगिक क्रान्ति के इस दौर में शहरों की आबादी धुआँधार बढ़ रही थी। वैज्ञानिक और डॉक्टर नदी के प्रदूषण को हैजा जैसी कई बीमारियों का कारण बताते थे लेकिन मुनाफ़ाखोर वर्ग उनकी बातों पर ध्यान नहीं देते थे। गन्दे पानी के निस्तारण के लिए लन्दन महानगर बोर्ड के मुख्य इंजीनियर जोसेफ बैजलगेट ने टेम्स के समानान्तर चलती हुई सीवेज नालियाँ बनाने का प्रस्ताव दिया जो शहर भर के मैले पानी को समेटकर सीधे नदी में डालने के बजाय शहर से बाहर एक स्थान पर एकत्र कर ट्रीटमेंट के बाद पानी को नदी में डाला जाने लगा। जोजेफ की बनायी सीवर प्रणाली आज भी कारगर है। दुनिया भर के शहर उनकी सीवेज और ट्रीटमेंट की प्रणाली को अपना रहे हैं।

लन्दन में बहने वाली एक और नदी का नाम 'फ्लीट' हुआ करता था जो टेम्स की सहायक नदी थी। एक छोटी साफ़ सुथरी नदी भी नये तरह के औद्योगीकरण और नगरीकरण का शिकार हुई और

17वीं सदी में इसमें मैला पानी बहने लगा। सीवर बनने के बाद इस नदी का ज्यादातर हिस्सा पाट दिया गया और भूमिगत नाले में बदल दिया गया। नदी को पाटकर जो सड़क बनी उसे 'फ्लीट स्ट्रीट' का नाम मिला जिस पर लन्दन के बड़े और नामचीन अख़बारों और प्रकाशनों के दफ़्तर खुले और यह गली पूरी दुनिया में मशहूर हो गयी। यूरोप के प्रसिद्ध दार्शनिक और अर्थशास्त्री कार्ल मार्क्स ने सन् 1867 में अपनी किताब 'कैपिटल' में शहरी मल–मूत्र को नदियों में बहाये जाने पर भी लिखा है। वे लन्दन के उसी सोहो नामक इलाके में रहते थे जिसमें सन् 1854 में पानी के एक पम्प से हैजा फैला था। उनकी बेटी फ्रांसिस्का हैजे से मारी गयी थी। लेकिन सीवर की एक बड़ी खोट उन्हें तभी दिख गयी थी जब लन्दन में सीवर बनने शुरू हुए थे। उन्होंने लिखा, "उपभोग से निकला मैला खेती में बहुत महत्त्व रखता है। पूँजीवादी अर्थव्यवस्था इसकी भव्य बर्बादी करती है। मिसाल के तौर पर लन्दन में 45 लाख लोगों के मल–मूत्र का कोई और इस्तेमाल नहीं है उसे टेम्स नदी में डालने के सिवा और वह भी भारी ख़र्च के बाद।" दुनिया भर में किये जा रहे जल प्रदूषण पर सोपान जोशी बहुत महत्त्वपूर्ण टिप्पणी करते हैं, "दुनिया भर में साम्यवादी सरकारों ने भी मल–मूत्र पानी में बहाकर जलस्रोतों को दूषित किया है और पूँजीवादी सरकारों ने भी। दोनों विचारधाराओं के मूल्य सीवर मानसिकता में बहते हुए मिल सकते हैं।"

टेम्स तो बच गयी लेकिन दिल्ली की यमुना और देश की हज़ारों नदियाँ आज भी औद्योगिक कचरा और मलमूत्र दिन–रात ढो रही हैं और गन्दे नालों में तब्दील होकर ज़हर और बीमारियाँ बाँट रही हैं। कोरोना वायरस के विश्वव्यापी कहर के बीच हुए लॉकडाउन में भारत की सभी नदियाँ (22 मार्च से 14 अप्रैल, 2020) निर्मल होकर बह रही हैं। कोरोना युग ने ये सन्देश दिया है कि प्रकृति का रास्ता ही बेहतर रास्ता है। विकास की अन्धी दौड़ और प्राकृतिक व्यवस्थाओं से छेड़छाड़ मानवीय अस्तित्व के लिए बहुत घातक हो सकता है। नदियाँ अतिक्रमण और प्रदूषण का शिकार होकर तथा भूगर्भ जल

के अन्धाधुन्ध दोहन के कारण अपना प्राकृतिक स्वरूप एवं अस्तित्व खो रही हैं। वृक्षों और जंगलों के कटान के कारण भी भूगर्भ जल रिचार्ज कम हो रहा है। शहरी क्षेत्रों से गुज़रने वाली नदियाँ कचरे और गन्दे पानी के कारण बदहाल हैं। एक नदी के कैचमेंट एरिया में स्थित प्राकृतिक नालों, ताल, झील और तालाबों की सिल्ट व कचरे की सफ़ाई कर उनकी जल संग्रहण क्षमता को बढ़ाकर तथा वृक्षारोपण अभियान चलाकर हम नदियों को विलुप्त होने से बचाकर उन्हें सदानीरा बना सकते हैं।

7
कलियुग के भगीरथ

पानी प्रकृति का उपहार है, लेकिन एक संसाधन के रूप में पानी और पानी के स्रोतों पर नियन्त्रण किसका रहेगा और व्यवस्था कौन लोग देखेंगे? किसके खेत में सिंचाई पहले होगी? पीने का पानी पहले कौन ले सकेगा? नदी किनारे राजा का क़िला बनेगा या मछली मारने वाली जातियाँ बसेंगी? नदी और तालाब में मत्स्य आखेट करने का ठेका किस जाति के लोगों को दिया जायेगा? इन सारे और इसी तरह के अन्य ढेर सारे सवालों के जवाब भारत की सामाजिक संरचना में निहित हैं। आज जब ताल, तालाब, नदी सब कई कारणों से बेपानी हुए जा रहे हैं तो अब यह नया सवाल खड़ा हो चुका है कि जल स्रोतों का पुनरुद्धार कौन करेगा? प्रभु जातियों के लोग जलस्रोतों पर क़ब्ज़ा करके खेत, स्कूल, कॉलेज, घर आदि बनाकर उनका अस्तित्व समाप्त कर रहे हैं तो उन पर सख़्ती से कार्रवाई होगी या नहीं? जल स्रोतों को बचाने और पुनर्जीवित करने का काम केवल सरकार की ज़िम्मेदारी है या जलस्रोतों पर सदा से निर्भर समुदायों की भी कोई भूमिका होगी? ऐसे तमाम सवाल मुँह बाये खड़े हैं और कोई स्पष्ट उत्तर फिलहाल किसी के पास नहीं है। ज़मीन और पानी के स्रोतों और अन्य प्राकृतिक संसाधनों पर जिसका नियन्त्रण या क़ब्ज़ा होगा, अर्थव्यवस्था पर भी उसका नियन्त्रण होगा। जब स्टेट आज की तरह मज़बूत नहीं था और ज़मीन और संसाधनों पर ज़मींदारों का क़ब्ज़ा था

तो बाढ़ रोकने और सिंचाई के पानी के लिए वे ज़मींदारी बाँध बनवाया करते थे। गोरखपुर और देवरिया जनपद में ऐसे कई बाँध आज भी मौजूद हैं और कई गाँवों की बाढ़ से सुरक्षा कर रहे हैं। सरकारें जल स्रोतों को पुनर्जीवित करने, संरक्षित करने के कई क़दम उठा रही हैं। इस दिशा में निजी और सामुदायिक प्रयास भी हो रहे हैं। उनमें से कुछ बेहद सफल भी रहे हैं। इस अध्याय में हम नदियों के पुनर्जीवित करने जल संरक्षण के सफल प्रयासों का विस्तार से विवरण प्रस्तुत करेंगे।

यह सत्य है कि भूगर्भ जल का स्तर बहुत गिर जाने के कारण आज देश के तमाम क्षेत्र डार्क जोन के रूप में चिह्नित किये जा चुके हैं। कई शहरों का भूगर्भ जल पूरी तरह समाप्त हो चुका है और वे जीरो बिन्दु पर पहुँच चुके हैं। नदी, ताल, तालाब और कुओं जैसे जल संचय और संग्रह करने वाले स्रोतों की लगातार अनदेखी की जा रही है। उद्योग, कृषि एवं शहरों का सारा कचरा और प्लास्टिक नदियों–तालाबों और समुद्र में उड़ेला जा रहा है। स्थिति अत्यन्त भयावह और गम्भीर हो चुकी है। कुछ निजी और कुछ सरकारी प्रयास जरूर हो रहे हैं पानी को सहेजने के लिए हालांकि वे अभी नाकाफ़ी हैं। कुछ समर्पित व्यक्तियों ने जल, वायु, जंगल और ज़मीन को बचाने, साफ़ शुद्ध रखने के लिए अपने जीवन को लगा रखा है। किसी ने नदियों को पुनर्जीवित किया है तो किसी ने अपने दम पर नये जंगल बसा दिये हैं। कोई कृत्रिम ग्लेशियर बनाकर पानी को संजोया है तो किसी ने रेगिस्तान में मरुउद्यान की हरियाली बिखेर दी है। उदाहरण के लिए सन्त बलवीर सिंह सिंचवाल ने पंजाब में 'व्यास' की सहायक 164 किलोमीटर लम्बी 'कालीबेईं' नदी को साफ़ कराकर पुनर्जीवित किया जो प्रदूषण के कारण लुप्त होने के कगार पर थी। अमृतलाल बेगड़ ने नर्मदा के किनारे पैदल यात्राएँ कर उसे 'सौन्दर्य की नदी' के तौर पर लिखा तो मेधा पाटकर ने नर्मदा पर बाँध को जनविरोधी और अप्राकृतिक बताकर लम्बी लड़ाई लड़ी। रिचा सिंह शारदा नदी की तबाही से किसानों और गाँवों को बचाने के

लिए उत्तर प्रदेश के सीतापुर ज़िले में लगातार संघर्षरत हैं। राजेन्द्र सिंह ने राजस्थान की कई सूख चुकी नदियों को चेक डैम और लोकप्रचलित तरीक़ों से पुनर्जीवित किया और जलपुरुष कहलाये। जल संरक्षण और उसके विवेकपूर्ण सदुपयोग को एक आन्दोलन बनाने में व्यक्तिगत और संगठनात्मक प्रयास बहुत ही आवश्यक हैं। इस क्षेत्र में कार्य करने वाले लोगों के विवरण दिये जा रहे हैं :

राजेन्द्र सिंह

राजेन्द्र सिंह को भारत का जलपुरुष कहा जाता है। ग्रामीण भारत में जल संरक्षण के उनके प्रयासों को राष्ट्रीय–अन्तर्राष्ट्रीय स्तर पर पहचान और प्रशंसा मिली। सन् 1959 में राजेन्द्र सिंह राजस्थान पहुँचे और पानी की समस्या से रू–ब–रू हुए और जनसहयोग से मिट्टी के बँधे जिन्हें जोहड़ के नाम से भी जानते हैं बनाकर बरसात के पानी को इकट्ठा कर संरक्षित करने का काम आरम्भ किया। तब से लेकर आज तक लगभग 8,600 जोहड़ उनकी टीम द्वारा बनाये जा चुके हैं जिनसे राजस्थान के 1000 गाँवों के लोगों की पानी की ज़रूरतें पूरी की जा रही हैं। देश के कई हिस्सों में जहाँ नदियों को पुनर्जीवित करने के आन्दोलन होते हैं या जल संरक्षण के लिए सलाह–सहयोग की ज़रूरत होती है राजेन्द्र सिंह सदैव अपना योगदान देने को तत्पर रहते हैं।

राजेन्द्र सिंह ने 1978 में जयपुर विश्वविद्यालय द्वारा बनायी गयी संस्था 'तरुण भारत संघ' जो कि ठप पड़ी थी को पुनर्जीवित किया, अपने दोस्तों के साथ मिलकर एन.जी.ओ. का रूप दिया और काम करना शुरू किया। जल संरक्षण के उनके सफल प्रयासों और नदियों को पुनर्जीवित किये जाने के फलस्वरूप राजेन्द्र सिंह को 2015 में स्टॉकहोम जल पुरस्कार मिला जिसे "पानी के लिए नोबेल पुरस्कार" के रूप में जाना जाता है। जन सहयोग से जल संरक्षण के क्षेत्र में सामुदायिक नेतृत्व के जरिये उल्लेखनीय योगदान करने के लिए उन्हें 2011 का 'रामन मैग्ससे' पुरस्कार दिया गया था। राजेन्द्र सिंह के

जीवन यात्रा पर एक जीवनी लिखी गयी है जो 'जोहड़' के नाम से है। राजेन्द्र सिंह के जीवन एवं समर्पित जल संरक्षण के प्रयासों की संघर्षगाथा को दस्तावेजी फ़िल्म 'जलपुरुष की कहानी' नाम से युवा फ़िल्म निर्माता निर्देशक रवीन्द्र चौहान द्वारा निर्माण किया जा रहा है।

अमला रुइया

राजस्थान के सौ से अधिक गाँवों में परम्परागत तकनीक और चेक डैम के माध्यम से जल संरक्षण को बढ़ावा देकर हज़ारों लोगों के जीवन में सकारात्मक बदलाव किया है। राजस्थान के सूखा प्रभावित क्षेत्रों में पानी की समस्या का स्थायी समाधान ढूँढ़ने के लिए अमला जी ने आकार चैरिटेबल ट्रस्ट की स्थापना की। इस ट्रस्ट ने राज्य के सौ से अधिक गाँवों में दो सौ चेक डैम बनाये हैं जिससे दो लाख लोगों की ज़िन्दगी में बदलाव आये हैं और वे लोग लगभग तीन सौ करोड़ प्रतिवर्ष की आय अर्जित की है।

संजय सिंह

संजय सिंह को 'बुन्देलखण्ड का वाटरमैन' कहते हैं। जालौन, झाँसी महोबा, बाँदा और मध्य प्रदेश के कुछ जनपदों में जहाँ बारिश कम होती है और नदियों की संख्या भी कम है। लोगों को पानी की समस्या झेलनी पड़ती है। संजय सिंह ने इस समस्या को समझते हुए बुन्देलखण्ड क्षेत्र की ग्रामीण महिलाओं का 'जल सहेली' नामक संगठन बनाया। इस संगठन की महिलाएँ अपने गाँव में तालाब, कुएँ और अन्य स्रोतों के माध्यम से जल संरक्षण के कार्य करती हैं। आज यह संगठन सौ से ज़्यादा गाँवों में कार्य कर रहा है। मनरेगा योजना के तहत कार्य करने वाले ग़रीब मज़दूरों के हित में भी संजय सिंह लगातार काम करते रहते हैं ताकि उनका शोषण न हो। संजय सिंह की संस्था 'परमार्थ' बुन्देलखण्ड क्षेत्र के लगभग छह सौ गाँवों में 'महिला मण्डल' और 'ग्राम चेतना समितियाँ' बनाकर जल संरक्षण और अन्य जनहित के मुद्दों पर कार्य कर रही है। उन्होंने अपने जल

संरक्षण अभियान के तहत 240 गाँवों में पानी पंचायत, 500 से अधिक चेक डैम और दो सौ गाँवों में जल सहेलियाँ भी तैयार की। धनंजय त्रिवेदी (दैनिक जागरण 4–1–2020) लिखते हैं, "संजय सिंह के अभियान की गूँज अन्तर्राष्ट्रीय आयाम छू रही है। वे फ्रांस, इटली, जापान ब्राजील, साउथ कोरिया, श्रीलंका आदि देशों में जाकर जल संरक्षण के उपाय सिखा चुके हैं। केन्द्र सरकार उन्हें नेशनल वाटर मिशन अवार्ड से सम्मानित कर चुकी है।''

अनुपम मिश्र

अनुपम मिश्र (1948–2016) एक गाँधीवादी लेखक, पत्रकार और पर्यावरणविद थे। जल संरक्षण के परम्परागत प्रयासों, स्थानीय तकनीकों के बारे में उन्होंने अतुलनीय योगदान किया। उनके जल संरक्षण के प्रयासों के लिए सन् 1996 में भारत सरकार के पर्यावरण एवं वन मन्त्रालय द्वारा 'इन्दिरा गाँधी पर्यावरण पुरस्कार' से सम्मानित किया गया। देश के राजस्थान, मध्य प्रदेश, महाराष्ट्र और उत्तर प्रदेश जैसे कई राज्यों का उन्होंने भ्रमण किया एवं जल संरक्षण की परम्परागत तकनीकों और लोकप्रचलित ज्ञान को संकलित कर लेख और किताबें लिखीं। तालाब, बावड़ी, कुएँ, जोहड़ जैसी संरचनाओं के माध्यम से जल संरक्षण के तरीक़ों की वकालत की। 'आज भी खरे हैं तालाब' और 'राजस्थान की रजत बूँदे' उनकी दो महत्त्वपूर्ण पुस्तकें हैं।

सिमोन उराँव

सिमोन उराँव मिंज को 'वाटरमैन ऑफ़ झारखण्ड' के नाम से जाना जाता है और उनके गाँव के लोग उन्हें प्यार से 'सिमोन बाबा' कहते हैं। झारखण्ड राज्य में सूखे से निपटने और जल संरक्षण के लिए उनके द्वारा बनाये गये वाटर रिजर्वायर और बृहद वृक्षारोपण जैसे कार्य अत्यन्त महत्त्वपूर्ण और सराहनीय रहे हैं। राँची के निकट बेरो ब्लॉक के 51 गाँवों में कुओं और तालाबों की खुदाई करके इस

क्षेत्र को सूखे से निजात दिलाने में सिमोन बाबा के योगदान को स्वीकार करते हुए भारत सरकार ने सन् 2016 में पद्मश्री पुरस्कार से सम्मानित किया। उन्हें प्रधानमन्त्री के 'रूरल डेवलपमेंट फेलो' के रूप में नामित करके भी सम्मानित किया गया है।

बलबीर सिंह सिंचवाल

बाबा बलबीर सिंह सिंचेवाल पंजाब राज्य के एक सन्त एवं पर्यावरण कार्यकर्ता हैं। बाबा बलबीर सिंह सिंचेवाल ने होशियारपुर ज़िले में 160 किलोमीटर क्षेत्र में बहने वाली कालीबेई नदी को साफ़ करने का एक ऐसा आन्दोलन छेड़ा कि लोग उनके साथ होते गये और बुरी तरह से प्रदूषित और दुर्गन्ध मारने वाली नदी स्वच्छ और सदानीरा हो गयी है।

छह से ज़्यादा शहरों और कई गाँवों के लोग इसमें नालियों का गन्दा पानी बहाने और कूड़ा डालने का घटिया काम कर रहे थे जिसके कारण यह नदी एक गन्दे नाले में बदल गयी थी। सिंचाई और पीने के पानी की समस्या झेल रहे लोग भी उनका मज़ाक़ उड़ाते थे मगर धुन के पक्के बाबा बलबीर किसी की परवाह किये बिना जब अभियान में लग गये तो लोग ख़ुद उनके साथ जुड़ते गये। कालीबीन नदी के किनारे गुरु नानक देव को अन्तर्ज्ञान प्राप्त हुआ था और वे नानक से गुरु नानक के रूप में पहचाने जाने लगे थे। वर्ष 2000 में सिख धर्मगुरु बलबीर सिंह सिंचेवाल ने इस नदी को साफ़ करने का संकल्प लिया था। उन्होंने अपने साथी और सहयोगी स्वयंसेवकों के साथ मिलकर इसके तटों का निर्माण किया और नदी के किनारे–किनारे सड़कें बनायीं। सिंचेवाल ने लोगों के बीच जनजागृति अभियान चलाया। इसके तहत लोगों से अपना कूड़ा–करकट कहीं और डालने को कहा गया, नदी में मिलने वाले गन्दे नालों का रुख मोड़ा गया और सबसे बड़ी बात नदी के किनारे बसे लोगों को इसकी पवित्रता और शुद्धता को लेकर जागरूक बनाया गया। दुनिया भर में फैले सिख समुदाय ने उनके आह्वान पर

इस पुनीत कार्य में बढ़–चढ़कर सहयोग किया। उनके संकल्प और मेहनत ने एक नदी को गन्दे नाले से इठलाती, इतराती बल खाती नदी में बदल दिया टाइम मैगजीन ने उन्हें दुनिया भर से चुने गये 30 पर्यावरण नायकों में शामिल किया। सन् 2017 में उन्हें पद्मश्री सम्मान से नवाजा गया।

अरुण कृष्णमूर्ति

अरुण पर्यावरण एक्टिविस्ट हैं जिन्होंने गूगल की अपनी नौकरी छोड़कर देश की झीलों को साफ़ करने का संकल्प लिया है। इन्वायरोमेंटलिस्ट फाउंडेशन ऑफ़ इंडिया के साथ मिलकर सन् 2011 से लेकर अब तक अरुण 39 झीलों की सफ़ाई करा चुके हैं। उनके इस कार्य के लिए सन् 2012 में रोलेक्स अवार्ड फॉर इंटरप्राइजेज से सम्मानित किया जा चुका है।

डॉ. शिशिर और पुनीत

वाटर इंडिया प्रोग्राम के कोआर्डिनेटर डॉ. शिशिर चन्द्र और पुनीत श्रीवास्तव ने गाँव से लेकर शहर तक लोगों को पानी बचाने के महत्त्व के बारे में बताना शुरू किया। इस कार्य को उत्तर प्रदेश के बाँदा जनपद से आरम्भ किया गया। लोगों के सहयोग से आज यह जन–जागृति लखनऊ सहित कई शहरों और गाँवों तक पहुँच चुकी है। इस संस्था द्वारा जल चौपालों का आयोजन कर लोगों को पानी की एक एक बूँद बचाने को प्रेरित किया जा रहा है। बाँदा जनपद में 470 पंचायतों में इन्हीं चौपालों के माध्यम से लोगों को 'जल साक्षर' किया गया साथ ही कुओं, नलकूप आदि पर कंटूर ट्रेंच के टेक्निकल मॉडल तैयार किये गये। शहरी क्षेत्रों में रसोई और बाथरूम से निकलने वाले पानी को बचाने के लिए मॉडल बनाये गये। लोगों ने इन उपायों को अपनाया और प्रयास सफल होता गया। रूमा सिन्हा बताती हैं कि "गाँव–गाँव, शहर–शहर जाकर जल चौपाल लगाने की उनकी कवायद रंग लाने लगी और लोग जल संरक्षण के प्रति सजग होने लगे।

यह उनकी कोशिशों की ही चमक थी कि जलशक्ति मन्त्रालय ने उन्हें जल प्रहरी सम्मान से विभूषित किया।''

सुनीता नारायणन

सुनीता नारायणन भारत की प्रसिद्ध पर्यावरणविद है। वे 'ग्रीन पॉलिटिक्स' और 'सतत विकास' की विचारधारा की प्रबल समर्थक हैं। सुनीता नारायणन सन् 1982 से भारत स्थित विज्ञान एवं पर्यावरण केन्द्र से जुड़ी हैं। वर्तमान में वे इस केन्द्र की निदेशक हैं। वे पर्यावरण संचार समाज (Society for Environmental Communication) की निदेशक भी हैं। वे 'डाउन टू अर्थ' नामक एक अंग्रेज़ी पाक्षिक पत्रिका भी प्रकाशित करती हैं जिसमे पर्यावरण विषयों पर जागरूक करने वाले लेख छपते हैं। प्रकृति से प्यार करने वाली सुनीता नारायणन को इंग्लैंड की पत्रिका ने दुनियाभर में मौजूद सर्वश्रेष्ठ सौ बुद्धिजीवियों की श्रेणी में शामिल किया है। पर्यावरणविद और राजनीतिक कार्यकर्ता सुनीता नारायणन समाज की हरित विकास की समर्थक हैं। वे मानती हैं कि वातावरण में फैलती अशुद्धता प्रकृति और वातावरण की होती दुर्दशा से सबसे ज़्यादा नुक्सान महिलाओं, बच्चों और ग़रीबों को होता है। उनका दृढ़ विश्वास है कि वातावरण की सुरक्षा के लिये जागरूकता फैलाने की ज़िम्मेदारी महिलाएँ ज़्यादा सफलतापूर्वक उठा सकती हैं। कई दशकों से वे पर्यावरण और समाज की मूलभूत समस्याओं के लिए जागरूकता फैलाने का काम कर रही हैं। उन्होंने समाज के उत्थान के लिए पानी से जुड़ी समस्याओं, प्रकृति और वातावरण से जुड़े मुद्दों आदि पर काम किया है। सन् 1990 के दशक के शुरुआती दिनों में उन्होंने कई वैश्विक पर्यावरण मुद्दों पर गहन शोध और वकालत करना शुरू कर दिया था। वे कई पत्र–पत्रिकाओं में लेख लिखकर जागरूकता फैलाने के काम में लगी रहीं।

उनके बेहतरीन कार्यों के प्रतिफल में वर्ष 2005 में उन्हें भारत सरकार द्वारा पद्मश्री से सम्मानित किया गया। वर्ष 2005 में उन्हें

स्टॉकहोम वाटर प्राइज और वर्ष 2004 में मीडिया फाउंडेशन चमेली देवी अवार्ड प्रदान किया गया। सुनीता नारायणन पर्यावरण से जुड़े मुद्दों के अलावा नक्सलवाद, राजनीतिक भ्रष्टाचार, बाघ व पेड़ संरक्षण और अन्य सामाजिक विषयों पर भी अपने विचार व्यक्त करती रहती हैं। देश के ज्यादातर पढ़े जाने वाले अख़बारों में उनके कॉलम छपते रहते हैं। उनका मानना है कि जागरूकता फैलाने के लिए किसी सशक्त माध्यम का इस्तेमाल होना चाहिए। जो आम लोगों तक आपकी बात पहुँचा सके। इतनी ख़ास होने पर भी जब आप सुनीता को सामने से देखेंगे तो उन्हें सादे विचार और व्यवहार के साथ शालीन कपड़ों और चेहरे पर तेज़ आभा के साथ पायेंगे। उनका व्यक्तित्व न केवल उनके लगभग सौ कर्मचारियों वाले संस्थान 'सेंटर फॉर साइंस एंड एन्वायरमेंट' के लोगों के लिये प्रेरणास्रोत है बल्कि युवा पीढ़ी और महिलाओं के लिए उनका सम्पूर्ण अस्तित्व प्रेरणादायक है।

महेश चन्द्र मेहता

मेहता जी भारत देश के प्रसिद्ध जनपक्षधर वकील हैं। उन्होंने अपनी जनहित याचिकाओं के माध्यम से सुप्रीम कोर्ट से अनेक निर्णय प्राप्त किये हैं। लेड फ्री गैसोलिन, गंगा में औद्योगिक प्रदूषण को कम करने का आदेश और ताजमहल का क्षरण रोकने जैसे प्रयास बहुत महत्त्वपूर्ण हैं। पर्यावरण संरक्षण के प्रति मेहता साहब की निष्ठा और समर्पण को देखते हुए 1996 में गोल्डमैन पर्यावरण पुरस्कार दिया गया। जनसेवा के लिए उन्हें 1997 में एशिया का नोबेल पुरस्कार रामन मैग्ससे अवार्ड दिया गया। भारत सरकार ने उन्हें 2016 में पद्मश्री सम्मान दिया। वह 'पीपल फॉर एनिमल्स' संगठन के ट्रस्टी भी हैं।

जादव मोलाई पायेंग

असम और पूर्वोत्तर भारत में पर्यावरण संरक्षण की अलख जगाने वाले जादव 'मोलाई' पायेंग (जन्म 1963) हैं, जिन्हें लोग 'फॉरेस्ट मैन ऑफ़ इंडिया'

के नाम से भी जानते हैं। जोरहाट ज़िले में कई दशकों के दौरान, उन्होंने ब्रह्मपुत्र नदी के माजुली द्वीप पर पेड़ लगाये और कीचड़ से भरी ज़मीन को हरे–भरे जंगल में बदल दिया। उनके द्वारा लगाये गये जंगल का नाम सम्मान स्वरूप उनके नाम पर मोलाई वन रख दिया गया है। असम की मिसिंग जनजाति में जन्मे जादव पायेंग को वर्ष 2015 में पद्मश्री पुरस्कार से सम्मानित किया गया। सन् 1979 में असम में आयी भयंकर बाढ़ ने जोरहाट में बड़ी तबाही मचायी। चारों तरफ़ कीचड़ फैल गया। बाढ़ के बाद रेतीली और सुनसान ज़मीन में सैकड़ों साँपों को उन्होंने मरते देखा और सोचा कि ऐसे तो एक दिन मानव जीवन पर भी संकट आ सकता है। उस समय जादव पायेंग सोलह साल के थे और दसवीं कक्षा के छात्र थे। उसी समय उन्होंने ठान लिया कि पेड़ लगाकर कीचड़ भरे द्वीप को हरा–भरा करेंगे। 50 बीज और 25 बाँस के पौधों से उन्होंने अपने काम की शुरुआत की थी और 36 साल बाद अपनी दृढ़ इच्छाशक्ति और मेहनत से एक जंगल खड़ा कर दिया जिसमें 1360 एकड़ का क्षेत्रफल शामिल है। इस जंगल में आज समृद्ध जैव विविधता विद्यमान है जिसमें एक सींग वाला गैंडा और बंगाल टाइगर भी शामिल है।

जादव पायेंग को उनकी उपलब्धि के लिए 22 अप्रैल, 2012 को जवाहरलाल नेहरू विश्वविद्यालय के 'स्कूल ऑफ़ एन्वायरमेंटल साइंसेज' द्वारा आयोजित एक सार्वजनिक समारोह में सम्मानित किया गया। अक्टूबर, 2013 में पायेंग को भारतीय वन प्रबन्धन संस्थान में उनके वार्षिक कार्यक्रम 'कोएलिशंस' के दौरान सम्मानित किया गया। उनके योगदान के लिए असम कृषि विश्वविद्यालय और काजीरंगा विश्वविद्यालय से डॉक्टरेट की मानद उपाधि दी गयी। पायेंग हाल के वर्षों में कई वृत्तचित्रों के विषय रहे हैं। 2012 में जीतू कालिता द्वारा निर्मित एक स्थानीय रूप से बनायी गयी फ़िल्म वृत्तचित्र, द मोलाई फॉरेस्ट, को जवाहरलाल नेहरू विश्वविद्यालय में प्रदर्शित किया गया था।

उनके कार्यों के लिए ब्रिटिश उप–उच्चायुक्त निक लॉ ने कॉमनवेल्थ पॉइंट्स ऑफ़ लाइट अवार्ड देकर सम्मानित किया है। मैक्सिको की सरकार ने अपने देश में वर्ष 2021 में वनीकरण के लिए पायेंग को अनुबन्धित किया है। **(अमर उजाला : 14 मार्च, 2020)**

चेवांग नोर्फेल

चेवांग नोर्फेल लद्दाख के एक रिटायर्ड सिविल इंजीनियर हैं जिन्हें 'आइस मैन ऑफ़ लद्दाख'के लोकप्रिय नाम से भी जाना जाता है। उन्होंने कृत्रिम ग्लेशियर बनाकर जल संरक्षण के नये तरीक़े ईजाद किये और कई गाँवों के किसानों को खेती के समय अप्रैल–माह में पानी की उपलब्धता सुनिश्चित कराया। सन् 1995 में सरकारी नौकरी से रिटायर होने के बाद सन् 1996 में नोर्फेल वाटरशेड विकास के लिए परियोजना प्रबन्धक के रूप में ग़ैर–सरकारी संगठन 'लेह पोषण परियोजना' में शामिल हुए थे। नोर्फल ने अपने कार्य के दौरान देखा कि एक छोटी–सी पानी की धारा में चिनार के पेड़ के एक समूह की छाया के नीचे कुछ ठोस बर्फ़ जमी हुई थी, जबकि अन्यत्र स्वतन्त्र रूप से पानी प्रवाहित हुआ था। उन्होंने इस घटना के कारण को खोजा कि अन्य जगहों पर पानी बहुत जल्दी चल रहा था, जबकि पेड़ों के नीचे पानी धीमी गति से बह रहा था। इसके आधार पर, उन्होंने प्राकृतिक ग्लेशियरों से नीचे चेक डैम का निर्माण करके पानी की धारा को धीमा कर दिया। नोर्फेल कहते हैं कि सरल शब्दों में समझें तो यह पहाड़ों पर जमी बर्फ़ के पिघलने वाले बहाव का एक ऐसा वैकल्पिक बन्दोबस्त है जो प्राकृतिक ग्लेशियर से एक दूसरा रास्ता बनाकर गाँवों के नज़दीक बर्फ़ की नदी के रूप में संरक्षित किया जा सके। जो किसानों की खेती में पानी के लिए मदद कर सके। आर्टीफिशियल ग्लेशियर जो गाँवों के काफ़ी करीब होते हैं वह नेचुरल ग्लेशियरों की तुलना में पहले पिघलते हैं। उनके पानी का बहाव जल्द ही खेतों तक पहुँच जाता है और किसानों को तय वक़्त

पर पानी मिलने लगता है। नोर्फेल ने अब तक 15 कृत्रिम ग्लेशियरों का निर्माण किया है। उनका सबसे बड़ा ग्लेशियर फुकेतसी गाँव में है। डाक्यूमेंट्री फ़िल्म निर्माता आरती श्रीवास्तव ने नोर्फेल पर केन्द्रित 'व्हाइट नाइट' नामक एक शॉर्ट फ़िल्म का निर्माण किया, जिसे भारत और विदेशी फ़िल्म समारोहों में प्रदर्शित किया गया था। वर्ष 2010 में उन्होंने जमनालाल बजाज पुरस्कार प्राप्त किया तथा भारत सरकार द्वारा सन् 2015 में पद्मश्री पुरस्कार से सम्मानित किया गया।

आबिद सुरती

प्रख्यात कार्टूनिस्ट आबिद सुरती ने अपने एन.जी.ओ. ड्रॉप डेड फाउंडेशन के माध्यम से पानी के लीकेज को ठीक कराकर मुम्बई के घरों में करोडों लीटर पानी बचाया है। एक प्लम्बर और एक वॉलंटियर की मदद से 80 साल के इस वृद्ध ने मुफ़्त में इस अनूठे काम को करने का बीड़ा उठा रखा है। उन्होंने 2007 में इस कार्य को मुम्बई शहर के मीरा रोड के घरों से शुरू किया था। आज उनसे प्रभावित होकर देशभर के कई शहरों में लोग जल संरक्षण का काम करने में लगे हैं।

श्रीश आप्टे

विदर्भ क्षेत्र के मालगुजार ज़मींदारों ने दो सौ साल पहले जल संचयन के लिए पानी के टैंक बनवा रखे थे, जिनसे सिंचाई के लिए पानी उपलब्ध कराया जाता था। ज़मींदारी विनाश के पहले सन् 1950 तक वे इन टैंकों का मालिकाना तौर पर देख–रेख और उपयोग करते रहे, उसके बाद सरकार ने सारी व्यवस्था अपने हाथ में ले ली और किसानों से जलकर स्वयं वसूलना आरम्भ कर दिया। मालगुजारों ने इस व्यवस्था के ख़िलाफ़ सुप्रीम कोर्ट में एक मुक़दमा दायर कर दिया जिसके कारण लगभग 1000 पानी के टैंक लावारिस पड़े रह गये। महाराष्ट्र के भण्डारा जनपद के लघु सिंचाई विभाग के इंजीनियर शिरीष आप्टे ने सन् 2008 में इन टैंकों की हालत सुधारने का काम

आरम्भ किया और एक टैंक को दो साल में पुनर्जीवित किया। आगे 21 अन्य टैंकों का भी पुनरुद्धार किया गया। इससे भूगर्भ जल रीचार्ज हुआ, खेती की पैदावार बढ़ी और मत्स्य पालन को भी प्रोत्साहन मिला। श्रीश आप्टे ने परम्परागत जलस्रोतों को पुनर्जीवित करके अद्‌भुत कार्य किया।

अफरोज़ शाह

अफरोज़ शाह एक भारतीय वकील एवं पर्यावरण कार्यकर्ता हैं और मुम्बई में रहते हैं। समुद्र तटों की सफ़ाई का सबसे बड़ा प्रोजेक्ट चलाने के लिए ये जाने जाते हैं। उनके कार्यों से पूरी दुनिया में लोग अपने आसपास के पर्यावरण को साफ़–सुथरा रखने के प्रति प्रेरित हुए हैं। मुम्बई के वर्सोवा बीच की सफ़ाई कार्य को नेतृत्व प्रदान करने के लिए सन् 2016 में संयुक्त राष्ट्र संघ ने 'चैंपियन ऑफ़ द अर्थ' नामित कर अफरोज़ शाह को सम्मानित किया। मीठी नदी और दाना–पानी बीच से प्लास्टिक हटाने के लिए भी उन्होंने सराहनीय काम किया है। इनके कार्यों से प्रभावित होकर संयुक्त राष्ट्र पर्यावरण कार्यक्रम ने विश्व स्तर पर 'स्वच्छ समुद्र अभियान' का आरम्भ किया।

वन्दना शिवा

जवाहरलाल नेहरू विश्वविद्यालय नयी दिल्ली में सन् 2006–11 के अपने अध्ययन के दौरान वन्दना शिवा जी को दो–तीन बार सुनने देखने का अवसर मिला। वह एक दार्शनिक, पर्यावरण कार्यकर्ता, इकोफेमिनिस्ट एवं कई पुस्तकों की लेखिका हैं। वर्तमान में दिल्ली निवासिनी वन्दना शिवा, अग्रणी वैज्ञानिक और तकनीकी पत्रिकाओं में 300 से अधिक लेख प्रकाशित करा चुकी है। उन्होंने 1978 में डॉक्टरी शोध निबन्ध 'हिडन वेरिएबल्स एंड लोकेलिटी इन क्वांटम थ्योरी' के साथ पश्चिमी ओंटेरियो विश्वविद्यालय, कनाडा से अपनी पीएच.डी. की उपाधि प्राप्त की थी। शिवा ने 1970 के दशक में उत्तराखण्ड

में वन संरक्षण के विश्वविख्यात चिपको आन्दोलन में भाग लिया जिसमें इस आन्दोलन में भाग लेने वाली प्रतिभागी महिलाएँ पेड़ों को कटाई से बचाने के लिए पेड़ों के चारों तरफ़ से घेरकर चिपक जाती थी। वे जेरी मैंडर, एडवर्ड गोल्डस्मिथ, राल्फ नैडर, जेरेमी रिफ़कीन जैसी ग्लोबलाइजेशन के विद्वानों में से एक हैं और वे वैश्वीकरण में 'अल्टर–ग्लोबलाइजेशन मूवमेंट' नामक वैश्विक एकजुटता आन्दोलन की एक महत्त्वपूर्ण हैसियत हैं।

वन्दना शिवा ने वैश्विक पारिस्थितिकीय नारीवाद आन्दोलन में एक प्रमुख भूमिका निभायी है। उनके लेख इंपॉवरिंग वूमेन के अनुसार भारत में महिलाओं के नेतृत्व में कृषि कार्य करने के प्रति अधिक केन्द्रित रहने वाली एक कृषि प्रणाली को पुनर्स्थापित कर कृषि के प्रति एक अधिक सम्पोषणीय एवं उत्पादक दृष्टिकोण प्राप्त किया जा सकता है। भारतीय और वैश्विक खाद्य सुरक्षा को केवल कृषि व्यवस्था में महिलाओं को शामिल कर नारी सशक्तीकरण के प्रति ध्यान केन्द्रित कर ही लाभ प्राप्त हो सकता है।

अनिल प्रकाश जोशी

अनिल जोशी एक सामाजिक कार्यकर्ता, पर्यावरणीय मामलों के जानकार और 'हिमालयन इन्वायरमेंटल स्टडीज एंड कन्जेर्वेशन ऑर्गेनाइजेशन' नामक संस्था के संस्थापक हैं। उनका संगठन देहरादून में स्थित है जो पर्यावरण से अनुकूल कृषि तकनीकों को विकसित करता है। उन्हें जमनालाल बजाज पुरस्कार से सम्मानित किया जा चुका है। पर्यावरण संरक्षण के क्षेत्र में उनके द्वारा किये गये योगदानों के लिए भारत सरकार द्वारा पद्मश्री (2006) और पद्मभूषण (2020) से सम्मानित किया गया है। इसके अतिरिक्त इंडियन साइंस कांग्रेस द्वारा 1999 में जवाहरलाल नेहरू अवार्ड दिया गया। वे विभिन्न पत्र–पत्रिकाओं में लगातार अपने लेखों और आन्दोलनों के माध्यम से जल–जंगल–जमीन के मुद्दों के प्रति जागरूक करते रहते हैं।

प्रोफ़ेसर जी. डी. अग्रवाल उर्फ स्वामी सानन्द

अविरल और निर्मल गंगा के लिए अनशन करते हुए अपने प्राणों की आहुति देने वाले प्रोफ़ेसर गुरु दास अग्रवाल उर्फ सन्त स्वामी सानन्द पर्यावरण इंजीनियर, एक्टिविस्ट और गंगा महासभा के संरक्षक भी थे जिसकी स्थापना मदन मोहन मालवीय ने की थी। उन्होंने अपने भूख हड़तालों से गंगा पर बनने वाले तमाम बाँधों को रुकवाया ताकि गंगा प्राकृतिक रूप से अविरल बहती रहे। भागीरथी नदी के 125 किलोमीटर के बहाव में गंगोत्री से लेकर उत्तरकाशी टाउन तक 6 जलविद्युत परियोजनाओं के निर्माण का जनता द्वारा विरोध किया जा रहा था क्योंकि इन प्रोजेक्ट्स के कारण गंगा नदी के परम्परागत व प्राकृतिक स्वरूप में हानिकारक परिवर्तन हो रहे थे। स्वामी सानन्द ने जब इस आन्दोलन में अनशन किये तो लोहारीनाग पाला जलविद्युत् योजना बन्द हुई। भारतवर्ष की अभूतपूर्व पर्यावरण और संस्कृति वाले वातावरण को बचाने के प्रति समर्पित नागरिक और देशभक्त के रूप में उन्होंने आजीवन कार्य किया। स्वामी सानंद के प्रयासों और आन्दोलनों से प्रभावित होकर गंगा नदी में न्यूनतम पर्यावरणीय प्रवाह बनाये रखने के लिए भारत सरकार ने 4 नवम्बर, 2009 को 'राष्ट्रीय गंगा नदी प्राधिकरण' की स्थापना की जिसका पदेन अध्यक्ष भारत के प्रधानमन्त्री होते हैं। यह प्राधिकरण गंगा से जुड़ी हर योजना, शोध और अन्य जानकारियों को एकत्र कर उसके मूल प्राकृतिक स्वरूप को बनाये रखने के लिए कार्य करता है। प्रोफ़ेसर अग्रवाल अविरल और निर्मल गंगा के लिए 22 जून, 2018 को आमरण अनशन पर बैठे और 11 अक्टूबर 2018 को उनकी मृत्यु हो गयी।

शुभेन्दु शर्मा

उत्तराखण्ड के रहने वाले इंजीनियर शुभेन्दु शर्मा देश में जंगल उगाने का काम कर रहे हैं। शुभेन्दु शर्मा टोयोटा के जिस प्लांट में इंजीनियर थे उसमें जापान के पर्यावरणविद अकिरा मियावाकी आये उनसे प्रभावित होकर शुभेन्दु की लाइफ नयी दिशा में चल पड़ी।

मियावाकी टोयोटा के परिसर में जंगल उगाने आये थे यह सुनकर शुभेन्दु को आश्चर्य हुआ कि क्या जंगल भी उगाया जा सकता है, क्योंकि प्राकृतिक रूप से किसी जंगल को साकार होने में कम–से–कम सौ साल का वक़्त लगता है। छियालीस साल के मियावाकी ने बताया कि कैसे प्रकृति के तौर–तरीक़ों में दस गुना रफ्तार लाकर दस साल में जंगल खड़ा हो सकता है। वे दुनियाभर में चार करोड़ पेड़ लगा चुके थे। अब इंजीनियर का काम छोड़कर शुभेन्दु पर भारत में जंगल उगाने की धुन सवार हो गयी। उन्होंने मियावाकी के सहायक के रूप में काम करके उनके जंगल उगाने के तरीक़ों का अध्ययन किया।

शुभेन्दु ने प्रयोग के तौर पर अपने उत्तराखण्ड स्थित घर के पीछे के 93 वर्ग मीटर के बगीचे में एक साल में 42 प्रजातियों के तीन सौ पेड़ लगाने में कामयाब रहे। इसके बाद तो उन पर जंगल उगाने की धुन सवार हो गयी, लेकिन इस काम को नौकरी में रहते नहीं किया जा सकता था। अच्छी सेलरी वाली नौकरी को हिम्मत करके 2011 में छोड़ दिया और एक साल तक सिर्फ़ रिसर्च की, क्योंकि भारतीय मिट्टी और पर्यावरण अलग होने के कारण मियावाकी की विधियों को हू–ब–हू इस्तेमाल करने में ख़तरा था। अब तक वे देश भर के 11 शहरों में में 33 जंगल उगाने का काम कर चुके हैं।

दिनेश कुमार मिश्र

पेशे से आई.आई.टी. से ट्रेंड इंजीनियर दिनेश कुमार मिश्र एक निजी संगठन 'बाढ़ मुक्ति अभियान' के संयोजक हैं। वह ज़मीनी स्तर पर एक आन्दोलन चला रहे हैं, ताकि बाढ़ नियन्त्रण के लिए एक प्रभावी नीति का निर्माण किया जा सके। दिनेश जी का मानना है कि बाँधों और तटबन्धों को बनाकर बाढ़ रोकने की जो कार्यवाही पूर्व में की गयी वह कारगर सिद्ध नहीं हुई है इसलिए यह कार्य पुनः समुदाय को लौटा देना चाहिए जो अपने परम्परागत कौशल के आधार पर बाढ़ प्रबन्धन कर सकेगी। इनका कार्यक्षेत्र मुख्य रूप से बिहार राज्य है।

अभय मिश्र

अभय मिश्र ने रचनात्मक तरीक़े से गंगा नदी के दुख–दर्द और भविष्य को सबके सामने रखने की सार्थक कोशिश की है। उपन्यास 'माटी मानुष चून' अभय मिश्र द्वारा लिखी किताब है जो गंगा के बहाने ख़ुद के भविष्य में झाँकने की एक कोशिश है। आज के दौर में गंगा को लेकर कही जा रही विकासपरक बातें यदि लागू हो जायें तो 55–60 साल बाद क्या स्थिति बनेगी, यही इस उपन्यास की कथावस्तु है। अभय मिश्र और पंकज रामेन्दु द्वारा लिखित किताब 'दर दर गंगे' गंगा के उद्‌गम स्थल गंगोत्री से लेकर गंगासागर तक राह में पड़ने वाले सभी महत्त्वपूर्ण स्थलों की चर्चा की गयी है।

यह किताब मानव समाज के उद्विकास का गंगा नदी के साथ क्रमबद्ध विवरण है जिसमें विश्वास, भावनाएँ, संस्कृति, लालच, धार्मिकता का ह्रास, भ्रष्टाचार, गन्दे व्यवसाय, विवेकशून्य विकास के कार्य, गिरते हुए आचार–व्यवहार, पर्यावरणीय ह्रास और पारिस्थितिकी तन्त्र का विनाश सब कुछ शामिल है। गंगा नदी पर्यावरणीय विसंगतियों का किस तरह शिकार हुई है इस पर लेखक ने अपनी गम्भीर चिन्ता व्यक्त की है। यह किताब पाठक को नदियों की दशा पर सोचने को विवश करती है और आने वाले पर्यावरणीय मुश्किलों के प्रति सचेत करती है।

जया देवी

मुंगेर जनपद की रहने वाली जया देवी को 'ग्रीन लेडी ऑफ़ बिहार' के नाम से जाना जाता है। जया देवी ने अपने इलाक़े और उसके आसपास की महिलाओं को एकजुट कर सामूहिक काम करने के तरीक़े सिखाये। इसका असर यह हुआ कि 285 स्वयंसेवी समूह तैयार हो गये और इन लोगों ने बारिश के पानी का संचयन करना सीख लिया। इस तरकीब से आसपास की करीब पचास हज़ार हेक्टेयर बंजर ज़मीन को उपजाऊ कर खेती के लिए तैयार किया गया। पैंतीस साल की जया देवी ने इसके अलावा गाँव के लोगों के

श्रमदान से पानी के कई टैंक बनवाये। उनके कार्यों से जल संरक्षण के बाद ग्राउंड वाटर लेवल काफ़ी तेज़ी से ऊपर आया है। महिलाओं के हक में बाल विवाह का विरोध कर शिक्षित करने का कार्य भी जया देवी ने किया। सन् 2016–17 में राष्ट्रपति महोदय ने जया देवी को नेशनल लीडरशिप अवार्ड से सम्मानित किया था। इन्हें भारत सरकार द्वारा राष्ट्रीय युवा पुरस्कार से भी नवाजा जा चुका है। जल संरक्षण का संकल्प लेकर नक्सल प्रभावित क्षेत्र में हरियाली लाकर महिलाओं को आत्मनिर्भर बनाने का कार्य कर रही हैं। वर्ष 2009 में विदेश के किसी कार्यक्रम में भाग लेकर लौटते हुए वे हमारे कावेरी हॉस्टल, जवाहरलाल नेहरू विश्वविद्यालय, दिल्ली में विद्यार्थियों से संवाद करने आयी थीं।

अनुराग पटेल

अनुराग जी उत्तर प्रदेश कैडर के आई.ए.एस अफ़सर हैं। किसान परिवार में जन्मे अनुराग जी जल–जंगल–ज़मीन से बहुत करीब से जुड़े हुए हैं। आम आदमी के हित में सरकारी योजनाओं का क्रियान्वयन उनकी प्राथमिकता रही है। फर्रुखाबाद जनपद में ज़िला मजिस्ट्रेट के पद पर पोस्टिंग के दौरान सन 2014 में भी लगभग 500 तालाबों को एक साथ मनरेगा अधिनियम के अन्तर्गत खुदाई करने का कार्य उन्होंने एक साथ कराया था। इसके लिए वे स्वयं फावड़ा लेकर तालाब में उतर पड़े थे। मिर्जापुर में ज़िला मजिस्ट्रेट पद पर पोस्टिंग के दौरान अनुराग जी एक बार फिर 'जल संचय–जीवन संचय' के अन्तर्गत जनपद के तालाबों की सफ़ाई के अभियान में जुटे और ख़ुद तालाब के पानी में उतरकर जलकुम्भी हटवाने का काम शुरू कराया। जनपद के 126 तालाबों को जलकुम्भीमुक्त कर एक सराहनीय उदाहरण प्रस्तुत किया। मिर्जापुर जनपद के ज़िला अधिकारी के पद पर रहते हुए कर्णावती नदी को पुनर्जीवित करने का कार्य उन्होंने अपने देख–रेख में कराया। जल संरक्षण के क्षेत्र में अनुराग जी के प्रयासों के लिए उन्हें राजस्थान के राज्यपाल श्री

कलराज मिश्र ने सम्मानित किया। भले ही ये प्रयास स्थानीय हों लेकिन इनका दूरगामी प्रभाव जनता और जल संरक्षण के क्षेत्र में कार्य करने वालों पर पड़ता है।

हीरालाल

उत्तर प्रदेश कैडर के आई.ए.एस हीरालाल जी बहुत ही रचनात्मक प्रतिभा के धनी अधिकारी हैं। पन्तनगर कृषि विश्वविद्यालय से स्नातक हीरालाल जी बस्ती जनपद के किसान परिवार की पृष्ठभूमि से जुड़े हैं। बुन्देलखण्ड के बाँदा जनपद में सन् 2018 में ज़िला मजिस्ट्रेट के रूप में इनकी पोस्टिंग हुई। लगभग डेढ़ साल की अपनी तैनाती के दौरान सिंगल यूज प्लास्टिक के ख़िलाफ़ प्रभावी अभियान चलाया और स्वयं सूती कपड़े के झोले लेकर बाज़ार में ख़रीदारी करने निकले और पर्यावरण संरक्षण का सन्देश दिया। लोकसभा चुनाव 2019 में जनसाधारण को प्रोत्साहित कर वोटिंग प्रतिशत को बढ़ाने के लिए माननीय राज्यपाल और मुख्य निर्वाचन अधिकारी ने उन्हें सम्मानित किया। जलसंकट से हर साल जूझने वाले बाँदा जनपद को पानीदार बनाने के लिए हीरालाल जी ने जल के प्राकृतिक स्रोतों तालाब, कुआँ, झील, छोटी नदियों आदि को संरक्षित करने की दिशा में सराहनीय कार्य किया। "कुआँ–तालाब में पानी लायेंगे, बाँदा को ख़ुशहाल बनायेंगे" अभियान के 470 ग्राम पंचायतों में 2443 जल स्रोतों के पास 2605 खन्तियों की खुदाई की गयी। पानी का पुण्य कमाओ का नारा देकर महिलाओं, बुजुर्गों, नौजवानों सभी लोगों को जोड़ने के लिए 8 ब्लॉक स्तरीय, 470 ग्राम स्तरीय जल चौपाल एवं कुआँ–तालाब पूजन एवं सफ़ाई कार्यक्रमों का आयोजन किया गया। केन और अन्य नदियों की पूजा और पौधों को प्रसाद के रूप में बाँटकर भी समाज को पर्यावरण के प्रति संवेदना जागृत करने और संरक्षण के प्रति जागरूक करने का काम ज़िलाधिकारी की अगुआई में किया गया।

बाँदा जनपद में जल से जन को जागरूक कर सफलतापूर्वक जोड़ने के कार्य के लिए भारत सरकार के जलशक्ति मन्त्रालय ने उन्हें सम्मानित किया। जलशक्ति मन्त्रालय के श्री उपेन्द्र प्रसाद सिंह जी ने बाँदा में उनके किये गये प्रयासों पर टिप्पणी करते हुए लिखा, "कुएँ और तालाब सदियों से हमारी प्यास बुझाते आये हैं। दुख की बात है कि हमने आधुनिकता के इस दौर में उनकी देख रेख ठीक से नहीं किया। इस सन्दर्भ में बांदा ज़िले में चलाया जा रहा 'कुआँ–तालाब जियाओ अभियान' निश्चय ही एक प्रशंसनीय है।'' केन्द्रीय मन्त्री जलशक्ति मन्त्रालय श्री गजेन्द्र सिंह शेखावत जी ने भी ट्वीट करते हुए लिखा, "बाँदा ज़िले के स्थानीय लोगों ने दीपावली के शुभ अवसर पर परम्परागत जलस्रोतों का आदर कर कुओं और तालाबों को दीपों से सुसज्जित कर दीपावली को जलदीप उत्सव के रूप में मनाया। बाँदा ज़िले के प्रशासन द्वारा परम्परागत जलस्रोतों को पुनरुद्धार के साथ आमजन का जुड़ाव करने के लिए लगातार किये जा रहे अभिनव नवाचार के लिए अभिनन्दन।'' ये सारी प्रशंसा हीरालाल जी के समर्पित प्रयासों के लिए की गयी।

धीरेन्द्र सचान

धीरेन्द्र सचान भी उत्तर प्रदेश कैडर के आई.ए.एस अधिकारी हैं। सन् 2016–17 में अलीगढ़ जनपद में मुख्य विकास अधिकारी के पद पर पोस्टिंग के दौरान उन्होंने 'तलाश तालाबों की' महाभियान के तहत परम्परागत तालाबों को पुनर्जीवित करने का कार्य कराया। जल संचय को प्रोत्साहित करने और अलीगढ़ की जनता को तालाबों के महत्त्व के बारे में जागरूक करने के लिए भारत सरकार के जलशक्ति मन्त्रालय ने उन्हें 'जल प्रहरी' 2019 के सम्मान से सम्मानित किया। दो महीने के महाभियान में सौ साल या उससे भी अधिक पुराने 300 से अधिक तालाबों का पुनरुद्धार किया गया। किसानों ने अपने खेतों में 25 नये तालाब खुदवाये। संयोग से उस साल बारिश भी अच्छी हुई।

जनपद के 12 विकास खण्डों में से 6 में भूगर्भ जल का स्तर एक से तीन मीटर तक बढ़ा। उनके प्रयास को सराहते हुए सम्मान दिया गया।

कंचन वर्मा

कंचन वर्मा उत्तर प्रदेश कैडर की भारतीय प्रशासनिक सेवा के 2005 बैच की अफ़सर हैं। उन्होंने फ़तेहपुर ज़िलाधिकारी के पद पर तैनाती के दौरान सूख चुकी ठिठौरा झील और ससुर–खदेरी नदी को पुनर्जीवित करने का सफल कार्य किया। इस कार्य के लिए उन्हें 20 अगस्त, 2016 को कॉमनवेल्थ एसोसिएशन एंड मैनेजमेंट इंटरनेशनल इन्नोवेशन अवार्ड से पुरस्कृत किया गया था। सिविल सर्विस डे के मौके पर प्रधानमन्त्री जी ने उन्हें सम्मानित किया।

निधि वत्स

सई नदी हरदोई जनपद स्थित मझेटा झील से निकलकर 715 किलोमीटर बहने के बाद जौनपुर में गोमती नदी में मिल जाती है। मनरेगा के मद से सई नदी को सदानीरा बनाने के प्रयास किये गये। नदी के बहाव क्षेत्र का चौड़ीकरण तथा दोनों किनारों का समतलीकरण कराया गया। नदी को कटाव से बचाने के लिए दोनों किनारों पर विभिन्न प्रजातियों के चालीस हज़ार पेड़ों के साथ बाँस का भी रोपण किया गया। बाँस के पौधे शीघ्र बढ़ते हैं और स्थानीय लोगों को पंखा, फर्नीचर, डलिया और टोकरियाँ बनाने में सहायक होकर रोज़गार उपलब्ध करायेगा। कोरोना काल के दौरान हरदोई जनपद के मज़दूरों को रोज़गार उपलब्ध कराने के साथ ही सई नदी के साफ़–सफ़ाई करने और गाद निकालने का काम हुआ और नदी अपने प्राकृतिक स्वरूप में लौटी। मुख्य विकास अधिकारी निधि वत्स ने अपने नेतृत्व में इस कार्य को कराया जिसके लिए भारत सरकार ने उन्हें पुरस्कृत भी किया।

मेधा पाटेकर

अमित जिजीविषा की स्वामिनी और संघर्ष की प्रतीक मेधा पाटेकर 'नर्मदा बचाओ आन्दोलन' की नेता के रूप में पूरी दुनिया में जानी जाती हैं। नर्मदा नदी पर बनने वाले बाँध से डूबने वाले गाँवों, किसानों, आदिवासियों और उस क्षेत्र की पारिस्थिकी को होने वाले नुक़सानों से आगाह करते हुए मेधा जी ने लम्बी लड़ाई लड़ी। वे एक भारतीय सामाजिक कार्यकर्ता, समाज सुधारक और राजनीतिज्ञ हैं। नर्मदा नदी पर बनने वाले काफ़ी सारे छोटे बाँध एवं सरदार सरोवर बाँध को बनाने से हज़ारों आदिवासियों का विस्थापन हो रहा था और उसके लिए उन्हें मुआवजा भी नहीं दिया जा रहा था। पाटेकर उन लोगों में से एक थीं जो जनता के पक्ष में आन्दोलनरत थीं। अपना पूरा समय नर्मदा नदी और उसके किनारे के रहवासियों के हित में लगाने के लिए उन्होंने अपनी पीएच.डी. की पढ़ाई छोड़ दी।

उमाकान्त उमराँव

सन् 1996 बैच के आई.ए.एस उमाकान्त जी रुड़की इंजीनियरिंग कॉलेज से ग्रेजुएट हैं। सन् 2006 में उनकी पोस्टिंग ज़िला कलेक्टर के रूप में देवास जनपद में हुई। उस समय उनका जनपद पानी की गम्भीर समस्या से जूझ रहा था और यह माना जा रहा था कि देवास विदर्भ की भाँति सूखाग्रस्त होकर रेगिस्तान में बदल जायेगा। देश में पीने के पानी के लिए पहली बार इन्दौर ज़िले से पानी की ट्रेन देवास क़स्बे में ही लायी गयी थी। सबसे पहले उमाकान्त जी ने पानी की कमी के कारणों को समझा। ताल–तालाबों की सूची एकत्र की गयी। पानी से होने वाले लाभ के अर्थशास्त्र को जनता के बीच ले जाकर जनसहयोग से जगह–जगह तालाब खुदवाये गये। बारिश के पानी को तालाबों में संरक्षित किया गया और जो जलस्तर 200–300 फीट नीचे जा चुका था, वह सालभर की मेहनत के बाद 20–25 फीट पर आ गया। संयुक्त राष्ट्र संघ ने उनके मॉडल का अध्ययन

कर उसे जल संरक्षण का बेहतरीन मॉडल बताया। जल संरक्षण के सफल और प्रशंसनीय पहल के लिए जनता ने अपने ज़िलाधीश को 'जलाधीश' की उपाधि दी। नर्मदापुरम् संभाग के मण्डलायुक्त पद पर नियुक्ति के बाद एक बार फिर उन्होंने नर्मदा नदी के राइपेरियन जोन की वनस्पतियों को पुनर्जीवित करने का कार्य किया। सन् 2019 में राष्ट्रीय स्तर पर सम्मानित हुए। पानी, नदी और जलीय इको सिस्टम के बारे में उनकी समझ प्रशंसनीय है।

अयप्पा मसागी

रेन वाटर हार्वेस्टिंग और जल संरक्षण के प्रयासों से मसागी ने हज़ारों लोगों के जीवन में बदलाव लाने का काम किया है। कर्नाटक के सूखाग्रस्त क्षेत्र के गाँव गड़ग में छह एकड़ ज़मीन ख़रीदकर उसमें रबर और कॉफ़ी के पौधे लगाये, ताकि लोग समझ सकें कि कम बरसात वाले क्षेत्र में भी फ़सलें उगाई जा सकती हैं। बोरवेल के माध्यम से वाटर रिचार्ज करके खेती का कार्य आसानी से की जा सकती है। जल संरक्षण की उनकी विधियों से आसपास के किसानों द्वारा भी प्रयास किये गये। देश के 11 राज्यों में हज़ारों संरक्षण प्रोजेक्ट अयप्पा मसागी द्वारा पूरे किये गये हैं और छह सौ झीलों का निर्माण किया जा चुका है।

डॉ. लिंगाराजू याले

कर्नाटक के डॉ. लिंगाराजू याले ने अपनी टीम के साथ वहाँ की तीन नदियों कुमुदावती, वेदावती और पलार को पुनर्जीवित करने का सराहनीय प्रयास किया है। बरसात के छोटे समयान्तराल में बारिश के पानी को संरक्षित करने का सबसे आसान तरीक़ा है नदियों के बेसिन में और दोनों किनारे ख़ूब सारा वृक्षारोपण। इसके माध्यम से हम बारिश के अलावा अन्य दिनों में नदी के स्ट्रीम और भूगर्भ जल दोनों के प्रवाह को बनाये रखा जा सकता है। डॉ. याले कहते हैं कि पहाड़ों, घाटियों और मैदानों से वृक्षों का कम होना, भूगर्भ जल का

अतिदोहन, भू–क्षरण और भू–जल का ज़्यादा दोहन करने वाले वृक्षों का लगाया जाना नदियों के सूखने के प्रमुख कारण हैं। नदी एक प्रणाली है और पर्वत इसके बैंक हैं इस बात को समझकर और प्रकृति के तरीक़ों की नकल करके ही हम नदियों को पुनर्जीवित कर सकते हैं। डॉ. याले और उनकी टीम ने महाराष्ट्र, कर्नाटक, तमिलनाडु और केरल की कुल 27 नदियों को पुनर्जीवित किया। यह एक बेहद महत्त्वपूर्ण और प्रेरणात्मक कार्य है।

विक्रान्त राजा

सन् 2019 में तमिलनाडु के कराईकल जनपद में पानी की कमी के कारण बहुत मुश्किल हालात पैदा हो गये थे। किसान अपनी कृषि भूमि के पाँचवें हिस्से पर ही खेती करने को मजबूर थे। भूगर्भ जल दो सौ से तीन सौ फीट नीचे जा चुका था और एक बाल्टी पानी के लिए मीलों चलना पड़ता था। तमिलनाडु निवासी और कराईकल जनपद के ज़िला कलेक्टर विक्रान्त राजा ने नौवीं सदी के चोल राजाओं के समय के जल संरक्षण की पद्धतियों का अध्ययन कर 'नाम नीर' (हमारा पानी) प्रोजेक्ट शुरू किया। उन्होंने 450 प्रदूषित और सूखे तालाबों और अन्य जल निकायों को चिह्नित कर उनके पुनरुद्धार के प्रयास आरम्भ किये। तीन महीने में 178 तालाबों से सिल्ट हटाकर पुनर्जीवित किया गया। इस कार्य में स्थानीय व्यक्तियों, शिक्षण संस्थानों, मन्दिरों, कॉरपोरेट, सरकारी कर्मचारियों और अधिकारियों के संयुक्त प्रयास से जल निकायों को पुनर्जीवित करने का कार्य किया गया।

चोल राजाओं के इंजीनियर्स कावेरी नदी की बाढ़ के पानी को ताल–तालाबों और अन्य जल निकायों में एकत्र कर संरक्षित रखने का काम करते थे जिसके फलस्वरूप सालभर पानी की कमी नहीं होती थी। ज़िलाधिकारी विक्रान्त राजा ने इतिहास की किताबों में पढ़े जल संरक्षण की परम्परागत पद्धतियों को अपनाकर जल निकायों को

पुनर्जीवित किया और लोगों के जीवन में ख़ुशहाली लाने का सफल प्रयास किया।

अनिल मल्होत्रा एवं पामेला गेल मल्होत्रा

अनिल और पामेला ने जब शादी की तो यह संकल्प लिया कि वे अपने बच्चे पैदा नहीं करेंगे बल्कि अपना जंगल उगायेंगे। उन्होंने अपनी नौकरी से पैसे कमाये पैसे बचाये, ताकि जंगल उगाने के लिए ज़मीन ख़रीद सकें। मल्होत्रा दम्पति ने दक्षिण भारत के पश्चिमी घाट के पहाड़ों के वर्षा वनों के आसपास 55 एकड़ बंजर ज़मीन ख़रीदकर साईं (SAI-SAVE THE ANIMAL INITIATIVE) सेंचुरी की स्थापना की। आसपास के और किसानों ने भी अपनी ज़मीने बेची, क्योंकि क़र्ज़ के नाते वे खेती नहीं कर पा रहे थे। आज साईं सेंचुरी तीन सौ एकड़ के विशाल क्षेत्रफल में फैला है और विविध प्रकार के वनस्पतियों और जीव–जन्तुओं का घर है, जिसमें चिड़िया, मधुमक्खियाँ, बंगाल टाइगर और एशियन हाथी भी रहते हैं।

जल संरक्षण के संगठनात्मक प्रयास

उत्तर प्रदेश के बुन्देलखण्ड के ललितपुर जनपद में 'जल सहेली' नामक महिलाओं के संगठन ने सूखा प्रभावित इस क्षेत्र में उम्मीद की एक राह दिखायी है। 'पानी पंचायत' भूगर्भ जल के संचयन और विवेकपूर्ण वितरण के लिए कार्य करने वाली किसानों की एक रजिस्टर्ड संस्था है। सन् 1974 में महाराष्ट्र के सूखा प्रभावित पुरूधर तालुका के नईगाँव में आरम्भ करते हुए विलासराव सालुंके द्वारा पानी पंचायत की स्थापना की गयी। 'राष्ट्रीय जल बिरादरी' का गठन 'तरुण भारत संघ' द्वारा देशभर के गाँवों और स्थानीय समुदायों को जल संचयन और वितरण के लिए एक मंच प्रदान करने के उद्देश्य से 'नेशनल वाटर कन्वेंशन' की वर्ष 2001 की बैठक में किया गया। देश के प्रत्येक राज्य में इसकी शाखाएँ हैं जिसमें जल विशेषज्ञ, वैज्ञानिक, समाजसेवी और निजी संस्थाएँ शामिल हैं जो सरकारों से तालमेल

कर जनहित में नीतियाँ बनाने हेतु प्रयासरत रहती हैं। जल संरक्षण और विवेकपूर्ण सदुपयोग के प्रति जनता को संवेदनशील बनाना भी इस आन्दोलन का उद्देश्य है।

विश्व में नदी के प्रहरी

वर्ष 2008 में नदियों का पुनरुद्धार के लिए दुनिया भर में संघर्ष करने वालों का जो प्रोफाइल इंटरनेशनल रिवर्स संस्था द्वारा जो विवरण तैयार किया गया उनके प्रमुख व्यक्तित्व निम्न प्रकार हैं–

विल ड्वोर्क

पानी और नदी विल ड्वोर्क के जीवन का अभिन्न हिस्सा रहे हैं। बहुत कम उम्र से ही वे जल संरक्षण के कार्य से जुड़ गये थे। नदियों में किये जाने वाले प्रदूषण ने उनके मन में ग़ुस्सा भर दिया था परिणामतः वे जीवन भर के लिए पर्यावरण सम्बन्धी कार्यों और River Revival Bulletin से जुड़ गये। इस बुलेटिन ने उन्हें भविष्य के लिए उम्मीद दी। इस बुलेटिन ने पर्यावरण के सम्बन्ध में नकारात्मक ख़बरों के बीच सकारात्मक तरीक़े से जल प्रणालियों को पुनर्जीवित करने की उम्मीद दी। विल ड्वोर्क का नाम नदियों के लिए काम करने वाले अन्तर्राष्ट्रीय व्यक्ति के रूप में उभरा है। नदियों के प्रति उनके प्रेम ने उन्हें पश्चिमी अमेरिका की तरफ़ भेजा। सेनफ्रांसिसको खाड़ी क्षेत्र में वे तीस साल तक इंजीनियर और सर्वेयर थे और सेवानिवृत्ति के बाद विल ड्वोर्क दुनिया भर की नदियों के लिए काम करना चाहते हैं। उन्होंने कारमेल नदी में मछलियों और अन्य जलीय जीवों को उनके हैबिटैट में रहने के अधिकार के लिए प्रयास किये एवं अभी भी कार्य कर रहे हैं।

सेरेना मक्क्लान

एक कॉरपोरेट कम्पनी में काम करने वाली सेरेना को एक दिन ऐसा महसूस हुआ कि वह जिस काम को कर रही हैं और ज़्यादा दिन

नहीं कर सकतीं। वर्तमान में वह वाशिंगटन में अमेरिकन नदियों के लिए चलाये जाने वाले 'नदी पुनर्जीवन कार्यक्रम' की एसोसिएट डायरेक्टर हैं। सेरेना सन् 2003 में थाईलैंड में आयोजित 'रिवर्स फॉर लाइफ' सम्मेलन से बहुत प्रेरित हुईं जहाँ दुनिया भर में बाँधों का विरोध करने वाले कार्यकर्ता एकत्रित हुए थे। उन्हें एक उम्मीद मिली और बड़े बाँधों के निर्माण को रोकने और हटाने के लिए राष्ट्रीय स्तर पर सन्देश प्रसारित कराये। ऐसी तकनीकों पर भी काम कराया जिससे खोयी हुई जलधाराओं और नदियों को पुनर्जीवित किया जा सके। बाँधों से किसी तरह निकलकर बमुश्किल बहने वाले पानी को आज़ाद बहने देने का ख्याल सेरेना को एक नदी के तट पर खड़े होकर नदी की धारा को निहारने से मिला। सेरेना मैक्लेन का मानना है कि सार्वजनिक हित के कार्य करने में भी कुछ लोग असहमत होकर विरोध भी कर सकते हैं लेकिन उससे घबराने की ज़रूरत नहीं है ऐसा होना स्वाभाविक है। हमें समुदायों और समाज हित में अपने कार्य करते रहना चाहिए। वे बाँधों को नदियों से हटाये जाने के लाभों के बारे में लोगों को जागरूक करने के लिए बड़े अभियान चलाए जाने की पक्षधर हैं।

लीफ हिलमैन

लीफ हिलमैन का जन्म अमेरिका की कारूक जनजाति में प्रकृति की गोद में क्लामाथ नदी के किनारे एक जनजातीय गाँव में हुआ। उनका बचपन शिकार, मछली पकड़ने, और प्राकृतिक फल फूल एकत्र करने में व्यतीत हुआ। कारूक जनजाति के परम्परागत संस्कृति और भाषा के समर्थक तथा परम्परागत पर्यावरणीय तरीक़ों से प्राकृतिक उपादानों की व्यवस्था और सुरक्षा के अग्रदूत हैं। हिलमैन का कहना है कि नदी और उसके आसपास के पर्यावरण को बचाना मेरे लिए कोई चुना हुआ कार्य नहीं था बल्कि यही एक कार्य है जिसे मैं अपने लोगों और अपनी नदी के लिए कर सकता हूँ। सरकारी नीतियों से कारूक जनजाति की भाषा, संस्कृति, धार्मिक कर्मकाण्ड इत्यादि को

समाप्त कर आधुनिक जीवन–पद्धति अपनाने को विवश किया गया लेकिन अपने संघर्ष और उद्‌भट जिजीविषा से इस जनजाति ने अपनी पहचान और संस्कृति को बचाकर रखा है। दुनिया के सबसे अमीर आदमी वारेन बुफेट द्वारा क्लामाथ नदी पर बाँध बनाये जाने का विरोध करने वाले आन्दोलन का समर्थन लीफ हिलमैन ने किया। कारूक जनजाति का दृढ़ विश्वास है कि चट्टान, हवा, पानी, मछलियाँ और जानवर सब उनके सगे–सम्बन्धी हैं। मछलियों की देखभाल और सुरक्षा करना हमारे लिए अपने बच्चों और वृद्धों को पालने और सेवा करने की तरह है। प्रकृति को बचाये रखना हमारी ज़िम्मेदारी है।

पोर सोमीकिआत सिंघखाम

थाईलैंड के मछुआरा समुदाय के सदस्य सिंघखाम ने मून नदी पर वर्ष 1992 में बने पाक मून डैम को हटाने वाले अभियान का नेतृत्व किया। बाँध बनने से हुए नकारात्मक प्रभावों की विस्तार से चर्चा करते हुए वे बताते हैं कि किस तरह बाँध से प्रभावित ग्रामीणों को अब तक सहायता राशि नहीं दी गयी जिसके लिए वे लोग आज भी संघर्षरत हैं। मून नदी मेकोंग की सबसे बड़ी सहायक नदी है और इसके किनारे बसे लोगों की आजीविका का मुख्य आधार मछली पकड़ना है। बाँध बनने से उनका रोज़गार चला गया, कृषि भूमि बाँध के पानी में समा गयी तथा पारिस्थितिकी भी प्रतिकूल रूप से प्रभावित हुई। बाँध का गेट खोलकर नदी में न्यूनतम प्रवाह बनाये रखने और मछलियों के आवागमन को सुनिश्चित करने के लिए भी लोगों को बहुत प्रयास करने पड़े। इस आन्दोलन ने थाईलैंड में बाँधों से होने वाले नुकसान के बारे में समस्त जनता को इस स्तर तक जागरूक किया है कि वहाँ दूसरा कोई बाँध बनाना बहुत मुश्किल होगा। पाक मून डैम के निर्माण के कारण मत्स्य आखेट से लोगों की होने वाली आय घट गयी और बड़े शहरों में जाकर मज़दूरी करने के अलावा कोई विकल्प नहीं बचा। कम शिक्षा के कारण भी इन लोगों के समक्ष कई मुश्किलें आ रही हैं। आर्थिक और भावनात्मक रूप से आहत

समुदाय के लिए पर्याप्त उपाय थाई सरकार द्वारा न किये जाने के कारण लोग बहुत निराश हैं। सिंघखाम भविष्य में किसी भी नदी पर बनने वाले बाँध का लोगों के पक्ष में विरोध करेंगे। ऐसा उनका दृढ़ संकल्प है।

मार्क एंजेलो

मार्क एंजेलो चार दशक से मत्स्य आखेट करने और नदियों से अगाध प्रेम करने वाले व्यक्ति हैं। नदियों को बचाने का काम उन्होंने युवा अवस्था से ही आरम्भ कर दिया था जब वह लॉस एंजेल्स नदी के किनारे रहते थे। लास एंज़िलस नदी को कंक्रीट से दोनों किनारों को बाँधा गया था जो उन्हें पसन्द नहीं था। अमेरिका के एरिजोना प्रान्त में ग्लेन कैन्यन पर सन् 1960 में बाँध बनाये जाने की घटना ने भी उन्हें प्रभावित किया। अपने ग्रेजुएशन की पढ़ाई करने के बाद एंजेलो बैकुवर चले गये और 'ब्रिटिश कोलम्बिया इंस्टिट्यूट ऑफ़ टेक्नोलॉजी' द्वारा संचालित 'फिश और वाइल्ड लाइफ' कार्यक्रम से जुड़ गये। वहाँ उन्होंने नदियों को उनके प्राकृतिक स्वरूप में बनाये रखने, जल संरक्षण और सूख रही नदियों को पुनर्जीवित कराने का कार्य रिवर चेयर कौंसिल के हेड के तौर अपने निर्देशन में कराया। मार्क एंजेलो ने प्रत्येक साल सितम्बर माह के अन्तिम रविवार को 'विश्व नदी दिवस' के रूप में मनाने की शुरुआत सन् 2005 में कराया जिसे तीस देशों ने अपनाया और मनाया। वे नदियों को धरती की रक्त वाहिका मानते हैं। नदियाँ सच्चे अर्थों में जीवनरेखा हैं और उनका प्राकृतिक और सांस्कृतिक महत्त्व है। प्रत्येक व्यक्ति नदियों को अच्छी हालत में देखना चाहता है और जब हम इस दिशा में काम शुरू करते हैं तो मीडिया और जनता सभी समर्थन भी करते हैं। एंजेलो ने कुछ समय वाराणसी में बिताया है और वे नदियों के भविष्य को लेकर आशान्वित हैं क्योंकि गंगा जैसी नदी के लिए स्थानीय लोग और धार्मिक श्रद्धालु जन बहुत सम्मान रखते हैं और अपनी नदी को हमेशा अविरल–निर्मल देखना चाहते हैं।

एंजेलो कहते हैं कि गंगा सहित दुनिया की तमाम नदियाँ आज प्रदूषित हैं और संकट में हैं और एक समय आयेगा कि हम न केवल धार्मिक दृष्टि से महत्त्वपूर्ण नदियों बल्कि सभी नदियों को बचाने की दिशा में पूर्ण समर्पण से कार्य करेंगे।

भारत और दुनिया के विभिन्न देशों में बहुत सारे पर्यावरण कार्यकर्ता नदियों और जलवायु को बचाने के लिए संजीदगी से प्रयास कर रहे हैं। इनमें लिसिप्रिया कंगुज्म (मणिपुर) रिद्धिमा पाण्डे (उत्तराखण्ड), आदित्य मुखर्जी (सिंगल यूज प्लास्टिक के विरुद्ध अभियान–गुरुग्राम), अनमोल अहोरी (क्लाइमेट फ्रंट इंडिया–जम्मू, फ्रेंड्स ऑफ़ रिवर तवी) ग्रेटा थन्वर्ग जैसे बच्चे और युवा जल, नदी और जंगल को बचाने के लिए आन्दोलन करने के साथ स्वयं ज़मीन पर उतरकर काम कर रहे हैं। इनके प्रयास विश्व स्तर पर लोगों के विचारों में परिवर्तन लाने का काम कर रहे हैं। नदियों, जंगलों और जल निकायों को सुरक्षित रखने और पुनर्जीवित करने वाले व्यक्तियों को सम्मान देने के लिए हम उन्हें 'कलियुग के भगीरथ' कहते हैं। हमें इन लोगों से प्रेरणा लेकर नदियों और जल संरक्षण के प्रयासों को आगे बढ़ाने का कार्य करना होगा ताकि हम अपनी छोटी–बड़ी नदियों और जंगलों को बचाकर सतत विकास के पथ पर अग्रसर हो सकें।

8
पानी और सिनेमा

एक संचार माध्यम के रूप में फ़िल्म एक अत्यन्त प्रभावी माध्यम है। फ़िल्में मनोरंजन के साथ पर्यावरण संरक्षण जैसे अनेक महत्त्वपूर्ण विषयों के संदेशों को आसानी से समाज के हर वर्ग तक पहुँचाने का कार्य बहुत आसानी से कर सकती हैं। अपने आसपास की आबो–हवा और उभरती हुई नयी समस्याओं के प्रति लोगों को जागरूक करने हेतु भी दुनिया के सभी फ़िल्म उद्योग फ़िल्में बनाते हैं। समस्याओं की तरफ़ लोगों का ध्यान आकर्षित करने के साथ ही समाधान प्रस्तुत करने और जनता को जागरूक करने का दायित्व भी सिनेमा से जुड़े लोग निभाते हैं। बॉलीवुड में भी कुछ फ़िल्में प्रदूषित होते वातावरण को बेहतर बनाने के लिए बनायी गयी हैं। पानी और पर्यावरण के अन्य पहलुओं से जुड़े मुद्दों पर बात और काम करना आज निहायत जरूरी हो गया है। जून, 2018 में अख़बारों में एक ख़बर छपी कि दक्षिणी अफ्रीका के केपटाउन शहर में भूगर्भ जल पूरी तरह समाप्त हो गया है। आज भारत के कई छोटे–बड़े शहरों में भूगर्भ जल समाप्त होने के कगार पर है। लगातार नीचे गिरते भू–जल स्तर का पीछा करते हुए बोरिंग, सबमर्सिबल से हम लोग विज्ञान और तकनीक के सहारे निरन्तर पाताल की ओर अग्रसर हैं।

महाराष्ट्र के लातूर महानगर में जब सन् 2013 में 342 किलोमीटर की लम्बी दूरी से 'वाटर ट्रेन' लायी गयी तो पूरा देश आँखें फाड़े

और कान लगाये आश्चर्य से इस ख़बर को देख, सुन और पढ़ रहा था। इस घटना ने पानी के ह्रास के इतिहास में नया अध्याय जोड़ा। पानी पर जीवनभर शोध करने और लिखने वाले अनुपम मिश्र अपनी किताब 'आज भी खरे हैं तालाब' में मध्य प्रदेश के देवास शहर में पानी का संकट उत्पन्न होने के बाद 25 अप्रैल, 1990 को इन्दौर से 50 टैंकर पानी 'वाटर ट्रेन' से लाकर देवास पहुँचाने की घटना का ज़िक्र करते हुए बताते हैं कि उस दिन से रोज़ पानी की ट्रेन देवास शहर लोगों की प्यास बुझाने आती थी। उमाकान्त उमराँव जी जब देवास के कलेक्टर बने तो उन्होंने जन–भागीदारी से जल–संरक्षण के सफल प्रयास किये। जनपद के तालाबों और अन्य परम्परागत जल निकायों को पुनर्जीवित करने के साथ ही नये तालाब और कुएँ खुदवाकर वर्षा जल संचय करने का महत्त्वपूर्ण काम अपने नेतृत्व में उमाकान्त जी ने कराया। उनके प्रयासों से भूगर्भ जल का स्तर फिर से ऊपर उठा और देवास जनपद की जनता और किसान एक बार फिर ख़ुशहाल हुए अपने ज़िलाधिकारी को 'जलाधीश' नाम देकर जननायक बना दिया जल संरक्षण के क्षेत्र में अतुलनीय योगदान के लिए भारत सरकार ने उमाकान्त जी को सम्मानित किया। उनके किये गये प्रयासों पर 'गहरा जल, उथला समाज' किताब लिखी गयी। बुन्देलखण्ड, विदर्भ और सौराष्ट्र में पानी की कमी और सूखे की बात तो हम सभी जानते हैं। मानसूनी बारिश और विशालकाय नदियों की भूमि उत्तर प्रदेश के सैकड़ों विकास खण्ड गिरते भूगर्भ जलस्तर के कारण 'डार्क जोन' में जा चुके हैं। इस ख़तरे का सबसे बड़ा कारण हैंडपंप, बोरिंग और सबमर्सिबल की तकनीकी के जरिये महामारी की तरह फैला 'पानी खेंचू' दर्शन है जो हर खासोआम को सिखाता है कि तालाब, कुआँ, नदी, झील सब पाट डालो, गन्दे पानी और प्लास्टिक से भरकर क़ब्ज़ा कर लो क्योंकि ज़मीन के नीचे पानी का अथाह भण्डार है। उसे खींचो, ख़ूब उपभोग करो और बर्बाद करो, चिन्ता की कोई बात नहीं। औद्योगिक कचरे, सीवेज और कीटनाशक दवाओं से ज़हरीला हुआ पानी अगर पीने लायक नहीं बचा है तो क्या

हुआ आर.ओ. मशीन से फिल्टर करके शुद्ध पानी पीने का विकल्प तो है ही। इस तकनीकी परस्त और अन्ध–उपभोक्तावादी सोच ने हर तरफ़ जलवायु को बर्बाद कर रखा है। वाटर हार्वेस्टिंग प्लांट जैसी जल संरक्षण की भी नयी तकनीक है। शहरों में आवासों के मानचित्र स्वीकृत करने के समय एक शर्त वाटर हार्वेस्टिंग पिट लगाने की भी रहती है ताकि छत पर गिरने वाले वर्षा जल को ज़मीन के नीचे भेजकर भूगर्भ जल को रिचार्ज किया जा सके और सुरक्षित किया जा सके परन्तु बहुत कम लोग इसका निर्माण अपने घरों में कराते हैं। एक जागरूकता अभियान चलाकर लोगों की सोच को बदलने की ज़रूरत है।

पानी सभी के जीवन के लिए एक महत्त्वपूर्ण प्राकृतिक तत्त्व है। जुलाई के महीने में जब स्कूल खुलते हैं और भारत में चारों तरफ़ आसमान में बादल होते हैं। बरसात से खेत और समस्त धरती हरी–भरी हो उठती है। चारो तरफ़ पानी और ख़ुशहाली होती है। लेकिन ये बरसात और पानी वर्ष–दर–वर्ष कम होते जा रहे हैं। शहर–तो–शहर गाँव का आदमी भी अपने घर और खेत के आसपास के तालाबों को पाटने और क़ब्ज़ा लेने पर आमादा है। खेतों के बीच से बहती छोटी नदियों को किसान लोग जोतकर खेत बनाने में लगे हैं क्योंकि उन्हें नदी से ज़्यादा अपने पंपिंग सेट और नलकूप पर भरोसा हो गया है। ऐसी घटिया और अदूरदर्शी सोच हो तो भविष्य अन्धकारमय ही है। दो दशक पहले तक गाँव में कोई तालाब की तरफ़ मुँह करके पेशाब भी नहीं कर सकता था क्योंकि बड़े–बूढ़े तुरन्त टोकते थे। कुओं को तो इतना पवित्र माना जाता था कि प्रयोग में न आने पर भी कोई उन्हें बन्द नहीं करता था और ये मान्यता थी कि जो कुएँ को पाटेगा उसकी अगली पीढ़ी के सभी बच्चे गूँगे–बहरे पैदा होंगे। लड़के शादी में बारात निकालते समय गाँव के सभी कुओं की परिक्रमा व पूजा करते थे। पेड़ों के नीचे शौच करना पाप समझा जाता था। शिक्षित और विकसित होते भारत ने नये संधान और समाधान तो कम खोजे पुरानी 'इकोफ्रेंडली आदतों' को भी भुला दिया।

गाँव में तो फिर भी तालाब, कुएँ बचे हैं शहर में तो पोस्ट–मॉडर्न 'पक्के वाले विकास' ने सब बर्बाद कर रखा है। नदी, तालाब और झील कूड़ा फेंकने और गन्दा पानी बहाने के 'पब्लिक स्पेस' मात्र बनकर रह गये हैं। जल स्रोतों को पाटने के बाद उनके ऊपर रिहायशी बस्तियाँ बनाकर हमेशा के लिए उनका अस्तित्व ख़त्म करने की होड़ सी लगी है। ऐसा करना रसूखदार लोगों के स्टेटस में इजाफ़ा करता है। शहरों ने अपने पर्यावरण को किस तरह बर्बाद किया है, इसके कुछ उदाहरण हम रखना चाहेंगे। जब हम जवाहरलाल नेहरू विश्वविद्यालय में छात्र थे। उसी दौरान वर्ष 2008 में कैंपस के पीछे बसन्त कुंज की तरफ़ एक गाँव के लोगों ने सड़क पर आकर विरोध–प्रदर्शन करना शुरू कर दिया था क्योंकि वहाँ 'नीला हौज' नाम का एक सुन्दर जलस्रोत था जिसको भरकर सड़क बनाया जा रहा था। अरावली की पहाड़ियों में बसे इस क्षेत्र से पहले कई नदियाँ निकलती थीं और यमुना में आकर मिलती थीं, लेकिन दिल्ली शहर के पक्के वाले विकास ने उन्हें हमेशा के लिए ख़त्म कर उन्हें नालों और रिहायशी इलाकों में तब्दील कर दिया। बरसात में ज़्यादा पानी बरस जाने पर जब पानी अपना पुराना रास्ता खोजता है तो दिल्ली शहर की सड़कें और मोहल्ले कुछ घण्टों के लिए तालाब और नदी बनकर उनका अरमान पूरा कर देते हैं। अतिविकसित वी.आई.पी. क्षेत्र गुड़गाँव और अन्तर्राष्ट्रीय एअरपोर्ट, दिल्ली के आसपास तो 24 घण्टे तक के जाम जरा सी बारिश में लगा करते हैं। हॉस्टल में जीव विज्ञान के एक विद्यार्थी को जब अनावश्यक पानी बहाने पर हम लोग टोकते थे तो उनका लॉजिक होता था कि पानी तो रिसाइकिल होकर फिर से वापस आ ही जाता है। दिल्ली के लोगों ने पूरी यमुना को पी डाला है और शहर की गन्दगी उसमें उड़ेलकर उसे मौत के घाट पहुँचा दिया है। अब हिमाचल की रेणुका झील और गंग नहर का पानी दिल्लीवासियों की प्यास बुझा रहा है। इस पानी की सप्लाई में भी भारी गोलमाल होता है। दिल्ली जल बोर्ड में पोस्टिंग पाने के लिए तमाम अधिकारी इसीलिए लालायित रहते हैं।

अपने सेवाकाल के दौरान घटी कुछ ऐसी घटनाओं का ज़िक्र भी यहाँ करना समीचीन होगा जिनके माध्यम से यह पता चलता है कि नदी, तालाब और कुओं को लेकर लोगों की सोच कितने निम्न स्तर तक जा पहुँची है। पहली घटना जनवरी, 2014 में फर्रुखाबाद ज़िले की है। वहाँ प्रत्येक वर्ष गंगा नदी के मैदान में घटिया घाट पर एक महीना लम्बा चलने वाला कुम्भ जैसा रामनगरिया मेला लगता है। देश के और शहरों की तरह वहाँ भी गन्दे नाले सीधे नदी में बहाए जाते हैं। मेला के उद्घाटन के दिन कुछ तथाकथित समाजसेवी और सन्त लोग धरने पर बैठ गये कि जब तक नदी में गिरने वाले नालों को बन्द नहीं किया जाता हम मेला शुरू नहीं होने देंगे। कई वरिष्ठ अधिकारी उन्हें मनाने में लग गये। नालों को दूसरी तरफ़ मोड़ा जा चुका था और कुछ काम उस दिन भी किया गया। जब सन्त समाज धरने पर बैठा था ठीक उसी समय पुल से वापस शहर की तरफ़ जाते समय हमने देखा कि एक तरफ़ ट्रैक्टर–ट्रॉली खड़ी करके तीन–चार मज़दूर ट्रॉली से टोकरी भर–भर के गन्दा कचरा गंगा नदी में फेंक रहे हैं। मैंने उन्हें रोका, पूछने पर पता चला कि वे पड़ोस के मैनपुरी ज़िले के निवासी थे और किसी कारख़ाने का ज़हरीला कचरा फेंकने आये थे और वे पहले भी ऐसा करते रहे हैं। इसी बीच उनका एक आदमी फ़ोन पर किसी से मेरी बात कराने के लिए आगे बढ़ा। फ़ोन पर मुझसे सिफ़ारिश की गयी कि मैं उसकी फैक्ट्री का कूड़ा नदी में फेंकने दूँ। मैंने ग़ुस्से से फ़ोन काटा और उसे दूर ज़मीन पर फेंक दिया, उन सभी को वहाँ से भगाया और नीचे हो रहे धरने की तरफ़ देखा और सोचा, हम सब कुछ बहती नदियों की धार में फेंकना चाहते हैं चाहे वह ज़हर ही क्यों न हो। इसी तरह प्राकृतिक संसाधनों से भरपूर खीरी लखीमपुर ज़िले में जिसे 'चीनी का कटोरा' कहा जाता है, कुल आठ चीनी मिलें हैं और सभी का गन्दा–विषैला और बदबूदार पानी वहाँ की सरायन, कठिना, उल्ल और शारदा नदियों में डाल दिया जाता है। यहाँ नदियों के किनारे बसे लोगों का पूरा–पूरा गाँव कई तरह की बीमारियों से ग्रसित हो चुका है। बड़े औद्योगिक घरानों

की मिलों के गन्दे ज़हरीले पानी को नदियों में सीधे बहाने से रोकना आसान नहीं है।

जौनपुर जनपद में वर्ष 2016 में एक और अजीबोग़रीब घटना से सामना हुआ जिससे पता चलता है कि गाँव के लोग जो कभी अपने जलस्रोतों को पूजते थे उनकी स्वच्छता को लेकर बेहद जागरूक थे, उनमें से कुछ लोगों की सोच का स्तर कितना घटिया और ख़तरनाक हो चुका है। वहाँ के सरायख्वाजा थाना क्षेत्र में एक गाँव के बीच में और चारों तरफ़ आबादी से घिरे एक तालाब के किनारों पर लोगों ने शौचालय बनाये और सीधे उनका मुँह तालाब के पानी में खोलकर मल प्रवाह कर रहे थे। शिकायत मिलने पर पुलिस और तहसील के कर्मचारी जाँच में गये और लोगों को ऐसा करने से मना किया तो टीम को गाँव वालों के विरोध का सामना करना पड़ा। पानी को प्रदूषित करने वालों के ख़िलाफ़ मुक़दमे की कार्यवाही कर शौचालयों को बन्द भी कराया गया। तालाबों और कुओं से पानी पीने वाला समाज आज इतना मूर्ख हो चुका है कि मल–मूत्र को सीधे तालाबों में ही विसर्जित करने लगा है। सीतापुर में एक पूरा मोहल्ला सीधे सीवेज में अपने शौचालयों के मल को बहा रहा है, जो शहर के बीचोबीच बहने वाली सरायन नदी में गिरते हैं। ऐसे कुकृत्यों से जलस्रोत कैसे बचेंगे और क्या होगा पानी का और भविष्य की पीढ़ियों का, हम सहज अन्दाजा लगा सकते हैं।

मैदान तो पानी की समस्या से जूझ ही रहे हैं हिमालय की गोद में बसे शिमला जैसे शहरों का भी बुरा हाल होने लगा है। एक तरफ़ बनारस में गंगा नदी गर्मियों में कम पानी के कारण इतनी क्षीण हो जाती हैं कि 'बाइकर्स गैंग' उसमें स्टंट करके धूल उड़ाते हैं तो दूसरी तरफ़ शिमला में पीने के पानी के लिए लम्बी कतारें लगती हैं। ऐसा होना एक भयानक ख़तरे का संकेत है। मई, 2008 में एक बार जम्मू और कश्मीर जाना हुआ। जम्मू में दो दिन रुकने के बाद जब सड़क से हम लोग श्रीनगर के लिए निकले तो रामबन ज़िले में चिनाब नदी को पार करने के पहले जब गाड़ी रुकी तो पहाड़ से गिरते झरने की

पतली धार में मुँह धोकर सबने पानी पिया और अपनी बोतलें भी भरीं। एकदम साफ़, शीतल, मीठा पानी जिसको पीकर आनन्द आ जाये। ठीक इसी तरह काठगोदाम से नैनीताल जाते समय भी दोस्तों के साथ दुकान पर पकौड़े खाने के बाद झरने का ही पानी सबने पिया। पूरे हिमालय में लोग ऐसी ही छोटी–छोटी धाराओं से पानी लेते हैं और अपनी रोज़मर्रा की ज़रूरतें पूरा करते हैं। डलहौजी–खजियार जैसे हिल स्टेशनों पर सभी होटलों तक में इन्हीं जलधाराओं से पानी की आपूर्ति होती है। जब लालचवश इन प्रकृति प्रदत्त धाराओं का मुँह बन्द कर आवास, होटल और पक्के निर्माण कर दिये जाते हैं तो हिमालय की गोद में बसे होने के बावजूद पानी के लिए क़तार लगानी पड़ती है। पक्का वाला विकास पहाड़ में हो या मैदान में, विशालकाय बाँधों की शक्ल में हो या घरो और होटलों के रूप में पानी से दुश्मनी ठान लेता है। अब हम यहाँ बॉलीवुड और हॉलीवुड की कुछ ऐसी फ़िल्मों का विवरण देंगे जो पानी और पर्यावरण से जुड़े मुद्दों को अपने कथानक के केन्द्र में रखकर लोगों को उसका महत्त्व समझाने की ज़िम्मेदारी उठाती हैं या जिनमें सामाजिक, राजनीतिक, धार्मिक–सांस्कृतिक दृष्टि से पर्यावरण और पानी की बात कही गयी है।

बॉलीवुड और पानी

भूकम्प, बाढ़, तूफान, सूखा, भूगर्भ जल के गिरते स्तर जैसे विषयों को लेकर बॉलीवुड में कुछ फ़िल्में बनी हैं हालाँकि उनकी संख्या अँगुलियों पर गिनी जा सकती है। ऐसी ही कुछ फ़िल्में निम्न प्रकार हैं–वक़्त (1965), राम तेरी गंगा मैली (1985), मदर इंडिया (1957), गौतम गोविन्दा (1979), दसावतारम (2008), भोपाल एक्सप्रेस (1999), वाटर (2005), लगान (2001), कौन कितने पानी में (2015), वेल डन अब्बा (2013), जल (2013), तुम मिले (2009), काई पो चे (2013), मोहन जोदाड़ो (2016), कड़वी हवा (2017), केदारनाथ (2018)।

भारतीय डाक्यूमेंट्री फ़िल्ममेकर्स से ज़रूर एक उम्मीद बँधती है क्योंकि वे विभिन्न मुद्दों पर बड़ी संजीदगी से फ़िल्में बनाते हैं।

माइक पाण्डे और बेदी ब्रदर्स तो बहुत बड़े नाम हैं जिन्हें उनके काम के लिए ग्रीन आस्कर पुरस्कारों से भी सम्मानित किया गया है। ऐसे प्रख्यात फ़िल्मनिर्माता और उनकी फ़िल्में इस प्रकार हैं : माइक पाण्डे की डॉक्यूमेंट्री फ़िल्में (शोर्स ऑफ़ साइलेंस, द वैनिशिंग वल्चर्स), अजय और विजय (बेदी ब्रदर्स), शेखर दात्तात्री (द ट्रुथ अबाउट टाइगर्स),रीता बनर्जी (अ डांस टू फॉरगेट), रमेश मेनन (स्लो पॉइजनिंग ऑफ़ इंडिया), निरेत और निखिल अल्वा ब्रदर्स (चेसिंग अर्थक्वेक), कुरुष कैंटीनवाला (रेणुका जी इन डेलहीस टैप्स)।

हॉलीवुड और पर्यावरण

हॉलीवुड में पर्यावरणीय विषयों पर फ़िल्में बनाने की समृद्ध परम्परा रही है। वास्तविक घटनाओं और काल्पनिक कथानकों को आधार बनाकर प्राकृतिक आपदाओं जैसे भूकम्प, बाढ़, सुनामी, उद्योगजनित बीमारियों, परमाणविक दुर्घटनाओं, जल और वायु प्रदूषण, वन–संरक्षण, कोयले का खनन, उद्योगों से निकले ख़तरनाक अपशिष्ट की ग़ैरक़ानूनी और पर्यावरण के लिए हानिप्रद स्थानों पर डंपिंग और उसके दुष्प्रभावों तथा इ–कचरे तक की समस्याओं पर केन्द्रित फ़िल्में हॉलीवुड में बनी हैं। कुछ प्रमुख फ़िल्में यहाँ दी जा रही हैं : जायंट (1956), मोबी डिक (1956), देरसू उजाला (1961), फायर सोयलेंट ग्रीन (1973), चाइना टाउन (1974), द अर्थक्वेक (1974), ऐन एनिमी ऑफ़ द पीपुल (1978), द चाइना सिंड्रोम (1979), फ्रेंगुल्ली : द लास्ट रेनफारेस्ट (1992), डाउन बेलो (1997), ए सिविल एक्शन (1998), एरिन ब्रोकोविच (2000), फाइंडिंग निमो (2003), द डे आफ्टर टुमारो (2004) ऐन इनक्वीनिएंट ट्रुथ (2006), हैप्पी फीट (2006), फास्ट फूड नेशन (2006), द एलेवेनथ ऑवर (2007), फ्लो : फॉर लव ऑफ़ वाटर (2008), द हैपेनिंग (2008), वाल–इ (2008), गोमोर्रा (2008), फ्यूल (2008), 2012 (2009), अवतार (2009), नो इंपैक्ट मैन (2009), टैपड (2009), गैसलैंड (2010), लाइफ ऑफ़ पाई (2012), वाटर एंड अ सिटी (2012), चेसिंग आइस (2012), प्रोमिजड लैंड (2012), ब्लैकफिश (2013), जस्ट इट इट (2014), डर्ट (2018)।

यदि हम हॉलीवुड की फ़िल्म 'अ सिविल एक्शन' की बात करें तो इसकी विषय वस्तु में एक फर्म का वकील एक केमिकल इंडस्ट्री में प्रयोग होने वाले रसायन ट्रिक्लोरोएथिलीन जिससे भूगर्भ जल प्रदूषित होता है, परिणामतः कैंसर और ल्यूकेमिया जैसी कई गम्भीर बीमारियाँ फैलती हैं, के ख़िलाफ़ मुक़दमा लड़ता है। चमड़ा उद्योग के कारण ये सारी समस्या उत्पन्न होती हैं लेकिन लोगों को रोज़गार भी यहीं से मिलता है। कोर्ट भी उद्योगपतियों के साथ खड़ी नज़र आती हैं। केस वापस लेने और समझौते के लिए वकील जॉन पर दबाव डाला जाता है। जॉन क़र्ज़ में डूब जाता है। उसकी फर्म बर्बाद हो जाती है। बाद में 'एन्वायरमेंटल प्रोटेक्शन एजेंसी' जान के द्वारा तैयार किये गये पेपर्स के आधार पर दोषी कंपनियों के ख़िलाफ़ कार्रवाई करती है और ज़मीन एवं भूगर्भ जल की सफ़ाई के लिए अरबों डॉलर जुर्माना जमा कराती है। एरिन ब्रोकोविच फ़िल्म एक सच्ची घटना और जीवनी के आधार पर बनी फ़िल्म है। महिला पात्र एरिन एक एनर्जी निगम के ख़िलाफ़ लड़ाई लड़ती है जिसकी वजह से भूगर्भ जल प्रदूषित होकर पीने लायक नहीं बचा है। क्रोमियम की अधिकता के कारण कम्पनी के आसपास रहने वाले नागरिकों को ट्यूमर और कैंसर जैसी बीमारियाँ हो रही हैं लेकिन कम्पनी ज़िम्मेदारी लेने को तैयार नहीं है। लोग कम्पनी से स्वास्थ्य क्षतिपूर्ति लेने के लिए मुक़दमा कर देते हैं। कम्पनी हानिकारक केमिकल प्रयोग करने की दोषी पायी जाती हैं, उस पर भारी जुर्माना कोर्ट द्वारा लगाया जाता है जिसे मुक़दमे के वादी नागरिकों में बाँट दिया जाता है। पर्यावरण और स्वास्थ्य की क़ीमत पर विकास से क्या हासिल होना है, आम नागरिकों के शोषण के अतिरिक्त। हॉलीवुड की तमाम फ़िल्में नागरिकों के अधिकारों के मुद्दों को लेकर मुखर हैं जो उनके दायित्वबोध को दर्शाता है। ऊपर दी गयी फ़िल्मों की सूची स्पष्ट करती है कि हॉलीवुड के फ़िल्मकार पर्यावरण से जुड़े विविध विषयों पर गम्भीरता से फ़िल्में बनाते हैं। हॉलीवुड फ़िल्में तकनीकी

और अवधारणात्मक रूप से अत्यन्त समृद्ध होती हैं। उनकी विषय वस्तु समस्याओं का वास्तविक या काल्पनिक परन्तु वैज्ञानिक समाधान भी कथानक के माध्यम से प्रस्तुत करती है।

'लगान' और 'कड़वी हवा'

लगान (2001), आमिर खान द्वारा निर्मित और आशुतोष गोवारिकर द्वारा लिखित–निर्देशित एक पीरियड फ़िल्म है जिसकी संकल्पना अंग्रेज़ी हुकूमत के दौर (1893) में की गयी है जिसमें सूखे से प्रभावित गुजरात के भुज क्षेत्र के चम्पानेर गाँव के लोग अपना लगान माफ़ कराने के लिए अंग्रेज़ अधिकारी की एक चुनौती को स्वीकार कर लेते हैं कि वे एक क्रिकेट मैच खेलेंगे। शर्त यह रखी जाती है कि यदि भारतीय लोग मैच जीत गये तो पूरे क्षेत्र का लगान तीन साल के लिए माफ़ हो जायेगा और यदि हार गये तो तीन गुना लगान देना होगा। फ़िल्म के नायक भुवन द्वारा यह शर्त स्वीकार कर ली जाती है। बॉलीवुड और क्रिकेट के ड्रामे के पैसा कमाऊ फॉर्मूले के बीच यहाँ मुख्य मुद्दा पानी और सूखा ही है। आशुतोष गोवारिकर ने अपनी फ़िल्म 'मोहन जोदाड़ो' में भी सिन्धु नदी पर लालचवश बाँध बनाने और उसकी धारा को मुक्त कराने के जद्दोजहद के बीच अपनी कथा की बुनावट काल्पनिक तरीक़े से की है। सिन्धु घाटी की सभ्यता के विनाश का एक प्रमुख कारण बाढ़ से होना इतिहासकारों द्वारा बताया गया है और इसी को आधार बनाकर इस फ़िल्म का निर्माण किया गया है।

'कड़वी हवा' (2017) का निर्देशन नील माधव पाण्डा द्वारा जलवायु परिवर्तन के विषय को ध्यान में रखकर किया गया है। इसके पूर्व में भी पण्डा ने 'आई एम कलाम', 'जलपरी' और 'कौन कितने पानी में' जैसी फ़िल्मों से सामाजिक और पर्यावरणीय मुद्दों पर फ़िल्में बनायी हैं। इस फ़िल्म की कहानी बुन्देलखण्ड के सूखा प्रभावित क्षेत्र ओडिशा के तटीय क्षेत्रों एवं धौलपुर राजस्थान के चम्बल क्षेत्र से उजड़ते गाँवों की पीड़ा पर केन्द्रित है। देशभर में खेती की दुर्दशा

और किसानों के पलायन और आत्महत्या की ख़बरें आजकल आम हो चली हैं। इस फ़िल्म में एक छोटे से गाँव का अन्धा किसान हेडू एक सूखाग्रस्त गाँव में रहता है जहाँ कभी–कभार ही बारिश होती है। इस किसान के बेटे मुकुन्द ने खेती के लिए बैंक से क़र्ज़ लिया हुआ है जो फ़सल चौपट होने के कारण वापस नहीं लौटा पा रहा है। गाँव के अन्य किसानों के भी ऐसे ही हालात हैं। सूखे और क़र्ज़ की दोहरी मार से एक के बाद दूसरे किसान आत्महत्या कर रहे हैं। एक बैंक कर्मचारी गुनु बाबू जब भी क़र्ज़ वसूलने गाँव में आता है कोई–न–कोई किसान आत्महत्या जरूर करता है। अन्धा किसान हेडू अपने क़र्ज़दार बेटे मुकुन्द को बचाने के लिए गुनु बाबू से एक डील करता है कि वह अपने गाँव के लोगों की सूचनाएँ एजेंट गुनु बाबू को देगा और बदले में उससे कुछ पैसे लेगा ताकि वह अपने बेटे का क़र्ज़ चुका सके। गुनु बाबू ओडिशा के चक्रवात में अपने पिता को खो चुका है और इतना पैसा कमाना चाहता है कि बाढ़ प्रभावित गाँव से अपने परिवार को बाहर निकाल सके। हैरानी की बात यह है कि बारिश और बाढ़ से आतंकित गुनु बाबू हेडू के सूखा प्रभावित उसी गाँव में रहना चाहता है, जहाँ रोज़ किसान आत्महत्या करने को विवश हैं। फ़िल्म का कंटेंट जलवायु परिवर्तन से पर्यावरणीय क्षरण की ही बात नहीं करता बल्कि मुश्किलों से घिरे मानवीय समुदायों में मूल्यों के क्षरण की तरफ़ भी संकेत करता है। ये सारी आपदाएँ मनुष्य ने अपने लालच और अविवेकपूर्ण हरकतों से आमन्त्रित की हैं जिसका परिणाम भी उसे ही भुगतना होगा, 'कड़वी हवा' इसी सन्देश का दस्तावेज है। दिनांक 24 जून, 2018 को इंडियन एक्सप्रेस ने उत्तराखण्ड के पिथौरागढ़ ज़िले के भारत–चीन सीमा से लगे गाँवों से उत्प्रवास के कारण पूरी तरह खाली हो जाने की एक रिपोर्ट प्रस्तुत की थी। इन वीरान लेकिन प्राकृतिक रूप से बेहद ख़ूबसूरत गाँवों को सरकारी भाषा में 'घोस्ट विलेज' (भुतहा गाँव) कहा जाता है। भारत के ग्रामीण और अन्य दूरस्थ क्षेत्रों में प्राकृतिक आपदाएँ विस्थापन का मूलभूत कारण बनती जा रही हैं।

पानी के गीत

बॉलीवुड फ़िल्मों में बरसात और पानी का फ़िल्मांकन बाढ़, सूखा की समस्या को दिखाने तथा रोमांटिक गानों और दृश्यों में किये जाने की परम्परा रही है। कुछ बरसात आधारित फ़िल्मी गीतों की सूची यह दी जा रही है जो बॉलीवुड फ़िल्मों के क्रमिक विकास और इतिहास की तरफ़ भी इशारा करती हैं :

बरसात में हमसे मिले तुम और जिन्दगी भर नहीं भूलेगी वह बरसात की रात–बरसात (1949), प्यार हुआ है इकरार हुआ है–श्री 420 (1955), भीगा–भीगा प्यार का समाँ–सावन (1959), गंगा आये कहाँ से गंगा जाये कहाँ पे–काबुलीवाला (1961), काली घटा छाये मोरा जिया घबराये–सुजाता (1959), ठण्डी हवा काली घटा आ ही गयी झूम के–मि. एंड मिसेस 55 (1955), मेघा छाये आधी रात–शर्मीली (1971), कुछ कहता है ये सावन–मेरा गाँव मेरा देश (1971), पानी रे पानी रे तेरा रंग कैसा–शोर (1972), सावन के झूले पड़े–जुर्माना (1979), रिम झिम गिरे सावन सुलग सुलग जाये मन–मंज़िल (1979), आज रपट जाये तो हमें न बचइयो–नमकहलाल (1982), बादल यूँ गरजता है–बेताब (1983), रिमझिम के तराने लेके–काला बाज़ार (1989), छोटी सी कहानी से बारिशों के पानी से–इज़ाज़त (1987), लगी आज सावन की फिर वो झड़ी है–चाँदनी (1989), मेघा रे मेघा रे–लम्हे (1991), रिमझिम–रिमझिम–1942, लव स्टोरी (1981), टिप टिप बरसा पानी, पानी ने आग लगायी–मोहरा (1994), पानी पानी रे खारे पानी रे–माचिस (1996), गीला गीला पानी–सत्या (1998), करने लगी हूँ बूँदों से बातें–तक्षक (1999), बरसो रे मेघा मेघा–गुरु (2007), घनन–घनन घिर आये बदरा–लगान (2001), मोहब्बत बरसा देना तुम सावन आया है (2015)।

ऑस्ट्रेलिया में प्रत्येक साल पर्यावरण पर बनायी गयी फ़िल्मों को दिखाने के लिए 'इन्वायरमेंटल फ़िल्म फेस्टिवल' का आयोजन किया जाता है और यह जानने का प्रयास किया जाता है कि ये

फ़िल्में जानवरों के कल्याण से लेकर, सतत विकास और जलवायु परिवर्तन जैसे क्षेत्रों में क्या असर डालती हैं। ये फ़िल्में लोगों को अपने वातावरण के प्रति जागरूक करती हैं, यही इस आयोजन का उद्‌देश्य भी है। पर्यावरणीय मुद्दों पर भारत में नये प्रयास गम्भीरता से कम हो रहे हैं साथ ही जो परम्परागत मूल्य और आचार–व्यवहार थे उनको भी लोगों ने आधुनिक तकनीकों के चक्कर में भुला दिया और परजीवी बनने की तरफ़ अग्रसर हैं। इलाहाबाद में गंगा–जमुना के संगम पर तीसरी विलुप्त नदी सरस्वती की परिकल्पना करने और नासा की 'सेटेलाइट मैपिंग' करके उसकी धारा को खोजवाने वाले लोग शायद आज विलुप्त हो रही नदियों की दुर्दशा से अनजान हैं। केवल धार्मिक महत्त्व के कारण गंगा–जमुना और सरस्वती को महत्त्व देने और नदियों के घाटों पर मनमोहक आरती का आयोजन करने मात्र से जीवनदायिनी नदियों का कल्याण नहीं होगा। साथ ही पर्यावरण को बचाने की ज़िम्मेदारी केवल सरकारों की नही है। देश के हर नागरिक के ऊपर हवा, पानी और पेड़–पौधों को बचाने की बराबर की ज़िम्मेदारी है। व्यक्तिगत तौर पर जंगल, पानी, हवा और पर्यावरण के अन्य उपादानों को बचाने की कोशिश लगातार की जा रही है और उनमें सफलता भी मिली है लेकिन अभी इसे एक मिशन और आन्दोलन बनना बाकी है। पर्यावरणीय चुनौतियों को समझने और उनसे निपटने के लिए सबको निजी तौर पर तैयार होना होगा। सतत विकास के लिए एक सामूहिक ज़िम्मेदारी का विकास करना होगा। फ़िल्में इस कार्य में बड़ी सन्देशवाहक हो सकती हैं लेकिन दुख की बात है कि बॉलीवुड में ऐसे विषयों पर केन्द्रित फ़िल्मों का घोर अभाव है। जलवायु के मुद्दों पर डाक्यूमेंटरी फ़िल्में जरूर बनी हैं, लेकिन उनकी पहुँच आमजन तक नहीं है। हॉलीवुड में ऐसी दर्जनों फ़िल्में बनी हैं जो जल, जंगल, ज़मीन, ईंधन, फास्ट फूड के नुक़सान आदि मुद्दों पर गहराई से विमर्श प्रस्तुत करती हैं लेकिन बॉलीवुड में ऐसी फ़िल्मों को अँगुलियों पर गिना जा सकता है। इससे पता चलता है कि कृषि प्रधान देश में जहाँ किसान मुश्किलों से विवश

होकर आत्महत्या करने को मजबूर है। बॉलीवुड जैसी विशाल सिनेमा इंडस्ट्री उनकी दुश्वारियों पर फ़िल्में बनाने के बारे में बिल्कुल गम्भीर नहीं है। पानी की कमी, प्रदूषित पानी, हवा और जंगलों के विनाश से सर्वाधिक दुष्प्रभाव ग़रीबों और किसानों को ही झेलना होता है जो इस देश की बहुसंख्यक आबादी है।

आज कोई भी व्यक्ति या समुदाय अपनी सुविधावादी आदतों के प्रभाव में सावधानी बरतने को तैयार नहीं और दुर्व्यवस्थाओं के लिए दूसरे को दोषी ठहराने और उपचारात्मक उपायों को अपनाने में लगा हुआ है। भारतीय समाज की ही तरह बॉलीवुड फ़िल्मों की विषय वस्तु और उनके चरित्र पर्यावरणीय मुद्दों के प्रति संवेदनशील नहीं दिखते। जल जंगल और ज़मीन को बचाने के लिए संघर्ष करने और समाधान प्रस्तुत करने का सुधारात्मक या वैज्ञानिक नज़रिया फिलहाल बॉलीवुड के पास नहीं है। प्यार, मोहब्बत, रोमांस, कॉमेडी और नाच–गाने के सहारे फ़िल्म उद्योग का सारा ध्यान पैसे कमाने में लगा है। न यहाँ पर्यावरण के मुद्दे पर फ़िल्में बनती हैं और न ही वास्तविक जीवन में जल, जंगल, ज़मीन और समन्दर को बचाने का प्रयास बॉलीवुड के लोग करते दिखते हैं। बॉलीवुड की अब तक की भूमिका पर्यावरण संरक्षण के क्षेत्र में नगण्य है। 28 अगस्त, 2015 को इसी तथ्य को ध्यान में रखकर इंडियन एक्सप्रेस को दिये एक इंटरव्यू में प्रख्यात अभिनेता अमोल पालेकर ने जोर देकर कहा है कि "बॉलीवुड को पर्यावरणीय मुद्दों पर ज़्यादा से ज़्यादा फ़िल्में बनानी चाहिए। फ़िल्मों के माध्यम से ज़्यादा–से–ज़्यादा लोग जलवायु से जुड़े मुद्दों के प्रति जागरूक होंगे और अन्धाधुन्ध विकास के दुष्परिणामों से सजग रहना सीखेंगे।"

9
पानी और मेरी कविताएँ

संवेदनशील हृदय प्रकृति प्रेमी होता है, संयोग से साहित्यकार हुआ तो प्रकृति से संवाद ज़रूर स्थापित करेगा। इसीलिए भारत से लेकर पूरी दुनिया में कवियों और लेखकों ने नदियों, समुद्रों, हवा, बादल, पेड़–पक्षी सभी विषयों पर अपनी कलम चलाई है। प्राकृतिक और सामाजिक पर्यावरण अभिन्न रूप से हमसे जुड़ा होता है और उनसे सरोकार रखने के क्रम में एक सृजनशील व्यक्ति पर्यावरण को अपनी रचनात्मक सक्रियता का स्रोत बना लेता है। वास्तव में संवेदनशील मन मानवीय समस्याओं के साथ–साथ प्रकृति से भी बेहद लगाव रखता है और साहित्य–सृजन भी करता है।

मेरे तीन कविता संग्रह प्रकाशित हैं, जिनके नाम हैं, 'नदियाँ बहती रहेंगी', 'कुँवरवर्ती कैसे बहे' और नदियाँ ही राह बताएँगी। इन तीनों कविता संग्रहों में एक–एक खण्ड नदियों और पानी पर लिखी कविताओं के हैं। मैं नदियों पर अपनी कविताओं की बात करूँ तो सबसे पहले यह कहना होगा कि ग्रामीण पर्यावरण में प्रकृति के साथ हमारा जो अटूट और अविच्छिन्न रिश्ता एक विरासत के रूप में मिलता है वह आजीवन हमारे साथ रहता है। इसीलिए प्रकृति को क्षत–विक्षत करती ताक़तों के ख़िलाफ़ एक ग़ुस्सा सहज ही मन में उभर आता है। अनियमित होते और लोगों को नकारात्मक रूप से प्रभावित करते हुए मौसमों के प्रति एक टीस मेरे मन में लगातार

उठती है। जल और उसके विविध पहलुओं से जुड़ी मेरी अपनी कविताएँ जैसे *सरायन, नदियाँ बहती रहेंगी, बेचारी नदियाँ, सूखती नदियाँ, नदियाँ, चम्बल, कुँवरवर्ती, उलटी धार, वापसी, शहरी मेढक, बाढ़ में भाषण, पानी कहाँ जाये, साँपों की ख़ुशी, गण्डक, एक अर्जी नदी के नाम, सिमटी सी एक नदी, हताश पानी, नदी गीत, शर्मीले मेढक, नाला, नदी में एक मौत, आधे सफर की बारिशें, बारिशी शाम, स्याही* इत्यादि जीवन के विविध आयामों को अभिव्यक्त करती हैं। इन आयामों में जगह–जगह पहाड़ों को लूट ले जाने वालों की सक्रियता, जंगलों की अन्धाधुन्ध कटाई और सबसे अधिक शहरों–कस्बों से गुज़रती नदियों को बदबूदार नालों में तब्दील कर देने वाले समाजों की उदासीनता, उद्योगों की क्रूरता, विकास के नाम पर सारे शहर की गन्दगी से नदियों को पाट देने वाली मानसिकता भी शामिल है जो मेरे मन को बहुत व्यथित करती है। मुझे लगता है जैसे प्रकृति प्रदत्त सारा सहज सौन्दर्य ही ख़तरे में पड़ गया है। प्रकृति सहज है, स्वस्थ है तो हमारा जीवन सुगम है और हम भी स्वस्थ और गतिशील हैं अन्यथा जीवन को दुर्गम होने से कोई रोक नही सकता।

पहाड़ में बादलों के बनने और बरसने तक की प्रक्रिया को कभी एक पहाड़ी घर की खिड़की से देखिये। बारिश का पानी ढलान वाली पहाड़ी के देवदार के पेड़ों से होकर अगल–बगल के नालों और प्रवाह प्रणाली से होकर अपनी राह पकड़ लेती है। पुनः उन्हीं पहाड़ी पेड़ों की हरियाली के बीच से थोड़ी देर में उठते हैं धुएँ के गुबार। छोटे–छोटे ऐसे कितने ही गुबार संघनित होकर सफ़ेद बादलों की चादर बना लेते हैं। ये बादल बार–बार सजते हैं और बार–बार बरसते रहते हैं, पहाड़ के दरख़्तों, घाटियों और वादियों में। कुछ ऐसी ही होती है कविता की रचना–प्रक्रिया विचारों का मन में आना, उमड़ना–घुमड़ना, संघनित होना और फिर कोरे काग़ज़ पर उनका उतर जाना। दरअसल जैसे मानव जीवन एक यात्रा के समान है वैसे ही कविता/साहित्य भी मनुष्य की मानस–यात्रा है। प्रकृति के विविध रूपों ने कवियों, लेखकों, गीतकारों, फ़िल्मकारों को अपनी

तरफ़ आकर्षित किया है। केवल रूमानियत व आनन्ददायक रूप में ही नहीं उसके संकटों पर भी रचनाकारों ने अपनी संवेदनशीलता व प्रतिबद्धता दिखाई है। सर्वेश्वर दयाल सक्सेना अपनी कविता कुआनों के माध्यम से उत्तर प्रदेश के जनपद बस्ती और महानगर दिल्ली के विरोधाभासों को अपने जीवनानुभवों में समेटकर प्रस्तुत करते हैं। चम्बल नदी के इतिहास, मिथक और वर्तमान की वास्तविकताओं से संपृक्त कर कवि नरेश सक्सेना 'चम्बल' कविता की सर्जना करते हैं। कवि आलोक धन्वा अपनी कविता 'नदियाँ' के माध्यम से अपना दुख जताते हैं कि जीवन व्यापार में इतना व्यस्त हो गया हूँ कि नदी के पास जाने उसका हालचाल जानने का अवकाश ही नहीं बचा है।

यह कहने की आवश्यकता नहीं है कि दुनिया की तमाम सभ्यताएँ नदियों के किनारे विकसित हुईं। बारिश और नदियों के पानी के बँटवारे को लेकर अनेक संघर्ष और युद्ध भी कबीलों और राज्यों के बीच हुए। महात्मा बुद्ध के जीवन और महाअभिनिष्क्रमण के सम्बन्ध में प्रख्यात बौद्ध विद्वान् डॉ. भदन्त आनन्द कौसल्यायन (1997 : 23–24) ने अपनी किताब 'भगवान बुद्ध और उनका धर्म' में लिखा है कि सिद्धार्थ को शाक्य--संघ का सदस्य बने आठ वर्ष बीत चुके थे तो एक दुर्घटना घटी। रोहिणी नदी शाक्य और कोलिय राज्यों की विभाजक रेखा बनाती थी। सिंचाई के लिए दोनों राज्यों के किसान नदी से पानी लेते थे। पानी के बँटवारे को लेकर शाक्य और कोलियों के बीच अक्सर विवाद होता रहता था। सिद्धार्थ के जीवन के 28वें साल में रोहिणी नदी के पानी को लेकर युद्ध की स्थिति उत्पन्न हो गयी। आसन्न युद्ध को टालने के लिए महापंचायत में हारने के बाद सिद्धार्थ को गृहत्याग करना पड़ा। जिस स्थान से वह अपने राजसी वस्त्र उतारकर संन्यासी वेश धारण कर आगे बढ़े वहाँ जौरहर गाँव के बड़े ताल से कुँवरवर्ती नदी प्रवाहित होती हुई है। गया में नदी किनारे बोधि वृक्ष के नीचे ही उन्हें ज्ञान प्राप्त हुआ। 'कोहबर की शर्तें' उपन्यास में नदी के दोनों तरफ़ स्थित गाँवों के प्रेमी–प्रेमिका की कहानी है। 'वोल्गा से गंगा' पुस्तक में महापण्डित

राहुल सांकृत्यायन ने सभ्यता के उद्भव और विकास की कहानी कही है। गुलज़ार साहेब अपनी कविताओं और फ़िल्मी गीतों में पानी के प्रति अपना प्रेम और अलहदा दृष्टिकोण रखते आये हैं। अनुपम मिश्रा जी की पानी पर चिन्ता तो आँखें खोल देने वाली है। आज भी खरे हैं तालाब, राजस्थान की रजत बूँदें और पर्यावरण के पाठ जैसी किताबों और समय–समय पर लिखे लेखों के माध्यम से भारतीय जनमानस को झकझोरने और पानी की परवाह करने के प्रति सचेत किया है।

हिन्दी साहित्य के महान कथाकार और अपनी अनूठी रिपोर्ताज शैली के लिए प्रख्यात फणीश्वर नाथ रेणु जी ने अपनी पुस्तक 'धनजल ऋणजल' में पटना और बिहार में बाढ़ की विभीषिका के बारे में विस्तार से लिखा है। बाढ़ आने और चारों तरफ़ से घिरने पर भी सामान्य लोग परेशान नहीं होते। बच्चे बाढ़ के पानी में नहाते हैं तो कुछ लोग मछली भी पकड़ते हैं। जीवन से उल्लास ख़त्म नहीं होता। रेणु जी एक घटना का ज़िक्र करते हैं जब वे बाढ़ से घिरे लोगों को राहत बाँटने किसी मुसहर टोले पर गये तो उस टापू के वासी मचान पर चढ़कर ढोल–मजीरे के साथ बरसात और बाढ़ का आनन्द ले रहे थे। सन् 2007 में कोसी की बाढ़ के समय अख़बार में एक ख़बर 'तैरने वाला समाज डूब रहा है' छपी थी। इसका आशय यह था कि बाढ़ पहले भी आती थी लेकिन जनधन की इतनी हानि नहीं होती थी। साथ ही लोग अपना बचाव करने में ख़ुद सक्षम थे वे हर बात के लिए सरकार या बाहरी मदद पर ही निर्भर नहीं थे। फ़र्रुखाबाद में गंगा की कटरी में आयी बाढ़ में लोगों के हालचाल के लिए भ्रमण के दौरान ग्रामीणों द्वारा यह बताया गया कि वे लोग चाहते हैं कि थोड़ी–बहुत बाढ़ हर साल आये, क्योंकि इससे उनके गन्ने की फ़सल निरोग हो जाती है और पैदावार भी अच्छी हो जाती है। मिट्टी के कीड़े मर जाते हैं, उससे अगली फ़सल भी अच्छी होती है।

अमृतलाल बेगड़ ने नर्मदा को सौन्दर्य की नदी घोषित करते हुए उसकी पूरी परिक्रमा की। जगह–जगह रुककर उसकी अप्रतिम

सुन्दरता के स्केच बनाये। नर्मदा से मिलने वाली सारी छोटी–बड़ी नदियों उनके संगम का विस्तार से वर्णन किया है। नदी किनारे की वनस्पतियों की हरियाली, मन्दिर, घाट और रहने वाले किसिम–किसिम के समुदायों और उनके व्यवहारों का ज़िक्र भी किया है। नर्मदा पश्चिम दिशा को बहने वाली देश की एकमात्र बड़ी नदी है और इसमें लगभग तीस नदियाँ दोनों किनारों पर आकर मिलती हैं। कुल तीन किताबों में नर्मदा नदी उसके सौन्दर्य और उसके किनारे बसने वाले जन जीवन और संस्कृतियों का विस्तृत वर्णन बेगड़ जी ने किया है। रवीन्द्रनाथ टैगोर, सर्वेश्वर दयाल सक्सेना, दुष्यन्त कुमार, गुलज़ार, फैज़ अहमद फैज़, आलोक धन्वा आदि कवियों ने नदियों पर कविताएँ लिखी हैं। युवा कवि एवं आलोचक सन्तोष पटेल ने मेरी कविताओं पर एक आलोचनात्मक लेख लिखा है जिसका विवरण यहाँ दिया जाना समीचीन होगा।

राकेश कबीर समकालीन चेतना के एक ऐसे संजीदा कवि हैं जिनकी कविताओं में नदियाँ, पहाड़, झील–झरने, ताल–तलैया, वृक्ष–जंगल और कलकल, छलछल बहती जलधाराओं का मनोरम दृश्य प्रमुखता से उपस्थित है, लेकिन वे वैसे भी उपस्थित हैं जैसा कि राहुल जी उपरोक्त शब्दों में उल्लेखित करते हैं और इसके प्रति आजकल दुनिया में जो चिन्ता ग्लोबल वार्मिंग और प्रदूषण से हो रहा है, वह राकेश कबीर के कविताओं के केन्द्र में है। डॉ. राकेश कबीर का पहला काव्य संग्रह 'नदियाँ बहती रहेंगी' और दूसरा काव्य संग्रह 'कुँवरवर्ती कैसे बहे' है। उनको पूरी तन्मयता से दो–तीन बार पढ़ा। फिर उनकी नदियों से जुड़ी कविताओं का अवलोकन किया। इस क्रम में मुझे पेरूवीयन कवि हावियर हिरॉव द्वारा नदी सम्बन्धित लिखित तकरीबन पाँच कविताएँ याद आ गयीं। दोनों के लेखन में कितनी समानताएँ हैं इसे समझना बहुत ज़रूरी है। पेरूवीयन (Peruvian Poet) युवा कवि हावियर हिरॉव (Jeveir Heraud) स्पेनिश, इंग्लिश समेत लैटिन–अमरीकन भाषाओं के कवि हैं और एक योद्धा भी जो एक छोटी उम्र में बहुत बड़ा काम कर गये। राकेश कबीर की नदियों

की कविताएँ हाविियर हिरॉव की 'एल रियो' (El rio) की तरह हैं। एल रियो का हिन्दी अनुवाद अनिल जनविजय ने किया है जो कविताकोश पर उपलब्ध है :

"और
फिर हर चीज़ सादे पानी में डूब जायेगी
बस, यह कविता या यह गीत ही बचेगा
और तेज़ी से बहती कई छोटी-छोटी नदियाँ बची रहेंगी
और वे एक साथ आकर
मुझे फिर से नया जगमगाता जल देंगी
मेरी टूटती साँसों को नया जीवन देंगी।"

(मूल स्पेनिश से अनुवाद : अनिल जनविजय)

"except that immense blue heaven
where everything is dissolved,
in that vast expanse of water,
where one more song or another poem
will mean nothing more
than a little river trickling down,
or a mighty river coming down to join me,
in my new luminous waters,
in my newly extinguished waters."

(स्पेनिश से अंग्रेज़ी अनुवाद–Timothy Allen)

राकेश कबीर की कविता 'नदियाँ बहती रहेंगी' में अभिव्यक्त आशावाद को कवि हाविियर हिराव के समान हम महसूस कर सकते हैं :

नदियाँ बहती रहेंगी
बादल छायेंगे भी
और बरसेंगे भी
पानी एकजुट होगा

धार भी बनेगी
नदियाँ भी बहेंगी
वह अपनी राह
खुद खोज लेगी

धरती के सीने में
तूफान भी उठेंगे
उसके पत्थर से कठोर
दिल पिघलेंगे भी
और शीतल पानी भी निकलेगा
नदियाँ अपने रास्ते जायेंगी भी
उनका रास्ता कौन रोकेगा!

हिरॉव के कविता संग्रह 'एल रियो' (El rio) यानी (The River) के एपिग्राफ (उद्धरण) में एंटोनियो मैकडॉ (Antonio Machado) ने लिखा है–"Life flows like a wild river." यानी जीवन एक बलखाती हुई नदी की तरह है। सुप्रसिद्ध गीतकार प्रसून जोशी विचारों के बारे में बताते हैं कि लोग कहते हैं कि 'ये विचार मेरा है', दरअसल, विचार एक बहती नदी की तरह है, बस उसे देखने का नज़रिया अलग–अलग होता है। कोई पहाड़ पर से देख रहा है, कोई उसे करीब से देख रहा है। हर एक के देखने का नज़रिया अलग–अलग है। ये हो सकता है कि जहाँ मैं खड़ा हूँ, वहाँ मुझसे पहले कोई और खड़ा न हुआ हो। डॉ. राकेश कबीर की कविताओं में मुख्यतः चार शेड्स हैं : पारिस्थितिकी, लोकतन्त्र मानवीयता और कविता।

डॉ. कबीर की कविताओं में ए. अरविन्दाक्षन के शब्दों में 'पारिस्थितिकी संवेदना की सान्द्र उन्मुखताएँ' हैं, उनकी कविताओं में पारिस्थितिकी का गहन अवबोध हमें प्राप्त होता है, जिसकी बहुरंगी छवियाँ उनकी कविताओं की भास्वरता को अत्यधिक गहन बना देती हैं :

"कुँवरवर्ती की बीच धार में कहीं
बालू खोदते हुए हमने इसे बालपन में
नदी मनाने से इनकार कर दिया था
और पूछा था एक प्रश्न
इतनी छोटी नदी होती है कहीं?
मैं नहीं मानता!
आज भी प्रश्न अनुत्तरित
नदी की धार में तैर रहा कहीं
इन समावेशी लोकतान्त्रिक नदियों को
नदी समझता कौन है?"

कुँवरवर्ती कैसे बहे, पृ. 33)

विश्वकवि रवीन्द्रनाथ टैगोर ने मानव के इसी लालची प्रवृत्ति को रेखांकित करते हुए लिखा है–''मनुष्य का लोभ सिर्फ़ प्रकृति के विनाश से शान्त नहीं होगा, वह मनुष्य का भी विनाश करेगा।''

मनुष्य के इसी लोभ ने आज मानवता के लिए ख़तरा पैदा कर दिया है जो कोरोना/कोविड 19 वायरस के रूप में इन्सानी अस्तित्व को चुनौती दे रहा है। डॉ. इन्दु पीएस पारिस्थितिक सजगता पर लिखती हैं कि आज पारिस्थितिकी समस्याओं पर पूरे विश्व में बहस हो रही है। जब से पश्चिम में 'एन्वायरमेंट, इकोलॉजी' और प्रदूषण जैसे मुद्दों पर तीव्र बहस होने लगी, तब से भारत में भी इसको गहरी अहमियत मिलने लगी। डॉ. राकेश कबीर की कविता–'पानी कहाँ जाए' में पानी की परवाह और मानव के लोभ के विरोधाभास पर करारी चोट है :

"हमें नाले भी चाहिए
गन्दे पानी को नदी तक जाने के लिए
हम सभ्य लोग हैं
हमें अपनी गन्दगी बहाने के लिए
नाली-नाला, तालाब और नदी सब चाहिए
'पानी की परवाह' हमें मत सिखाइए।''

(कुँवरवर्ती कैसे बहे, पृ. 37)

भारत में लगभग 20 करोड़ लोगों को पानी की कमी का सामना करना पड़ता है। देश में 11 करोड़ लोगों को पीने का पानी मयस्सर नहीं है। देश के 35 राज्यों में केवल 7 राज्यों में जीने लायक पानी उपलब्ध है। हबीब इरफान 'मनुष्य और पर्यावरण' नामक पुस्तक में लिखते हैं, ''मनुष्य भौतिक वातावरण के स्वरूप के लिए एक गम्भीर संकट के रूप में सामने आया है। आज अपने ही हित में वह उस सबको नकारने के लिए विवश है, जिसे उसने प्रकृति के साथ छेड़छाड़ करके वनों और वन्यजीवों को नष्ट करके तथा वायु और जल को प्रदूषित कर के अपने हित में प्रकृति के साथ किया था। **(वाणी प्रकाशन, पृ. 2)**

डॉ. कबीर भी इस चिन्ता से रू–ब–रू है और 'उल्टी धार' कविता में उल्लेखित भी करते हैं :

"उसका निर्मल पानी काला हो जाता है
सभ्य लोगों के काली सोच की तरह
और काले 'पानी की धार'
उल्टा बहने लगती है
और खोजती है एक रास्ता
शहर से नदी तक जाने के लिए
नदी को गन्दा करने के लिए
उसका अस्तित्व मिटाने के लिए।'' **(कुँवरवर्ती कैसे बहे, पृ. 39)**

हबीब इरफान लिखते हैं, ''जल संकट पेचीदा और ख़तरनाक मोड़ पर आ पहुँचा है। साहित्य की दुनिया में मध्यवर्गीय ज़िन्दगी स्त्री विमर्श, दलित, आदिवासी विमर्श में एक अध्याय जोड़ना आवश्यक हो गया है।''

(ज़मीन और जल, मनुष्य और पर्यावरण, वाणी प्रकाशन, पृ. 35)

डॉ. राकेश कबीर साहित्य में इस नये अध्याय को जोड़ने में सफल होते दिखते हैं। ऐसा नहीं है कि भारतीय साहित्य में इस पर काम नहीं हो रहा है। असमिया कवि नीलिम कुमार, मराठी कवि कल्पना दुधार और हिन्दी कवियों में अनेकानेक नाम हैं जैसे : कुँवर

नारायण, नरेश सक्सेना, प्रयाग शुक्ल, अरुण कमल, रामदरश मिश्र, राजेश जोशी, बलदेव वंशी, सूरज प्रसाद पचौरी, एकान्त श्रीवास्तव, लीलाधर जागूड़ी आदि। डॉ. कबीर की कविता 'मौसम की ख़बर' में किसानों की लाचारी और खेत पटवन के लिए मानसून पर निर्भरता का मार्मिक वर्णन करते हैं। खेत के फटे हुए छाती को देख किसान का कलेजा मुँह को आता है और वह बरबस बोल उठता है :

"ऐ सूखे सावन के बेरहम बादलों
लुका-छिपी क्यों करते हो बे
भटकते हो आवारा आसमान में
इधर से उधर निठल्लों की तरह
थोड़ा बरस तो जाओ
प्यासी धरती का गला तर करने के वास्ते, यार।"

दरअसल डॉ. कबीर मौसम की इस बेरहमी से हमारे भीतर उठ रही झुँझलाहट के माध्यम से पयार्वरण के प्रति हमारी निष्ठुरता को दिखलाने का प्रयास करते है जो भौतिक शास्त्र में वैज्ञानिक न्यूटन गति के तीसरे नियम में दर्ज़ करते हैं कि 'क्रिया के बराबर और विपरीत प्रतिक्रिया होती है' और जब प्रतिक्रिया यह है कि बादल भी हमें ठेंगा दिखा रहा हो तो किसान तो घुटन महसूस करेगा ही और इस तरह डेस्पिरेट स्थिति अब दिखने भी लगी है जिसका सजीव चित्रण इस कविता में दर्ज़ है।

डॉ. उषा नायर 'पारिस्थितिक संकट और रचनाकार' *(वाणी प्रकाशन, भूमिका, 2019)* नामक पुस्तक के भूमिका में लिखती हैं, "मनुष्य जाति का भविष्य धरती के साथ उसके व्यवहार पर निर्भर करता है। भोगवादी सभ्यता से जनयुद्ध, प्रदूषण और ग़रीबी की परिस्थितियों के प्रति तो हमारे प्रबुद्ध विचारकों ने हमें पिछली शताब्दी में ही आगाह कर दिया था। हम इस सच्चाई से रु–ब–रु हो चुके हैं कि भोगवादी संस्कृति की आवश्यकताओं की पूर्ति के लिए मनुष्य जल और ज़मीन के प्रति कसाइयों जैसा व्यवहार कर रहा है।" बावजूद इसके हृदय से कवि, कार्य से प्रशासनिक अधिकारी

और पीढ़ियों से किसान और आज एक नदी बचाओ आन्दोलन के व्यावहारिक सिपाही डॉ. राकेश पटेल, हिन्दी साहित्य के उन कवियों से बिल्कुल जुदा हैं जो केवल कवि कर्म करता है और उसके मन में, उसके लेखनी तक जल, जंगल और ज़मीन सीमित है। डॉ. राकेश पटेल एक आन्दोलनकारी भी हैं जो अपनी विचारधारा को मूर्त रूप देने के लिए प्रयासरत दिखते हैं। विलुप्त हो चुकी महानदी 'स्याही' जो बिहार के गोपालगंज से लेकर उत्तर प्रदेश के भाटपारानी के 150 ग्राम पंचायतों से होकर गुज़रती है, वह अब सूख चुकी है परिणामस्वरूप इन इलाकों में भूमिगत जलस्तर नीचे हो चला है। कवि डॉ. कबीर ने इस नदी को पुनर्जीवित करने के लिए एक अभियान छेड़ रखा है जिसमें उन्होंने जन भागीदारी का सहारा लिया है और प्रशासनिक स्तर पर मनरेगा के अन्तर्गत इसको संचालित कर रहे हैं। तभी तो 'चम्पारण की नदियाँ' (लेखक—डॉ. देवी लाल यादव) की पुस्तक की भूमिका में आलोचक प्रो सतीश राय 'अनजान' लिखते हैं, "नदी प्रारम्भ से ही रचनाशील मानस को संवाद के लिए आमन्त्रित करती रही है। नदी स्वयं रचनाशीलता का पर्याय है।'' नदियों के प्रति डॉ. राकेश कबीर की संवदेना को महसूस किया जा सकता है जब वे लिखते हैं :

"कुँवरवर्ती बहती तो आज भी है
अपनी कृशकाय धार लिये
लेकिन जो सम्मान
बुद्ध ने उसे दिया था
इस नदी के जन्म स्थल पर
उससे वंचित-उपेक्षित होकर
उदासमना प्रवाह के साथ
विलुप्त होती हुई सी
आज भी बहती है कुँवरवर्ती।'' **(कुँवरवर्ती कैसे बहे—पृ. 32)**

तभी तो आलोचक ए अरविन्दाक्षन ने 'जल और ज़मीन की बिम्बात्मकता बनाम साहित्य की पारदर्शी संवेदना' नामक आलेख में

लिखते हैं कि हर देश का इतिहास हमें बता रहा है कि साम न्तवादी युग से लेकर जल और ज़मीन पर क़ब्ज़ा करने की कुत्सित चेष्टा हो रही है, कभी ख़त्म नहीं हुई है। पूँजीवादी संस्कृति में भी इसकी निरन्तरता बनी रही और आज भी यह बरकरार है।" वांचो भाषा उत्तरी अरुणाचल के लोगों की भाषा है जो तिब्बत तथा बर्मीज भाषाई लोगों के मिलने से बनी है। इस भाषा मे (Wanchus of Arunachal) एक गीत है जिसका ज़िक्र सांगधर बराल (Sarangadhar Baral) ने अपने एक आलेख–'Selected Oral Poetry of North-East India and the Ecological Space' में किया है :

While the Yakshini River overflows
With the current come the fish in shoals

When the water dries up
No fish no current is seen

After the marriage
When I be gone
All will fade away.

(Wanchit folk song; author's translation, "Emerging Literature from Northeast India : The Dynamics of culture Society and Identity", edited by Margret Ch. Zama, SAGE, 2013, p. 86)

अपने जल, जंगल, ज़मीन और इकोलॉजी के प्रति जो लगाव और सोच हमारे आदिम जातियों में है उनकी चिन्ता को बरकरार करना चाहते हैं कवि राकेश कबीर। 'सूखती नदियाँ' शीर्षक कविता कैसे उन 'वानचुक आदिमों' की चिन्ता से जुड़ती है उस भावना को यहाँ देखा जा सकता है :

पहली बार सूख गयी है सई नदी
दूर तक उड़ता है रेत का बवण्डर
फागुन की गर्म तेज़ बयार से
सरपट दौड़ता है बच्चों का झुण्ड

नदी के आर-पार बेरोक-टोक
सीना ताने टीले से नज़र बचाकर
गलबहियाँ करने को सिसकती हैं
दोनों तरफ़ बिछड़ती धार

ऐसे में बेबस मन सोचता है
क्यों नहीं मचती है उथल-पुथल
धरती के सीने में अब
क्यों नहीं टकराती हैं परतें परतों से
झीलों ने साध रखी है क्यों चुप्पी
उनके आँगन से क्यों नहीं फूटती है धार
फिर से गोमती, सई, वरुणा की!

कबीर की काव्यात्म दृष्टि पर प्रकाश डालते हुए सुप्रसिद्ध साहित्यकार शिवमूर्ति कहते हैं कि ''डॉ. राकेश कबीर में दृष्टि है, सरोकार और साहस भी। राकेश अपनी अभिव्यक्ति में सरल हैं, वे जो कहना चाहते हैं और जैसा कहना चाहते हैं समझ में आता है। उनकी कविताओं में गाँव, नदियों, पहाड़ों को देखने की एक सर्वथा नवीन दृष्टि है। उनके शब्दों में प्रतिकूल परिस्थितियों के विरुद्ध अड़कर खड़ा होने का विश्वास है।'' डॉ. आनन्द कुमार पटेल 'आदिवासी संवेदना और पीटर पॉल एक्का के उपन्यास' नामक शोध पुस्तक में आदिवासी कवि निर्मला पुतुल की कविता जिसमें आधुनिक विकास के ढाँचे पर सवाल उठाया गया है :

अगर हमारे विकास का मतलब
हमारी बस्तियों को उजाड़ कर कल-कारख़ाने बनाना है
तालाबों को भोथकर राज मार्ग
जंगलों का सफाया कर ऑफ़िसर्स कॉलोनी बसानी है
और पुनर्वास के नाम पर हमें
हमारे ही शहर की सीमा के बाहर हाशिये पर धकेलना है

तो तुम्हारे तथाकथित विकास की मुख्य धारा में शामिल होने के लिए
सौ बार सोचना पड़ेगा हमें। **(आदिवासी साहित्य विमर्श, पृ. 175)**

'आदिवासी विमर्श और हिन्दी साहित्य' में कुमार वीरेन्द्र (पेसिफिक पब्लिकेशन, दिल्ली, 2013, पृ. 167) लिखते हैं–"विकास के लिए स्थायित्व तो एक आवश्यक कारक है चाहे वह विकास व्यक्ति का हो या समाज का हो या किसी संस्कृति का। स्थायित्व का मतलब जड़ता नहीं है बल्कि पलायन, विस्थापन एवं भटकाव न होना है। एक ऐसा सार्थक स्थायित्व जहाँ कोई व्यक्ति अपना घर बसा सके, एक परिवार–समाज बसा सके और कोई समाज अपनी संस्कृति की नींव एवं बुनियाद मज़बूत कर सके। अगर स्थायित्व नहीं है और पलायन, विस्थापन एवं भटकाव जारी है तो उसके विकास की परिकल्पना बेमानी है।" कवि राकेश की संवेदना इस व्यक्तव्य से और पुतुल की व्यथा से सहसा जुड़ती हुई नज़र आती है जब हम उनकी कविता 'विकास तुम ना आना' पढ़ते हैं :

तुम आओगे तो बंजर हो जायेगी
हमारे पुरखों की हरी भरी धरती
तुम आओगे तो वीरान हो जायेंगे
हमारे पहरेदार हरे भरे जंगल

तुम आओगे तो गन्दी हो जाएँगी
अविरल कल-कल करतीं नदियाँ
तुम आओगे तो टूटकर बिखर जाएँगे
गर्व से तनकर खड़े ये इतराते पहाड़

तुम आओगे तो ज़हरीली हो जायेंगी
मन्द-मन्द बहती ये चंचल हवाएँ
तुम आओगे तो सुनसान हो जायेगा आसमान
बादलों की रिमझिल हमसे रूठ जायेगी
तुम आओगे तो बेघर हो जायेंगे
तमाम निर्दोष आज़ादख़याल चिरई-चूरूमन

विकास तुम बिल्कुल न आना
हम तुम्हारे आतंक से भयाक्रान्त हैं।

सच में, 'गाँव के लोग' पत्रिका सम्पादक रामजी यादव ने उनकी कविताओं पर लिखा है कि "प्रकृति और नदियों के इस विनाश की जड़ों को राकेश उस सर्वग्राही विकास में देखते हैं जिसमें मुनाफ़े के अलावा कोई मूल्य नहीं है। सब कुछ मुनाफ़े की भेंट चढ़ गया है। प्रकृति मनुष्य समाज और राजनीति अब मुनाफ़े के समानान्तर यदि अपना मूल्य बचा लेने में सक्षम है तो ठीक है वरना वह ग़ैर ज़रूरी है इसलिए नदियाँ परनालों में बदल गयीं। बाकी सबकी कथा छिपी कहां है! राकेश अपने समय के अनुसार भी सवालों से भिड़ते हैं जो मानव जीवन और उसके भविष्य, लोकतन्त्र, आजादी और मानव अधिकारों के सामने खड़ा है।"

डॉ. राकेश कबीर की पहली कृति 'नदियाँ बहती रहेंगी' (2018) में आयी। कवि ने पुस्तक की शुरुआत में ही अपनी चिन्ता से सबको अवगत करा दिया है। कवि एक छोटी नदी 'सरायन' की दुर्दशा पर अवसाद से भर जाता है। इस कविता की पंक्तियाँ समस्त मानव समाज को जागृत करने के लिए पर्याप्त हैं कि कैसे मानव ने जिस नदी घाटी सभ्यता से जीवन पाया आज उसी नदी को मारने में लगा है :

अरी सरायन!
मेरी प्यारी नन्ही-सी नदी
वर्षों बाद देखा आज फिर
और दिल भर आया

....

शहर वालों ने उड़ेल दिया है
सारी गन्दगी और ज़हर तुझमें

उपरोक्त कविता में कवि उस प्रकार से चिन्तित है जैसा कि टी.एस. इलियट ने अपनी लम्बी कविता 'The Waste Land' में

Thames नदी के प्रदूषित होने पर चिन्ता ज़ाहिर करते हुए कड़े शब्दों में लिखा :

"The river sweats
Oil and tar
The barges drift
With the turning tide
Red sails
Wide
To leeward, swing on the heavy spar-
The barges wash
Drifting logs
Down Greenwich reach
Past the Isle of DogS..."

'वोल्गा से गंगा' नामक पुस्तक में राहुल सांकृत्यायन ने 'सुरैया' नामक अध्याय (16) में वर्षा का नदी रूप लेने का अद्‌भुत तस्वीर प्रस्तुत करते हैं, "वर्षा के मटमैले पानी की धार चारों ओर फैली दिखलाई पड़ रही थी। पानी समतल भूमि पर धीरे–धीरे फैलता, ढलुआँ ज़मीन पर दौड़ता और नालों–नदियों में खेलती पहाड़ी नदियों के विस्तृत जल का रूप धारण कर रहा था। वृक्षों ने मानो वर्षा को अब भी रोक रखा था, उनसे बड़ी–बड़ी बूँदें अब भी टपाटप गिर रही थीं। वैसे वर्षा अब फुहारों की शकल में परिणत हो गयी थी (पृ. 255)। कवि राकेश कबीर नदियों और जल स्रोतों के प्रदूषण और अतिक्रमण को ही नहीं देखते बल्कि वे भी हिमालय की गोद में बसे रमणीक स्थल डलहौजी और खजियार में अपने जून, 2017 के भ्रमण के दौरान बादल बनने और बरसने की प्रक्रिया को बहुत प्रेम से निहारते हैं और शब्दबद्ध भी करते हैं। बरसात कुछ ग़रीबों, बेघरों के लिए बेशक मुश्किलें भी लाती है लेकिन आमजन प्रकृति के सान्निध्य में रहकर नन्हकू की तरह जीवन का आनन्द लेना जानता है। वे राहुल जी की तरह पानी की ख़ूबसूरती को निहारते ही नहीं हैं बल्कि 'सावन' नामक कविता में पानी बरसता देख लहालोट हो

जाते हैं और अपने नायक के माध्यम से उस ख़ुशी का इज़हार भी करते हैं :

सूरज के कहर से
गर्म होकर धरती पसीज गयी
और हवाओं की गर्म साँसें
आसमाँ से टकरा गयीं
...
सावन गद्‌गद होकर अनायास
हरा-भरा हो उठा और
छप्पर के छेदों ने
नन्हकू की झोंपड़ी को
सराबोर कर दिया
उसने चिलम सुलगाई और
सारे गीलेपन को धुएँ में उड़ा दिया

कवि और आलोचक सन्तोष पटेल, डॉ. राकेश कबीर की पानी और नदी से जुडी कविताओं के बारे में उपर्युक्त विवेचन करते हुए उन्हें हिन्दी साहित्य के 'हावियर हिरॉव' (Jeveir Heraud) की उपाधि से नवाजते हैं।

10
पानी, कामायनी और महाप्रलय

विभिन्न प्रकार के प्रदूषण के कारण धरती का औसत तापमान बढ़ता जा रहा है। इस तापमान वृद्धि का तात्पर्य पृथ्वी के वायुमण्डल और महासागर के औसत तापमान में 20वीं शताब्दीं से हो रही वृद्धि और उसकी अनुमानित निरन्तरता है। वैज्ञानिकों ने इसका मुख्य कारण मनुष्य द्वारा निर्मित और उत्सर्जित ग्रीन हाउस गैसों को माना है। सारे संसार के तापमान में होने वाली इस वृद्धि से समुद्र के स्तर में वृद्धि, मौसम–चक्र का अनियमित होना चरम मौसम (extreme weather) में वृद्धि तथा वर्षा की मात्रा और सघनता में अनेक बदलाव सम्भावित हैं। ग्लोबल वार्मिंग के अन्य प्रभावों में कृषि उपज में परिवर्तन, ग्लेशियरों का तेज़ी से समाप्त होना, ध्रुवीय क्षेत्रों में बर्फ़ की परतों का पिघलना और अनेक प्रजातियों के विलुप्त होने का ख़तरा आदि शामिल हैं। ग्लोबल वार्मिंग के आसन्न ख़तरों को देखते हुए जापान के क्योटो शहर में एक अन्तर्राष्ट्रीय सम्मलेन करके 'क्योटो प्रोटोकॉल' नाम से एक अन्तर्राष्ट्रीय सन्धि की गयी जो इसमें शामिल देशों को ग्रीन हाउस गैसों के उत्सर्जन को कम करने के लिए प्रतिबद्ध करती है। क्योटो प्रोटोकॉल को 11 दिसम्बर, 1997 को अपनाया गया था और 16 फ़रवरी, 2005 को लागू हुआ था। वर्तमान में 192 पार्टियाँ इस प्रोटोकॉल में सम्मिलित हैं।

पृथ्वी की उत्पत्ति एवं विकास के सम्बन्ध में अनेक सिद्धान्त प्रतिपादित किये गये हैं। प्रलयवादी सिद्धान्त उनमें से एक है जो कि एक मिथकीय कथा पर आधारित है। इस सिद्धान्त की मान्यता है कि एक निश्चित समयान्तराल के उपरान्त प्रलय आता है और जलप्लावन के कारण पृथ्वी से जीवन का अन्त हो जाता है। वास्तविकता में ग्लोबल वार्मिंग के कारण समुद्रों के जल का स्तर निरन्तर बढ़ रहा है जिसके कारण कई समुद्र तटीय शहरों और द्विपीय देशों का अस्तित्व ख़तरे में पड़ गया है। यदि हम जलवायु परिवर्तनों के प्रति सजग नहीं हुए तो महाप्रलय को रोका नहीं जा सकता। इस मिथक के अनुसार महाप्रलय के परिणामस्वरूप सृष्टि के अन्त के बाद केवल 'मनु' ही जीवित बचते हैं और उनके द्वारा पुनः सृष्टि की रचना होती है। इसी परिकल्पना, सिद्धान्त या मिथ को आधार बनाकर प्रख्यात छायावादी कवि जयशंकर प्रसाद ने 'कामायनी' नामक महाकाव्य की रचना की थी। कामायनी की आरम्भिक पक्तियाँ ही जलप्लावन की भयावहता को चित्रित करती है :

"हिमगिरि के उत्तुंग शिखर पर, बैठ शिला की शीतल छाँह,
एक पुरुष, भीगे नयनों से, देख रहा था प्रलाह प्रवाह।
नीचे जल था, ऊपर हिम था, एक तरल था, एक सघन,
एक तत्त्व की ही प्रधानता कहो उसे जड़ या चेतन।।" **(चिन्ता सर्ग से)**

सुरा–सुन्दरी के भोग–विलास में डूबी अतिभोगवादी देव–संस्कृति ही सृष्टि के विनाश का कारण बनी। मनु इस अतीत के बारे में सोचते हुए कहते हैं–

"स्वयं देव थे हम सब, तो फिर क्यों न विशृंखल होती सृष्टि।
अरे अचानक हुई इसी से कड़ी आपदाओं की वृष्टि।।" **(चिन्ता सर्ग से)**

कवि जयशंकर प्रसाद ने अपनी स्थापना में मानवीय संस्कृति को देव संस्कृति की तुलना में अधिक सार्थक, सर्जक एवं नश्वर बताया है। प्रसिद्ध समीक्षक डॉ. रामस्वरूप चतुर्वेदी ने लिखा है, "मनुष्य की यह नश्वरता उसकी सर्जन–शक्ति को चुनौती देकर विकसित करती है और उसे प्रेम करने की शक्ति प्रदान करती है जो विलासी

देव–सृष्टि में नहीं थी।" अन्धाधुन्ध उपभोग के चरम पर पहुँचकर आज सारी दुनिया कोविड 19 वायरस के प्रकोप से दो महीने से घरों में बन्द है। दो लाख से ज़्यादा लोग अप्रैल तक मारे जा चुके हैं। कहा जाता है कि यह वायरस चीन के वुहान शहर से चमगादड़ों को खाने से मानव में संक्रमण के द्वारा फैला है।

सृष्टि के उद्भव एवं विकास की उपर्युक्त व्याख्या मिथकीय हो या सत्य, जयशंकर प्रसाद ने कामायनी महाकाव्य के माध्यम से सृष्टि के विनाश का कारण अतिभोगवाद को बताया था। ऐसी सभ्यता जिसमें भोग–विलास के सभी साधन सहज सुलभ हो और उन्हें प्राप्त करने की होड़ लगी हो। मनुष्य के सृजन व चिन्तन की क्षमता धीरे–धीरे समाप्त होने लगती है और वह ऐसे क्रिया–कलापों में व्यस्त होने लगता है जो उसे विनाश की ओर ले जाती है। आज अत्यधिक सुख–सुविधाओं को जुटाने के चक्कर में हम अपनी सदय प्रकृति के अमूल्य उपहारों जल, वायु, वन, मृदा की उपलब्धता एवं शुद्धता को मिटाते जा रहे हैं। यदि हम प्रकृति प्रदत्त जलस्रोतों के उपभोग और दुर्दशा पर विचार करें तो पायेंगे कि स्थिति अत्यन्त भयावह है।

हम लोग गाँवों एवं शहरों में स्थित तालाबों पर अवैध क़ब्ज़े कर एवं उनमें गन्दा जल एवं अपशिष्ट बहाकर उनका अस्तित्व समाप्त कर रहे हैं और उन्हें बुरी तरह प्रदूषित कर रहे हैं। नदियों में शहरों एवं उद्योगों का सारा प्रदूषित जल, मल एवं कचरा दिन–रात प्रवाहित कर उनकी जलराशि को विषैला बना रहे हैं। अनियन्त्रित जनसंख्या वृद्धि एवं अव्यवस्थित नगरीकरण एवं औद्योगीकरण नदियों के प्रदूषण के लिए प्रमुख रूप से ज़िम्मेदार हैं। पृथ्वी के दो तिहाई (2/3) भाग पर जल की उपलब्धता के कारण इसे 'नीला ग्रह' कहते हैं। ब्रह्माण्ड के इस अद्वितीय ग्रह के बारे में जीव विज्ञानी जान टॉड ने लिखा है, "अन्तरिक्ष की घोर अँधियारी में हमारा द्रव समान ग्रह एक कोमल नीलम की तरह चमक रहा है। इसके जैसा सौर मण्डल में और कुछ है भी नहीं। यह सब जल के कारण है।" इस अमूल्य ग्रह और उसकी नीली जलराशि को सँभालकर रखने का समय आ गया है।

यह सर्वमान्य तथ्य है कि जल के कारण ही हमारी पृथ्वी पर जीवन है। पृथ्वी पर उपलब्ध जल का 97 प्रतिशत समुद्रों में है जो इतना खारा है कि सिंचाई के काम भी नहीं आ सकता है। बाकी 03 प्रतिशत ताज़ा जल है, जिसमें से 2.977 प्रतिशत ध्रुवों की बर्फ़ में या हिमानियों के रूप में है। इस तरह पृथ्वी के कुल जल का केवल 0.003 प्रतिशत ही हमें मिट्‌टी की नमी, भू–जल वाष्प तथा झीलों, नदी–नालों और नम भूमियों के रूप में उपलब्ध है। प्रकृति प्रदत्त इस अत्यन्त दुर्लभ जल संसाधन का दूरदर्शितापूर्ण उपयोग एवं संरक्षण नितान्त आवश्यक है। पृथ्वी पर उपलब्ध इस ताज़ा जलराशि को मानवीय गतिविधियों से संकट उत्पन्न हो गया है। तमाम प्रकार की बीमारियों के कारक जीवाणु, विषाणु, सूक्ष्मजीवी जो घरेलू नालियों से तथा पशुओं और मानव के अशोधित अपशिष्ट के साथ जल में पहुँचते हैं, जल को प्रदूषित करते हैं। बड़े शहरों एवं औद्योगिक नगरों से निकलने वाला विषैला जल एवं कचरा अपशिष्ट न केवल नदियों को विषैला बना रहा है बल्कि उनके प्रवाह को रोककर गन्दे नालों में तब्दील कर रहा है। दिल्ली में यमुना नदी की स्थिति इसकी नजीर है। पतित पावनी, जीवनदायिनी गंगा नदी प्रदूषण की शिकार हो चुकी है। सदियों से प्रचलित मान्यताओं, परम्पराओं अन्धश्रद्धा एवं आस्था के बोझ तले दबी गंगा कराह रही है। पालिथीन, पशु व मानव शव, फूल–मालाएँ, मूर्तियाँ, मुण्डन के बाल, औद्योगिक कचरा, मल–मूत्र सब ढोना पड़ता है, जीवनदायिनी गंगे को। गंगा की गोद में लगने वाले मेले अपने पीछे कई क्विंटल कूड़ा एवं मल–मूत्र छोड़े जाते हैं, जो धीमे–धीमे गंगा का गला घोंट रहे हैं।

कामायनी में वर्णित अतिभोगवादी, प्रकृतिनाशी देव–संस्कृति जो कि सांसारिक सुख–सुविधाओं, सुरा–सुन्दरी एवं भौतिकवादी भोग–विलास में उलझकर मानवीय सृष्टि के विनाश का कारण बनी, आज प्राकृतिक संसाधनों के अदूरदर्शितापूर्ण उपभोग के कारण कुछ वैसी ही परिस्थितियाँ फिर उत्पन्न होने लगी हैं। बाढ़, चक्रवात, तूफान अनियन्त्रित–अनियमित मौसम चक्र बिगड़ते पर्यावरण की ओर

संकेत कर रहे हैं। ग्लोबल वार्मिंग से तेज़ी से पिघलते ग्लेशियरों व ध्रुवों की हिमराशि समुद्रों की सतह को निरन्तर बढ़ा रही है, जिससे मालदीव व फिलीपींस जैसे देशों के लिए ख़तरा उत्पन्न हो चुका है। अगर सृजनकारी, चिन्तनशील मानवीय सृष्टि सचेत न हुई तो, महाप्रलयकारी जलप्लावन निश्चित होगा, जो हमारी सम्पूर्ण सृष्टि को विनष्ट कर देगा और पता नहीं कोई मनु सृष्टि की पुनर्रचना के लिए शेष बचेगा या नहीं।

11
नदियों के मिथक

भूगोलवेत्ता, भू–आकृति वैज्ञानिक, जल विज्ञान के विद्वान् नदियों की उत्पत्ति, उनके बहाव मार्ग, जलप्रवाह इत्यादि के बारे कई सिद्धान्त और व्याख्याएँ प्रतिपादित किये हैं लेकिन भारतीय मिथकों, जनश्रुतियों, गल्पों में नदियों की उत्पत्ति और उनसे जुड़ी अनेक कहानियाँ प्रचलित हैं। मिथकों की समाजशास्त्रीय मानवशास्त्रीय और साहित्यिक परिभाषाएँ उनको समझने के लिए नीचे दी जा रही हैं :

मिथक

मिथक शब्द हिन्दी में अंग्रेज़ी के 'मिथ' शब्द के लिए प्रचलित है। अंग्रेज़ी में भी यह मूलतः यूनानी शब्द मायथोस (mythos) से आया है जिसका तात्पर्य ऐसे आख्यान से है, 'जिसमें कोई तर्क न हो'। प्रोफ़ेसर विद्यानिवास मिश्र ने मिथक के सम्बन्ध में अपना मत स्पष्ट करते हुए कहा है, "मिथक के बारे में एक ग़लत धारणा फैली हुई है कि यह कुछ मिथ्या से सम्बन्ध रखता है अर्थात इसमें वास्तविकता या यथार्थ का अंकन न होकर किसी काल्पनिक या अवास्तविक सत्ता या और ठीक–ठीक कहें तो सत्ताभास का मायाजाल खड़ा किया जाता है, जबकि ठीक इसके विपरीत देश और काल के चौखटे से बाहर ले जाकर किसी भी वास्तविकता की सनातन और काल–प्रवाही

डिजाइन (आकल्पना) प्रस्तुत करना ही मिथक का मुख्य उद्देश्य होता है"। डॉ. जगदीश प्रसाद श्रीवास्तव ने मिथक के बारे में लिखा है, "विचारकों का एक बहुत बड़ा वर्ग मिथक की प्रकृति को मूलतः अलौकिक तथा धार्मिक मानता रहा है। उसके अनुसार मिथक अति प्राकृत संसार की कथाएँ हैं; उनका परिवेश अलौकिक तथा धार्मिक होता है; उनमें प्रधानतया देवी–देवताओं के वृत्त होते हैं, जिनका धार्मिक महत्त्व होता है; वे आदिम युग के विश्वासों को अभिव्यक्त संवर्धित तथा संहिताबद्ध करते हैं, साथ ही नैतिकता को सुरक्षित रखते हुए कर्मकाण्ड और व्यावहारिक नियमों का प्रवर्तन करते हैं; उनमें किसी देवी–देवता अथवा परा–प्राकृत सत्ता का विवरण होता है और उसके उच्चारणकर्ता उनमें धार्मिक आस्था रखते हैं।"

प्रख्यात मानवशास्त्री क्लौड लेवी स्ट्रास ने दुनिया भर में प्रचलित मिथकों का बृहद अध्ययन किया और पाया कि मिथकों के अध्ययन में बहुत विरोधाभास हैं। एक तरफ़ मिथकीय कहानियाँ बहुत रोचक, विलक्षण और अप्रत्याशित होती हैं जो कि अव्यवस्थित या बेतरतीब होती हैं जबकि दूसरी तरफ़ विभिन्न संस्कृतियों के मिथकों के बीच आश्चर्यजनक रूप से समानताएँ पायी जाती हैं। लेवी स्ट्रास इस निष्कर्ष पर पहुँचते हैं कि दुनिया की विभिन्न संस्कृतियों के मिथकीय विचारधाराओं के लिए सार्वभौमिक नियम बनाकर उनके बीच के विरोधाभासों को हल किया जा सकता है। प्रत्येक मिथक कुछ अलग–अनोखा सा प्रतीत होता है लेकिन वास्तव में वह मानवीय सोच के सार्वभौमिक नियम का एक उदाहरण मात्र होता है। स्ट्रास का मानना है कि जानवरों से जुड़े मिथक हमें सामूहिक समस्याओं के समाधान का अवसर उपलब्ध कराते हैं।

ऑक्सफोर्ड डिक्शनरी ऑफ़ सोशियोलॉजी में जॉन स्कॉट व गार्डन मार्शल (2009 : 496) मिथक को इन शब्दों में परिभाषित करते हैं—"myth is a sacred or religious tale whose content is concerned with the origins or creation of natural, supernatural or cultural phenomena. The anthropological meaning differs from that which implies an untruth. Myths have been studied as fractured sources of 'oral history' as clues to the society's dominant values, as a 'social charter' and for their universal structures".

निश्चित रूप से मिथकों के प्रति लोगों का धार्मिक और भावनात्मक जुड़ाव होता है। प्राकृतिक और अतिप्राकृतिक शक्तियों से सम्पन्न ये शक्तियाँ प्रत्येक संस्कृति का हिस्सा होती हैं। मिथकीय कहानियाँ मौखिक रूप से पीढ़ी दर पीढ़ी स्थानान्तरित होती रहती हैं और सामजिक सीख, प्रेरणा और सामाजिक नियन्त्रण का कार्य करती रहती हैं। भारत देश में बहने वाली नदियों के प्रणाली को प्रमुख रूप से चार भागों में वर्गीकृत किया जा सकता हैं–

1. हिमालय से निकलने वाली नदियाँ
2. दक्षिण प्रायद्वीप की नदियाँ
3. तटवर्ती नदियाँ
4. अन्तर्देशीय नालों से द्रोणी क्षेत्र की नदियाँ

उत्तरी भारत में सिन्धु, मध्य भारत में गंगा, उत्तर–पूर्व भारत में ब्रह्मपुत्र तथा प्रायद्वीपीय भारत में नर्मदा कावेरी महानदी आदि नदियाँ विस्तृत नदी प्रणाली का निर्माण करती हैं।

देश की अधिकांश नदियों को उनकी स्थिति, व्यवहार एवं पौराणिक किंवदन्तियों के आधार पर उनके मूल नामों के साथ–साथ अन्य पौराणिक एवं वैकल्पिक नामों से भी जाना जाता है। इसके अतिरिक्त देश की अनेक नदियों के नाम भौतिक विशिष्टताओं, रंग, स्थलाकृति आदि से भी सम्बद्ध हैं। इस अध्याय में हम लोग भारतवर्ष की छोटी–बड़ी नदियों से जुड़ी कहानियों का विवरण प्रस्तुत करेंगे जिसमें स्थानीय लोककथाओं, पौराणिक मिथकों का आधार लिया गया है। हरिकृष्ण देवसरे की किताब 'अथ नदी कथा' (2012) एवं पुष्पेन्द्र कुमार अग्रवाल तथा शरदकुमार जैन (2019) के एक शोधपरक लेख से देश की विभिन्न नदियों के नामकरण के वृत्तान्त लिये गये हैं जो निम्न प्रकार हैं :

गंगा नदी भारतवर्ष की सर्वाधिक पवित्र नदियों में से एक है। हिन्दुओं में गंगा नदी देवी के समान पूज्यनीय है तथा इसे लोग गंगा माँ के नाम से पुकारते हैं। भारतवर्ष में गंगा शब्द को शुद्ध जल का पर्याय माना जाता है। गंगा नदी की उत्पत्ति के सम्बन्ध में अनेक पौराणिक कथाएँ प्रचलित हैं। जिनके आधार पर गंगा नदी को विष्णुपदी, भागीरथी, पाताल गंगा, जाह्नवी, मन्दाकिनी, देवनदी, सुरसरी, त्रिपथगा इत्यादि विभिन्न नामों से जाना जाता है। पुराणों के अनुसार गंगा नदी की उत्पत्ति भगवान विष्णु के चरणों से उत्पन्न पसीने से हुई है। इस कथा के अनुसार भगवान् विष्णु के चरणों से उत्पन्न पसीने को ब्रह्माजी ने अपने कमण्डल में भर लिया तथा इस एकत्रित जल से गंगा की उत्पत्ति की। जिसके कारण इसे विष्णुपदी के नाम से जाना जाता है। एक अन्य पौराणिक कथा के अनुसार राजा भगीरथ के पूर्वज राजा सागर के साठ हज़ार पुत्र कपिल मुनि के श्राप से भस्म हो गये थे। जिनके उद्धार हेतु राजा भगीरथ ने कठोर तप कर ब्रह्माजी को प्रसन्न किया। राजा भगीरथ के तप के परिणामस्वरूप ब्रह्माजी ने राजा सगर के पुत्रों के उद्धार हेतु गंगा को पृथ्वी पर अवतरित होने की अनुमति प्रदान की। राजा भगीरथ के द्वारा पृथ्वी पर गंगा को लाने के कारण इसे भगीरथी के नाम से जाना जाता है।

राजा भागीरथ के द्वारा गंगा के उद्गम के सम्बन्ध में पौराणिक कथाओं के अनुसार यह कहा जाता है कि जब गंगा भगीरथ के प्रयासों से पृथ्वी पर अवतरित हुई तो उनके तीव्र वेग से ऋषि जाह्नु की तपस्या में विघ्न उत्पन्न हुआ। ऋषि जाह्नु ने क्रोध में गंगा के सम्पूर्ण जल को पी लिया। बाद में देवताओं की प्रार्थना पर इस नदी को अपने कर्ण मार्ग से मुक्त कर दिया अतः गंगा नदी को ऋषि जाह्नु की पुत्री जाह्नवी के नाम से भी जाना जाता है। महाभारत में गंगा नदी को अर्जुन द्वारा भू–जल से उद्गमित करने का वृत्तान्त भी मिलता है। यह वर्णित किया गया है कि मृत्युशैया पर लेटे भीष्म पितामह की आज्ञा से अर्जुन ने तीर द्वारा भू–जल को पृथ्वी पर

लाकर उनकी प्यास बुझायी। इस तरह गंगा भू–जल से पृथ्वी पर अवतरित हुई, जिसके कारण गंगा को पातालगंगा के नाम से भी जाना जाता है। ऋग्वेद में गंगा को पर्वतराज हिमालय की पुत्री के रूप में वर्णित किया गया है। महाभारत के अनुसार गंगा को राजा शान्तनु की पत्नी तथा भीष्म पितामह की माता के रूप में जाना जाता है। गंगा नदी का उद्गम उत्तराखण्ड के गंगोत्री हिमनद के देवनज (गोमुख) से माना जाता है। अलकनन्दा तथा भागीरथी धाराओं के देवप्रयाग में संगम के बाद इसे गंगा नदी के नाम से जाना जाता है।

अलकनन्दा एवं भागीरथी नदी : उत्तराखण्ड के चार धामों में गंगा की कई धाराएँ उद्गमित होती हैं। गंगोत्री से उद्गमित होने वाली गंगा की धारा को भागीरथी, केदारनाथ से उद्गमित होने वाली धारा को मन्दाकिनी और बद्रीनाथ से उद्गमित होने वाली धारा को अलकनन्दा के नाम से जाना जाता है। अलकनन्दा नदी का पौराणिक नाम विष्णुगंगा है। देवप्रयाग में अलकनन्दा और भागीरथी से संगम के बाद ये दोनों नदियाँ गंगा के नाम से जानी जाती हैं। उत्तराखण्ड के गढ़वाल क्षेत्र में भागीरथी एवं अलकनन्दा नदियों को क्रमशः सास–बहू के रूप में जाना जाता है। अपने कोलाहल भरे प्रवाह के कारण भागीरथी नदी सास एवं अलकनन्दा नदी बहू के रूप में प्रसिद्ध हैं। अपने उद्गम से भागीरथी के संगम तक अलकनन्दा नदी में पाँच विभिन्न नदियाँ मिलती हैं जिसके कारण उत्तराखण्ड में इस क्षेत्र को पंच प्रयाग कहा जाता है। प्रयाग उस स्थल को कहते है जहाँ दो नदियों का संगम होता है। उत्तराखण्ड के पंच प्रयाग क्षेत्र में अलकनन्दा नदी में विभिन्न स्थलों पर क्रमशः विष्णुगंगा, नंदाकिनी, पिण्डर, मन्दाकिनी एवं भागीरथी नदियों का संगम होता है। इन स्थलों को क्रमशः विष्णुप्रयाग, नन्दप्रयाग, कर्णप्रयाग, रुद्रप्रयाग एवं देवप्रयाग के नाम से जाना जाता है। अलकनन्दा नदी का उद्गम सतोपन्थ हिमनद है।

यमुना नदी : यह भारत की पवित्र नदियों में से एक है। पुराणों में यमुना नदी के नाम देवियों के नाम पर ऐशिता, आशिता, असीता,

भानुजा, सूर्यतनया, तरानिजा आदि वर्णित किये गये हैं। इस नदी का उद्गम उत्तराखण्ड के यमुनोत्री नामक स्थान से हुआ है जो उत्तराखण्ड के चार धामों में से एक है। कालिन्दी पर्वत से उद्गमित होने तथा नदी के जल का रंग काला होने के कारण कादम्बरी में इस नदी को कालिन्दी नदी के नाम से भी वर्णित किया गया है। यमुना नदी, गंगा की प्रमुख सहायक नदी है। पुराणों में इसे गंगा की छोटी भगिनी के रूप में वर्णित किया गया है। यमुना नदी को सूर्य एवं छाया की पुत्री एवं मृत्यु के देव यम की छोटी बहन के रूप में भी वर्णित किया गया है। यह कहा गया है कि सूर्य की पत्नी छाया के श्यामल वर्ण के कारण यमुना एवं उनके अग्रज यमराज का रंग भी श्यामल है। यमुना नदी को यमराज से यह वरदान प्राप्त है कि भाई दूज के दिन जो व्यक्ति यमुना में स्नान करेगा उसके ऊपर से अकाल मृत्यु का संकट दूर हो जाता है। एक अन्य पौराणिक कथा के अनुसार यमुना को भगवान श्रीकृष्ण की पत्नी माना जाता है। इस सम्बन्ध में सुखसागर में वर्णन मिलता है, कि जब श्रीकृष्ण जन्म के समय वासुदेव कृष्ण को लेकर गोकुल जा रहे थे, तो यमुना अपने रौद्र रूप में थी, परन्तु श्रीकृष्ण के चरण स्पर्श कर वह शान्त हो गयी और सामान्य रूप में प्रवाहित होने लगी। जहाँ भगवान श्रीकृष्ण ब्रज संस्कृति के जनक कहे जाते हैं, वहाँ यमुना इसकी जननी मानी जाती है। पौराणिक कथाओं के अनुसार मथुरा नगरी के निकट कालिया नामक एक विशाल नाग यमुना नदी में अपने परिवार के साथ रहता था, जिसके कारण नदी का जल विषैला हो गया था। तब भगवान् श्रीकृष्ण ने यमुना में घुसकर कालिया मन्थन कर इस नाग को यमुना छोड़कर समुद्र में जाने पर विवश कर दिया था। इस प्रकार यमुना नदी को सच्चे अर्थों में ब्रजवासियों की माता माना जाता है। ब्रज क्षेत्र में इसे यमुना मैया कहते हैं।

सरस्वती नदी : ऋग्वेद में सरस्वती नदी का वर्णन अन्नवती तथा उदकवती के रूप में हुआ है। सरस्वती नदी को मानवीकृत रूप में देवी सरस्वती का स्वरूप माना जाता है। हिन्दू पौराणिक ग्रन्थों के

अनुसार सरस्वती नदी को भगवान नारायण की पत्नी माना गया है, जो श्राप के कारण पृथ्वी पर अवतरित हुई। यह कहा जाता है कि सरस्वती नदी स्वर्ग में बहने वाली दूधिया नदी है, जिसके पृथ्वी पर अवतरित होने के पश्चात् यह नदी मानव के लिए मृत्यु के पश्चात् मोक्ष पाने का एक माध्यम है। ऋग्वेद के नदी सूत्र के एक मन्त्र में सरस्वती नदी को यमुना के पूर्व और सतलुज के पश्चिम में बहती हुई बताया गया है। उत्तर वैदिक ग्रन्थों, जैसे ताण्डय और जैमिनीय ब्राह्मण में सरस्वती नदी को मरुस्थल में सूखा हुआ वर्णित किया गया है, महाभारत में भी सरस्वती नदी के मरुस्थल में श्विनाशनश् नामक जगह पर विलुप्त होने का वर्णन मिलता है। महाभारत में सरस्वती नदी के प्लक्षवती नदी, वेदस्मृति, वेदवती आदि कई नाम हैं। महाभारत, वायुपुराण आदि में सरस्वती के विभिन्न पुत्रों के नाम और उनसे जुड़े मिथक प्राप्त होते हैं। महाभारत के शल्य–पर्व, शान्ति–पर्व, या वायुपुराण में सरस्वती नदी और दधीचि ऋषि के पुत्र सम्बन्धी मिथक मिलते हैं।

संस्कृत महाकवि बाणभट्ट के ग्रन्थ हर्षचरित में दिये गये वर्णन के अनुसार एक बार बारह वर्ष तक वर्षा न होने के कारण ऋषिगण सरस्वती का क्षेत्र त्यागकर अन्यत्र पलायन कर गये, परन्तु माता के आदेश पर सरस्वती–पुत्र, सारस्वतेय वहाँ से कहीं नहीं गये। अनुकूल वातावरण होने पर जब ऋषिगण लौटे तो वे सब वेद आदि भूल चुके थे। उनके आग्रह को स्वीकार करते हुए सारस्वतेय ने उन्हें शिष्य रूप में स्वीकार किया और पुनः श्रुतियों का पाठ कराया। अश्वघोष ने अपने बुद्धचरित में भी इसी कथा का वर्णन किया है। यह कहा जाता है कि सरस्वती नदी प्राचीन काल में सदानीरा थी और इसके किनारे प्रचुर मात्रा में अन्न उत्पन्न होता था। यह नदी पंजाब में सिरमूर राज्य के पर्वतीय भाग से निकलकर अम्बाला तथा कुरुक्षेत्र होती हुई करनाल ज़िला और पटियाला जिले में प्रविष्ट होकर सिरसा ज़िले की दृशद्वती (कांगार) नदी में मिल गयी थी। ऐसा कहा जाता है कि प्रयाग के निकट तक आकर यह गंगा तथा यमुना में मिलकर त्रिवेणी

बन गयी थी। कालान्तर में यह इन सब स्थानों से तिरोहित हो गयी, फिर भी लोगों की मान्यता है कि प्रयाग में वह अब भी अन्तःसलिला होकर बहती है। मनुसंहिता से स्पष्ट है कि सरस्वती और दृषद्वती के बीच का भू–भाग ही ब्रह्मावर्त कहलाता था। इस नदी को घघ्घर, रक्षी, चित्तग नामों से भी जाना जाता है।

रामगंगा : रामगंगा गंगा की सहायक नदी है। स्कन्दपुराण के मानसखण्ड में रामगंगा नदी का उल्लेख रथवाहिनी के नाम से हुआ है। इसके रहस्य व महत्त्व सारगर्भित पाये जाते हैं। उनमें से एक तथ्य, मानसखण्ड के उल्लेखानुसार द्रोणागिरि यानी दूनागिरि के दो श्रृंगों ब्रह्मपर्वत व लोध्र पर्वत (भटकोट) के मध्य से रथवाहिनी नदी का उद्‌गम हुआ है। इन्हीं पौराणिक ग्रन्थों में लोध्र पर्वत शिखर (भटकोट) को जमदाग्नि ऋषि (परशुराम) की तपोभूमि बताया गया है। इसी कारण परशुराम के नाम पर ही इसका नाम रथवाहिनी पड़ा, जो बाद में परिवर्तित होकर रामगंगा हो गया। उत्तराखण्ड के हिमालयी पर्वत श्रृंखलाओं के कुमाऊँ मण्डल के अन्तर्गत अल्मोड़ा ज़िले के दूनागिरी (पौराणिक नाम द्रोणगिरी) से इस नदी का उद्‌गम होता है। रामगंगा नदी अपने उद्‌गम के पश्चात् पहाड़ी तथा मैदानी क्षेत्रों की यात्रा करने के पश्चात् कन्नौज के निकट गंगा नदी में मिल जाती है। रामगंगा नदी पर कालागढ़ नामक स्थान पर एक बाँध बनाया गया है, जहाँ बिजली का उत्पादन तथा सिंचाई के लिए जल संचय किया जाता है।

घाघरा : इस नदी का उद्‌गम दक्षिणी तिब्बत के मापचाचुंग ग्लेशियर से हुआ है। तिब्बत में इसे गोग्रा एवं कर्णाली के नाम से भी जाना जाता है। इसे सरयू, सरजू आदि नामों से भी जाना जाता है। सरयू नदी का उल्लेख ऋग्वेद में मिलता है। सरयू नदी को बौद्ध ग्रन्थों में सरभ के नाम से पुकारा गया है। इतिहासविद् कनिंघम ने अपने एक मानचित्र पर इसे मेगस्थनीज द्वारा वर्णित सोलोमत्तिस नदी के रूप में चिह्नित किया है और ज्यादातर विद्वान टालेमी द्वारा वर्णित सरोबेस नदी के रूप में मानते हैं। पुराणों में वर्णित है कि सरयू नदी

भगवान विष्णु के नेत्रों से प्रकट हुई है। आनन्द रामायण में उल्लेख है कि प्राचीन काल में शंकासुर दैत्य ने वेद को चुराकर समुद्र में डाल दिया और स्वयं वहाँ छिप गया था। वेदों को पुनः प्राप्त करने के लिए भगवान विष्णु ने मत्स्य रूप धारण कर दैत्य का वध किया था और ब्रह्मा को वेद सौंप दिया उस समय विष्णु के आँखों से ख़ुशी के आँसू बह चले। ब्रह्मा ने उन आँसुओं को मानसरोवर में डाल कर उसे सुरक्षित कर लिया। इस जल को महापराक्रमी वैवस्वत महाराज ने बाण के प्रहार से मानसरोवर से बाहर निकाला। यही जलधारा सरयू नदी कहलायी। रामायण में वर्णित है कि सरयू अयोध्या से होकर बहती है। रामचरितमानस में तुलसीदास ने इस नदी का गुणगान किया है। मत्स्य पुराण के अध्याय–121 और वाल्मीकि रामायण के 24वें सर्ग में इस नदी का वर्णन है। वामन पुराण के 13वें अध्याय, ब्रह्म पुराण के 19वें अध्याय और वायु पुराण के 45वें अध्याय में गंगा, यमुना, गोमती, सरयू और शारदा आदि नदियों का हिमालय से प्रवाहित होना बताया गया है। घाघरा नाम संस्कृत शब्द घग्घर से लिया गया है। घग्घर शब्द का अर्थ है जल की गड़गड़ाहट की आवाज़। वास्तव में इस नदी के जल प्रवाह से इसी प्रकार की आवाज़ सुनाई देती है, जिसके कारण इस नदी का नाम घाघरा पड़ा। यह नदी हिमालय से निकलकर देवरिया जनपद से आगे बलिया जनपद में गंगा में मिल जाती है।

गोमती नदी : यह गंगा की सहायक नदी है। पुराणों के अनुसार गोमती नदी को ब्रह्मर्षि वशिष्ठ की पुत्री माना गया है। पुराणों के अनुसार एकादशी को इस नदी में स्नान करने से मानव के सम्पूर्ण पाप नष्ट हो जाते हैं। श्रीमद्भागवत गीता के अनुसार गोमती भारत की उन पवित्र नदियों में से है जो मोक्ष प्राप्ति का मार्ग हैं। पौराणिक मान्यता यह भी है कि रावण वध के पश्चात् ब्रह्महत्या के पाप से मुक्ति पाने के लिए भगवान श्रीराम ने भी अपने गुरु महर्षि वशिष्ठ के आदेशानुसार इसी पवित्र पावन आदि गंगा–गोमती नदी में स्नान किया था एवं अपने धनुष को भी यहीं पर धोया था और स्वयं

को ब्राह्मण की हत्या के पाप से मुक्त किया था, लोगों का मानना है कि जो भी व्यक्ति गंगा दशहरा के अवसर पर यहाँ स्नान करता है, उसके सभी पाप आदि गंगा–गोमती नदी में धुल जाते हैं। गोमती नदी का उद्‌गम उत्तर प्रदेश के पीलीभीत ज़िले के गोमत ताल से हुआ है। उत्तर प्रदेश की राजधानी लखनऊ, सुल्तानपुर, जौनपुर जैसे शहर इस नदी के किनारे बसे हुए हैं। यह वाराणसी के निकट सैदपुर के पास कैथी नामक स्थान पर गंगा में मिल जाती है।

गण्डक नदी : यह नेपाल और बिहार में बहने वाली गंगा की एक प्रमुख सहायक नदी है, जिसे बड़ी गण्डक या केवल गण्डक भी कहा जाता है। इस नदी को नेपाल एवं बिहार के मुजफ्फरपुर ज़िले में सालिग्रामिनी या सालग्रामी, नारायणी और सप्तगण्डकी नामों से पुकारा जाता है। रामायण में इस नदी को कलिमही के नाम से वर्णित किया गया है। यूनानी भूगोलवेत्ताओं की कोंडोचेट्स तथा महाकाव्यों में उल्लिखित सदानीरा भी यही है। रामायण में इस नदी को कालीमही के नाम से सम्बोधित किया गया है। पौराणिकताओं के अनुसार इस नदी की उत्पत्ति भगवान विष्णु के गन्दे पसीने से उत्पन्न हुई है। जिसके कारण इस नदी को गण्डक नदी के नाम से जाना जाता है। महाभारत के सभा पर्व में इस नदी को गण्डक कहा गया है। गण्डक देश विदेह या वर्तमान मिथिला के निकट प्रतीत होता है। गण्डकी हिमालय से निकलकर दक्षिण–पश्चिम बहती हुई भारत में प्रवेश करती है। नेपाल में इस नदी को काली नदी के नाम से भी जाना जाता है। त्रिवेणी पर्वत के पहले इसमें एक सहायक नदी त्रिशूलगंगा मिलती है। उत्तर प्रदेश तथा बिहार की सीमा में रहते हुए यह नदी पटना के पास गंगा नदी में समाहित हो जाती है।

पार्जिटर के अनुसार इस नदी को सदानीरा के नाम से भी जाना जाता है। सदानीरा जिसका उल्लेख प्राचीन साहित्य में अनेक बार आया है, सम्भवतः गण्डकी ही है। सदानीरा कोसल और विदेह की सीमा पर बहती थी। गण्डकी का एक नाम महीश भी कहा गया है। विसेंट स्मिथ ने महापरिनिर्वाण सुत्तन्त में उल्लिखित हिरण्यवती

का अभिज्ञान गण्डक से किया है। यह नदी मल्लों की राजधानी के उद्यान शालवन के पास बहती थी। बुद्धचरित के अनुसार कुशीनगर में निर्वाण से पूर्व तथागत ने हिरण्यवती नदी में स्नान किया था। नदियों को लोकमाता कहने वाले काका कालेलकर (2012 : 244) लिखते हैं कि "स्वामी विवेकानन्द ने कहीं लिखा है कि नर्मदा के पत्थर के महादेव बाणलिंग हैं और विष्णु के शालिग्राम बौद्ध स्तूपों के प्रतीक के तौर पर गण्डकी में से लाये हुए पत्थर हैं... बाणलिंग और शालिग्राम बौद्ध जगत के दो छोर सूचित करते हैं अर्थात नर्मदा और गण्डकी के बीच बौद्ध जगत समाया हुआ है।"

सोन नदी : यह गंगा की प्रमुख सहायक नदी है, जो अमरकण्टक पहाड़ी से उद्‌गमित होकर मध्य प्रदेश तथा बिहार में बहती हुई पटना में गंगा में समाहित हो जाती है। इसे स्वर्ण नदी एवं सोहन नदी के नाम से भी जाना जाता है। प्राचीन काल में सोन नदी को सुषोमा के नाम से जाना जाता था। अमरकोश में इस नदी को हिरन्यवाहा के नाम से भी जाना जाता है। सोन नदी की बालू (रेत) पीले रंग की है जो सोने की तरह चमकती है। जिसके कारण इस नदी का नाम सोन पड़ा। इस नदी की रेत भवन निर्माण आदि के लिए बहुत उपयोगी है तथा इसका उपयोग पूरे बिहार के साथ–साथ उत्तर प्रदेश में भी भवन निर्माण के लिए किया जाता है, इस नदी पर बाण सागर परियोजना एवं रिहन्द परियोजना संचालित है।

बागमती नदी : यह नदी नेपाल और भारत की एक बहुत महत्त्वपूर्ण नदी है। पुराणों के अनुसार बागमती नदी को विष्णुपुराण में बागवती, स्वयम्भू एवं वर्धपुराण में बागमती एवं बौध साहित्य में बाचमती के नामों से वर्णित किया गया है। विनयपत्रिका एवं नन्दबग्गा में इस नदी का वग्गुमुदद्दा के नाम से भी वर्णन प्राप्त होता है जो वज्जी राज्य की सीमाओं में प्रवाहित होती थी। वर्तमान समय में इसी वग्गुमुदद्दा नदी को वागमती के नाम से जाना जाता है। नेपाल के तराई क्षेत्र में इस नदी के तट पर बहुतायत में बाघों (tiger) के पाये जाने के कारण विपत्ति द्वारा इस नदी को बाघवती का नाम भी दिया गया था।

बत्थासुत्तानता में इस नदी को बाहुमती के नाम से वर्णित किया गया है। नेपाली सभ्यता में इस नदी का बहुत महत्त्वपूर्ण स्थान है। हिन्दुओं एवं बौद्धों में इस नदी को पवित्र एवं पूज्यनीय माना जाता है तथा गंगा के समान ही इस नदी के तट पर मृत्यु के पश्चात् दाह संस्कार किया जाता है। यह कहा जाता है कि मृत्यु के पश्चात् मृत शरीर की बागमती के जल में तीन डुबकी लगाने से मनुष्य पृथ्वी पर आवागमन के चक्र से मुक्त हो जाता है। नेपाल का सबसे पवित्र तीर्थ स्थल पशुपतिनाथ मन्दिर भी इसी नदी के तट पर अवस्थित है। इस नदी का उद्‌गम स्थान बागद्वार है। काठमाण्डू के टेकु दोभान में विष्णुमति नदी इसमें समाहित होती है। यह नदी अन्ततः बूढ़ी गण्डक नदी में मिल जाती है।

काली नदी : यह नदी पिथौरागढ़ ज़िले में काली गंगा के नाम से प्रचलित है और गंगा नदी की सहायक नदी है। इसे शारदा नदी के नाम से भी जाना जाता है। कहा जाता है कि देवी काली के नाम से इसका नाम काली गंगा पड़ा। काली नदी का उद्‌गम भारत के उत्तराखण्ड राज्य के पिथौरागढ़ ज़िले में 3600 मीटर की ऊँचाई पर स्थित कालापानी नामक स्थान से होता है है। इस नदी का नाम काली माता के नाम पर पड़ा जिनका मन्दिर कालापानी में लिपु–लेख दर्रे के निकट भारत और तिब्बत की सीमा पर स्थित है। काली नदी जौलजीबी नामक स्थान पर गोरी नदी से मिलती है। यह स्थान एक वार्षिक उत्सव के लिए जाना जाता है। उसके बाद यह काली नदी के नाम से आगे बढ़ती है और पंचेश्वर में उत्तराखण्ड के कुमाऊँ क्षेत्र की लगभग सभी बड़ी नदियों को अपने में समेट कर आगे बढ़ती है, और टनकपुर होते हुए बनबसा में पहुँचती है, और यहाँ से इसे शारदा नदी के नाम से जाना जाता है, आगे चलकर यह नदी, करनाली नदी से मिलती है और बहराइच ज़िले में पहुँचने पर इसे एक नया नाम मिलता है, सरयू, जो आगे चलकर यह गंगा नदी में समाहित हो जाती है।

कोसी नदी : इसका उद्गम प्रारम्भिक रूप से अरुणा, तमोर, सन कोशी, दूध कोशी, भोत कोशी, तम कोशी, लिखू खोला एवं इन्द्रावती नामक सात धाराओं के संगम से हुआ है जो नेपाल, हिमालय तथा कंचनजंगा पर्वत से निकलती है, जिसके कारण कोशी नदी को सप्तकोशी के नाम से भी जाना जाता है। रामायण के अनुसार इस नदी का कौशिकी नाम ऋषि विश्वामित्र की छोटी भगिनी के नाम पर पडा। पौराणिक मान्यता है कि विश्वामित्र को इसी नदी के किनारे ऋषि का दर्जा मिला था। वे कुशिक ऋषि के शिष्य थे और उन्हें ऋग्वेद में कौशिक भी कहा गया है। कहा जाता है, कि कौशिकी को अपने अग्रज ऋषि विश्वामित्र के समान ही शीघ्र क्रोध आ जाता था। कोसी नदी अपने मार्ग परिवर्तन एवं बाढ़ के लिए प्रसिद्ध है।

रिहन्द नदी : यह भारत की प्रमुख नदियों में से एक है जो छत्तीसगढ़ और मध्य प्रदेश तथा उत्तर प्रदेश की धरती को हरा–भरा करती है। रिहन्द नदी हज़ारीबाग पर्वत श्रृंखला की मनिपात पहाड़ी से निकलकर छत्तीसगढ़ के उत्तरी–पूर्वी क्षेत्र सरगुजा से होकर गुज़रती है। पुराणों में यह नदी रेणुका नाम से विख्यात है। ऐसा माना जाता है कि रेणुका ऋषि जमदग्नि की पत्नी थीं। भृगुकूल के ऋचीक ऋषि के जमदग्नि ऋषि पुत्र थे। इन्हीं की पत्नी रेणुका थी। इक्ष्वाकुवंशीय राजा रेणु यानी प्रसेनजित ने कान्याकामेष्टि यज्ञ किया था और उसके परिणामस्वरूप उस यज्ञ कुण्ड से रेणुका का जन्म हुआ था। पुराणों में वर्णित है कि ऋषि जमदग्नि अत्यन्त क्रोधित स्वभाव के थे। पुराणकारों के अनुसार एक बार राजा चित्ररथ अपनी रानियों सहित एक सरोवर में जलविहार कर रहे थे और उसी सरोवर पर रेणुका भी स्नान करने के लिए गयी हुई थी। राजा चित्ररथ को जलविहार करते देखा तो उसके मन में भी चित्ररथ के ऐश्वर्य, सुख–सुविधाओं के देखकर इच्छा उत्पन्न हुई और उनके जलविहार को देखने के लिए वहीं कुछ देर के लिए खड़ी हो गयी, जिसके कारण उसे लौटने में थोड़ा विलम्ब हो गया और वह घर देर से पहुँची जिसके कारण ऋषि जमदग्नि क्रोधित हो गये। अन्ततः जब उन्हें विलम्ब से लौटने

का कारण पता चला तो उनका क्रोध इतना बढ़ गया कि वे क्रोध में आकर अपनी पत्नी रेणुका का सिर काटने का आदेश दे दिया, किन्तु उनके चार पुत्रों ने उनके इस आज्ञा का अवहेलना कर दिया जिसके परिणामस्वरूप उन्होंने क्रोध में आकर चारों पुत्रों का वध कर दिया उसके बाद उनके पुत्र परशुराम उनकी आज्ञा को शिरोधार्य कर माता रेणुका का सिर काट दिया तब उनके पिता ऋषि जमदग्नि अत्यन्त प्रसन्न होकर अपने पुत्र परशुराम से वरदान माँगने के लिए कहा–परशुराम भी बड़ी चतुराई के साथ अपनी माता रेणुका और चारों भइयों को पुनर्जीवित करने का वरदान माँगा और ऋषि जमदग्नि ने उन्हें जीवित कर दिया। ऐसा माना जाता है कि रेणुका ने जिस सरोवर में स्नान किया था उसी से रेणुका नदी का उद्गम हुआ।

रिहन्द नदी अपने उद्गम स्थान से निकलकर सरगुजा पहुँचती है। सरगुजा छत्तीसगढ़ राज्य का एक प्रमुख ज़िला है। छत्तीसगढ़ एक नया राज्य है और रिहन्द नदी इस राज्य की एक प्रमुख नदी है। छत्तीसगढ़ राज्य में पर्वतीय और मैदानी क्षेत्र बहुत अधिक हैं। मुख्य रूप से छत्तीसगढ़ के तीन प्राकृतिक केन्द्र हैं। उत्तर में सतपुड़ा का उच्चतम भूमि भाग, मध्य में महानदी तथा उसकी सहायक नदियों का मैदानी भाग और दक्षिण बस्तर का पठार। छत्तीसगढ़ के लिए रिहन्द नदी महत्त्वपूर्ण है क्योंकि इसी के जल से वहाँ सिंचाई की सुविधा उपलब्ध होती है। यहाँ की मुख्य उपज चावल है। छत्तीसगढ़ मूलतः एक ग्रामीण प्रदेश है। सरगुजा ज़िले में कोयले के भण्डार भी हैं। इस क्षेत्र में अन्य कोयला भण्डार बिलासपुर के कोरबा तथा रायगढ़ में है। कोयला भण्डार होने के फलस्वरूप मध्य प्रदेश विद्युत मण्डल द्वारा ताप ऊर्जा के तीन संयन्त्र स्थापित किये गये हैं। इसके अतिरिक्त नेशनल थर्मल पावर कॉर्पोरेशन द्वारा दो सुपर ताप ऊर्जा संयन्त्र भी स्थापित किये गये हैं। छत्तीसगढ़ की जनजातियों की अपनी विशिष्ट जीवन–शैली है और वे अपनी परम्परागत संस्कृति को अक्षुण्ण बनाये रखने में सफल हैं। छत्तीसगढ़ की प्रमुख जनजाति गोंड हैं। सरगुजा में रिहन्द नदी के किनारे बसे गाँवों में रहने वाली

जनजातियों में कँवार या कनवार हैं। ये अपनी उत्पत्ति महाभारत के कौरवों से मानते हैं।

रिहन्द नदी के तटवर्ती इलाक़ों में बसने वाली एक कोरवाँ जनजाति है यह कोलेरियन परिवार की जनजाति है। सरगुजा ज़िले की अन्य जनजातियों में मँझवार एक मिश्रित जनजाति है जिसकी उत्पत्ति गोंड, मुण्डा और कँवार जाति से मानते हैं। माँझी अर्थात मुखिया। माँझी का अर्थ नाव खेने वाला भी है। खैरवार भी सरगुजा ज़िले की एक अन्य जनजाति है खैरवार शब्द की उत्पत्ति 'खैर' से मानी जाती है क्योंकि ये खैर वृक्ष की छाल से कत्था निकालने का काम करते हैं। रिहन्द नदी, अपने दोनों तट के आदिवासी क्षेत्र की परम्परा, संस्कृति, कला और लोकगीतों तथा लोक–संगीत की कहानी कहती है। सरगुजा ज़िले में रामगढ़ की पहाड़ी को कालिदास के मेघदूत काव्य का रचना स्थल भी कहा जाता है। इसी पहाड़ी पर सीता बंगरा नामक गुफा को पत्थर काटकर बनाया गया है। यह प्राचीन नाट्य मण्डप है। इसी के निकट जोगीमारा गुफा में एक अभिलेख है, जिसमें सुतनुका नामक देवदासी का उल्लेख है। इस अभिलेख की लिपि के आधार पर इस स्थल का काल द्वितीय सदी ईसा पूर्व निर्धारित किया गया है। यहाँ प्रतिवर्ष आषाढ़ मास में शुक्ल पक्ष द्वितीया को संस्कृत के विद्वान नाटक, नृत्य आदि का आयोजन करते हैं।

सतलज नदी : यह नदी पंजाब प्रान्त की महत्त्वपूर्ण नदी है। पंजाब की पाँच नदियों का प्राचीनकाल से ही भारत में बड़ा महत्त्व रहा है। ये पाँच नदियाँ यानी शतद्रु, विपाशा, परुष्णी, अक्सिनी और वितस्ता ने ही मिलकर पंजाब प्रान्त को बनाया है। उनके आधुनिक नाम इस प्रकार हैं–शतद्रु अर्थात् सतलज, विपाशा अर्थात् व्यास, परुष्णी यानी रावी, अक्सिनी यानी चिनाब और वितस्ता यानी झेलम। टालेमी ने अपने मानचित्र में इसे 'जराडोस' नाम दिया है। वैदिक काल में 'शतुद्रि' और महाभारत में इसे 'शतद्रु' अर्थात् सौ धाराओं में बहने वाली नदी कहा गया।

सतलज का उद्गम स्थल मानसरोवर की दो जुड़वाँ झीलों मानसरोवर और रावणह्रद या राक्षसताल से हुआ है। ये दोनों झीलें तिब्बत के पठार में स्थित हैं ऐसा माना जाता है कि रावण ने जिस झील में खड़े होकर शिव की आराधना की थी, वही झील रावणह्रद कहलायी। मानसरोवर भी एक पवित्र स्थान है और यहाँ सती के दाहिने हाथ का पंजा गिरा था यह इक्यावन शक्ति पीठों में से एक है। महाभारत के आदि पर्व में ऋषि वशिष्ठ और ऋषि विश्वामित्र के झगड़े की कथा कही गयी है और इस कथा में ही शतद्रु के सौ धाराओं में बहने की बात कही गयी है। कथा इस प्रकार है–यक्ष अर्जुन को बताते हैं कि एक दिन ऋषि विश्वामित्र, ऋषि वशिष्ठ से मिलने आये। वशिष्ठ ने उनका बहुत आदर के साथ सम्मान किया, वहीं पर विश्वामित्र जी ने वशिष्ठ जी के आश्रम में कामधेनु गाय को देखा। कामधेनु गाय की विशेषता सभी जानते हैं कि यह गाय सभी मनोकामनाएँ पूर्ण करती है। इसका जन्म सागर मन्थन से हुआ है। विश्वामित्र ने वशिष्ठ जी से कामधेनु गाय की माँग की। वशिष्ठ जी ने कामधेनु देने से मना कर दिया क्योंकि वह किसी भी कीमत पर कामधेनु से अलग नहीं होना चाहते थे। विश्वामित्र कामधेनु को जबर्दस्ती पकड़कर वशिष्ठ जी के आश्रम से ले गये। वशिष्ठ जी ने प्रतिक्रिया नहीं व्यक्त की बल्कि वे शान्त रहे, किन्तु कामधेनु शान्त नहीं रही क्योंकि वह तो दैविक शक्तियों वाली गाय थी। उसने क्रोध में आकर अपनी शक्ति से अनगिनत योग शक्तियों को जन्म दिया और उन योग शक्तियों ने विश्वामित्र जी को हराकर कामधेनु छुड़ा ली।

इससे जुड़ी एक और कथा है इक्ष्वाकु वंश में एक राजा था, जिसका नाम था, कल्माशपाद। इसका अर्थ है जिसके पैर जलने से काले हो गये हों। कल्माशपाद ने एक बार शिकार खेलते समय बाघ–बाघिन के जोड़े में से बाघिन को मार दिया था। उसी समय बाघ ने कहा था कि मैं एक दिन राक्षस बनकर इसका बदला अवश्य लूँगा। कुछ समय बाद राजा कल्माशपाद ने ऋषि वशिष्ठ को अपना

गुरु मानकर उनके सान्निध्य में यज्ञ कराया। जब यज्ञ पूरा होने में एक दिन शेष था तो शाम के समय वशिष्ठ जी स्नान और सन्ध्या पूजन के लिए गये हुए थे। तभी वह राक्षस वशिष्ठ जी का रूप का धारण कर आया और राजा से बोला कि यज्ञ पूर्ण हो गया है, इसलिए हे राजन! तुम मुझे मांसयुक्त भोजन कराओ और स्वयं भी करो। तब राजा ने अपने नौकरों को आदेश दिया कि तुम सब मांस युक्त भोजन बनाओ, यह बात सुनकर नौकरों को बड़ा आश्चर्य हुआ कि यज्ञ तो अभी पूरा ही नहीं हुआ है राजा ऐसा क्यों कह रहे हैं। तब उस राक्षस ने स्वयं रसोइये का रूप धरकर मांस पकाकर ले आया, स्वयं भी खाया और राजा को भी खिलाया और कुछ देर बाद वह गायब हो गया। स्नान और सन्ध्या पूजन के बाद जब वशिष्ठ जी लौटे तो यज्ञ पूरा किये बिना राजा को मांस खाते देखा तो शाप दे दिया कि हे राजन! तुम नरभक्षी राक्षस बन जाओगे। इस पर राजा ने कहा कि मांस तो आपने ही खिलाया है और स्वयं भी खाया है। तब वशिष्ठ जी के मन में शंका उत्पन्न हुई तदुपरान्त अपने योगमाया द्वारा सारी सच्चाई का पता लगाकर राजा को बताया, किन्तु यह भी कहा कि मेरा शाप व्यर्थ नहीं जायेगा इस पर राजा क्रोधित हो गये और हाथ में जल लेकर वशिष्ठ जी को शाप देने लगे तो उसकी रानी ने उसे रोका कि गुरु को शाप नहीं दिया जाता है। इस पर राजा बोले कि ठीक है, किन्तु मैं इस जल का क्या करूँ? यदि भूमि पर डालता हूँ, तो सारी कृषि नष्ट हो जायेगी और यदि आकाश में फेंकता हूँ तो बादल सूख जायेंगे, इसलिए उसने वह जल अपने पैरों पर डाल लिया। इससे उसके पैर जलकर काले हो गये और उसका नाम हो गया कल्माशपाद।

कामधेनु को खोने और पराजित होने के बाद ऋषि विश्वामित्र इस सोच में थे कि वशिष्ठ ऋषि से कैसे बदला लूँ? इसी बीच जब उन्हें राजा कल्माशपाद को वशिष्ठ जी के दिये गये शाप का पता चला तो वे राजा कल्माशपाद से मिले और उसके शरीर में एक नरभक्षी राक्षस की शक्ति जागृत कर, उसे वहाँ भेज दिया जहाँ

वशिष्ठ जी के सौ पुत्र रहते थे। जब राजा कल्माशपाद पहुँचे तो रास्ते के उस तरफ़ से वशिष्ठ जी का बड़ा पुत्र शक्ति आ रहा था। रास्ता पतला था और दोनों एक–दूसरे को रास्ता छोड़ने के लिए कहने लगे किन्तु जब शक्ति ने उनका रास्ता नहीं छोड़ा तो राजा कल्माशपाद का क्रोध इतना बढ़ गया कि वह राक्षस की तरह शक्ति पर टूट पड़ा और खा गया फिर उसने वशिष्ठ जी के एक–एक करके सभी सौ पुत्रों को खा लिया। जब वशिष्ठ जी को इस सारे घटनाक्रम का पता चला, तो वे बहुत दुखी हुए फिर भी उन्होंने ऋषि विश्वामित्र से बदला लेने की बात नहीं सोची। वह इतने दुखी हुए कि उन्होंने अपना जीवन समाप्त करने का निर्णय ले लिया, इसके बाद उन्होंने अपने शरीर को रस्सियों से बाँधकर विपाशा नदी में गिरा दिया किन्तु उस नदी ने उन्हें पापमुक्त करके किनारे पर पहुँचा दिया इस तरह उस नदी का नाम पड़ा विपाशा। अर्थात् पाश से मुक्त करने वाली। किन्तु वशिष्ठ जी का मन अब भी बहुत दुखी और अशान्त था इसलिए वह सतलज नदी में आत्महत्या करने के लिए कूद गये और जैसे ही वे कूदे सतलज का सारा पानी सौ धाराओं में बँटकर बहने लगा। नदी का पानी कम होने से वशिष्ठ जी डूब नहीं सके और बच गये तबसे वह नदी शतुद्रि या शतुद्रु कहलायी यानी की सतलज। सतलज नदी का जल भारत के विकास के लिए वरदान स्वरूप है।

कालीबेई नदी : यह नदी पंजाब की एक प्रमुख नदी है। इस नदी के किनारे बेरी का दरख्त लगाकर गुरुनानक साहब ने 14 साल, नौ महीने और 13 दिन साधना की थी ऐसा माना जाता है। उनके बारे में यह भी आख्यान है कि एक बार गुरुनानक जी नदी में डूबे, तो दो दिन बाद दो किलोमीटर आगे निकले। मुँह से निकला पहला वाक्य था : न कोई हिन्दू, न कोई मुसलमाँ। उन्होंने 'जपजीसाहब' कालीबेई के किनारे ही रचा। उनकी बहन नानकी भी उनके साथ यहीं रहीं। यह कोई 500 साल पुरानी बात है। कहा जाता है कि सम्राट अकबर ने कालीबेई नदी के तटों का सुन्दरीकरण कराया। कालीबेई नदी के जल का प्रमुख स्रोत ब्यास नदी है।

सिन्धु नदी : यह नदी संसार की विशालतम नदियों में से एक है। इस नदी का भारत के इतिहास, संस्कृति और जीवन में बहुत महत्त्व है। इसे इण्डज़ भी कहा जाता है। इसी के नाम पर भारत का नाम इंडिया रखा गया। प्राचीन संस्कृत ग्रन्थों (ऋग्वेद) में इस नदी का नाम सिन्धु नदी के नाम से वर्णित है। जिसका शाब्दिक अर्थ है सागर या पानी का बड़ा समूह। ईरान में इस नदी को हिन्दू के नाम से जाना जाता है। इस नदी के नाम पर ही हमारे देश का नाम हिन्दुस्तान पड़ा। यूनानी इस नदी को इण्डोस के नाम से जानते हैं जो रोमन में परिवर्तित होकर इण्डस हो गया है।

बादलों के कई प्रकार हैं उनमें से एक बादल का नाम भी इन्द्र है। कुछ प्रसंगों में इन्द्र को मेघों के देवता के रूप में प्रस्तुत किया गया है, लेकिन ऐसी कल्पना इसलिए है क्योंकि वे पार्वत्य प्रदेश के निवासी थे और पर्वतों पर ही मेघों का निर्माण होता है। इसके अलावा यह भी माना जाता है कि उनके पास एक ऐसा अस्त्र था जिसके प्रयोग के बल पर वे मेघों और बिजलियों को कहीं भी गिराने की क्षमता रखते थे। माना जाता है कि इन्द्र ने अपने काल में कई नदियों की रचना की थीं और उन्होंने सिन्धु नदी की दिशा भी बदली थी। इस नदी का उद्गम तिब्बत स्थित मानसरोवर झील से हुआ है। इस नदी के किनारे ही वैदिक धर्म और संस्कृति का उद्गम और विस्तार हुआ है। सिन्धु के तट पर ही भारतीयों के पूर्वजों ने प्राचीन सभ्यता और धर्म की नींव रखी थी। सिन्धु घाटी में कई प्राचीन नगरों को खोद निकाला गया है। इसमें मोहनजोदाड़ो और हड़प्पा प्रमुख हैं। सिन्धु घाटी की सभ्यता लगभग 3500 हज़ार ईसा पूर्व विकसित हो गयी थी। काका कालेलकर ने आह्वान किया है कि हम भारतीयों को सिन्धु नदी का सम्मान करना चाहिए क्यों उससे उदासीन होने के कारण ही विदेशी आक्रान्ताओं ने बार–बार उधर से आक्रमण किया।

चिनाब नदी : यह नदी हिमाचल प्रदेश के लाहौल बारालाचा दर्रे से चलती है। ऋग्वेद में चिनाब नदी को आस्किनी के नाम से जाना जाता था। यूनानी इतिहासकारों ने भी इस नदी को अकेसिनीज कहा है।

इस नदी के सम्बन्ध में रोमांस की कथाएँ जुड़ी हैं। एक कथा के अनुसार सोहनी इस नदी मार्ग से अपने प्रेमी महिवाल से मिलने जाया करती थी। एक बार जब सोहनी, महिवाल से मिलने जा रही थी तो नदी के तीव्र बहाव के कारण वह नदी में डूब गयी। यहाँ के स्थानीय निवासी मानते हैं कि चिनाब एवं रावी नदियों के तट पर मिर्ज़ा एवं साहिबान की प्रेम कथाएँ जुड़ी हैं। चिनाब नदी पीर पंजाल के समानान्तर बहते हुए किश्तबार के निकट पीरपंजाल में गहरी घाटी बनाती है। यह पाकिस्तान में जाकर सतलज नदी में मिल जाती है। चिनाब नदी की प्रमुख सहायक नदी चन्द्रभागा है।

बकुलाही नदी : बकुलाही नदी भारत की प्राचीन नदियों में से एक है। हिन्दुओं के प्रसिद्ध धार्मिक ग्रन्थ 'वाल्मीकि रामायण' और वेदों में भी इस नदी का उल्लेख हुआ है। इस नदी का प्राचीन नाम 'बालकुनी' था, किन्तु समयान्तराल में परिवर्तित होकर 'बकुलाही' हो गया। जनश्रुति के अनुसार इसका आकर–प्रकार बगुले की तरह टेढ़ी–मेढ़ी होने के कारण इसे बकुलाही कहा जाता है। बकुलाही नदी का उद्‌गम उत्तर प्रदेश के रायबरेली जनपद में स्थित 'भरतपुर झीत' से हुआ है। यहाँ से प्रवाहित होकर यह नदी 'बेंती झील', 'माँझी झील' और 'कालाकाँकर झील' से जल ग्रहण करती हुई बड़ी नदी का स्वरूप ग्रहण करती है। प्रतापगढ़ जनपद के मान्धाता ब्लॉक से होते हुए यह नदी आगे जाकर खजुरनी गाँव के पास गोमती नदी की सहायक नदी सई में मिल जाती है। वाल्मीकि रामायण में बकुलाही नदी का वर्णन इस प्रकार है–जब भगवान राम के वन से वापस आने की प्रतीक्षा में व्याकुल भरत के पास हनुमान राम का सन्देश लेकर पहुँचते हैं, तो हनुमान जी से भरत जी पूछते हैं कि मार्ग में उन्होंने क्या–क्या देखा। इस पर हनुमान जी का उत्तर होता है :

सो अपश्यत राम तीर्थम् च नदी बालकुनी तथा बरूठी,
गोमती चैव भीमशालम् वनम् तथा...

ससुर–खदेरी : यह नदी फतेहपुर जनपद में बहने वाली एक स्थानीय नदी है। स्वतन्त्रता पूर्व फतेहपुर जनपद में ससुर खदेरी नं. 1

और ससुर खदेरी नं. 2 नामक दो नदियाँ बहती थीं। इन नदियों के नाम के पीछे इस क्षेत्र में प्रचलित ग्रामीण अनुश्रुतियों के अनुसार एक नवविवाहित धर्मपरायण स्त्री प्रतिदिन गाँव के पास झील में स्नान करके पूजा करती थी। एक दिन उसके ससुर की बुरी नज़र उस पर पड़ी और उसने बहू को पकड़ने का प्रयास किया। स्त्री ने अपनी आबरू की रक्षा के लिए भागते–भागते यमुना में कूदकर अपनी जीवन लीला समाप्त कर दी। परिणामस्वरूप झील से कई धाराएँ निकलीं, जिन्होंने स्त्री के ससुर को भी यमुना में डुबो दिया ये जलधाराएँ ही ससुर खदेरी नाम से जानी गयीं।

कुँवरवर्ती नदी : इस नदी का उद्‌गम महाराजगंज जनपद के जौरहर नामक गाँव के एक बड़े ताल से होता है। प्राचीन इतिहास के प्रोफ़ेसर डॉ. परशुराम गुप्त ने अपनी किताब 'महाराजगंज के बौद्ध स्थल' में बताया है कि गृहत्याग के उपरान्त राजकुमार सिद्धार्थ इसी ताल के किनारे अपने राजसी वस्त्र उतारकर रथ और सारथि को वापस लुम्बिनी भेज दिया था। रोहिणी नदी के पानी के बँटवारे के विवाद और युद्ध उन्माद को टालने के प्रयास में पंचायत में हारने पर सिद्धार्थ को राज्य का परित्याग करना पड़ा था। कुँवरवर्ती नदी के किनारे से एक राजकुमार के महात्मा बनने की प्रकिया आरम्भ होती है और दुनिया को दुखों से मुक्ति के पथ सुझाने वाले बुद्ध मिलते हैं। कुँवरवर्ती नदीं के बारे में प्रचलित है कि जौरहर गाँव के ताल में एक कुँवारी लड़की ने जलसमाधि ले ली थी जिसके फलस्वरूप आये सैलाब से यह नदी प्रवाहित हुई। लगभग पचास गाँवों से होकर बहती यह नदी किसानों के लिए वरदान के समान है। क्षेत्र की अन्य छोटी नदियों की तरह कुँवरवर्ती नदी में भी पानी लगातार कम होता जा रहा है। किसान नदी के प्रवाह क्षेत्र को अतिक्रमित भी कर रहे हैं। चौराहों पर दुकानदार भी नदी के भीतर अतिक्रमण कर इसके अस्तित्व का संकट पैदा कर रहे हैं।

चम्बल नदी : चम्बल नदी मध्य भारत में प्रवाहित प्रमुख पौराणिक नदियों में से एक है। यह यमुना की सहायक नदी है।

यह नदी मध्य प्रदेश के इन्दौर ज़िले के महू नामक स्थान पर जानापाव पर्वत से उद्गमित होती है। इस नदी का वर्णन महाभारत, मेघदूत, एवं पद्मपुराण में मिलता है। महाभारत ग्रन्थ में इस नदी को चर्मनवती या चरमावती के नाम से वर्णित किया गया है। चर्मावती का अर्थ है चमड़ा, यह कहा जाता है कि इस नदी के तट पर प्राचीन काल में चमड़ा सुखाया जाता था। पुराणों के अनुसार प्राचीन काल में भरत के राजवंश के राजा रंतिदेव द्वारा स्वर्ग की कामना के लिए इस नदी के तट पर पशुओं की बलि दी जाती थी, जिसके परिणामस्वरूप इस नदी का रंग लाल हो गया था। पशुओं की त्वचा को इस नदी के तट पर सुखाने के कारण यह नदी चमड़े वाली नदी के नाम से भी प्रसिद्ध हुई एवं इसका नाम चरमावती पड़ा। एक बार उस नदी में भयानक बाढ़ आयी और राजा की समस्त नगरी को डुबाकर नष्ट कर दिया जैसे नदी क्रोध से पागल हो गयी हो। नदी ने मनुष्यों को उनके पाप–कर्मों की सजा दी थी। कुछ इतिहासकारों के अनुसार सरस्वती नदी क्षेत्र से विस्थापित लोग इस नदी के तट पर बस गये थे। तेलुगू जैसी कुछ द्रविण भाषाओं के साथ–साथ संस्कृत भाषा में चम्बल शब्द का शाब्दिक अर्थ मत्स्य है। प्राचीन ग्रन्थों के अनुसार इस नदी के तट पर कुछ मत्स्य शासकों ने अपने शासन का उद्गम इस नदी तट पर किया। चर्मनवती या चरमावती नदी की दक्षिणी सीमा महाभारत काल के पांचाल राज्य से मिलती थी। महाभारत के अनुसार राजा द्रुपद ने दक्षिणी पांचाल राज्य पर चर्मनवती या चरमावती नदी के तट तक शासन किया। इस नदी के बारे में यह कथा प्रचलित है कि कुन्ती ने अपने नवजात पुत्र को एक टोकरी में रखकर इस नदी में प्रवाहित कर दिया था। नवजात पुत्र सहित वह टोकरी प्रवाहित होते–होते गंगा तट पर स्थित अंग राज्य की राजधानी चम्पापुरी पहुँची जहाँ कर्ण का बचपन व्यतीत हुआ।

बनास नदी : राजसमन्द ज़िले के अरावली पर्वत श्रेणियों में कुम्भलगढ़ के पास खमनोर की पहाड़ी से उद्गमित यह एक पौराणिक नदी है, जिसका वर्णन पुराणों में वशिष्ठी नाम से मिलता है।

इस नदी तट को भगवान परशुराम की तप स्थली, कर्म स्थली के रूप में वर्णित किया गया है। यह नदी अरावली पर्वत में बनास अर्थात (वन की आशा) के रूप में जानी जाती है। इसका उद्गम वेरों का मठ है, जो वीरों के मठ से अपभ्रंश हुआ है। दानवीर कर्ण को परशुराम ने यहीं शस्त्रशिक्षा दी थी। पूर्वोत्तर दिशा में बहती हुई चाण्डार के पास रामेश्वर घाट संगम में चम्बल (चर्मण्वती) में बनास का विलय होता है। पुराणों के अनुसार इसके किनारे मन्दार वन था। अब वहाँ मण्डावर गाँव बसा है, सुरसर नाम का सरोवर अब सिरस गाँव हो गया है। इस तरह बनास चम्बल के माध्यम से यमुना में मिल जाती है।

बेतवा नदी : यह यमुना की एक सहायक नदी है जिसका उद्गम मध्य प्रदेश में रायसेन के कुम्हारा गाँव से हुआ है। उत्तर प्रदेश के बुन्देलखण्ड के कई ज़िलों में बहती हुई यह नदी हमीरपुर में यमुना नदी से मिल जाती है। इसके किनारे साँची और विदिशा जैसे प्रसिद्ध सांस्कृतिक नगर बसे हैं। बेतवा प्राचीन नदियों में से एक मानी गयी है जिसे वेत्रवती के नाम से जाना जाता था। यह माना जाता है कि प्राचीन काल में यहाँ बेंत (संस्कृत में वेत्र) पैदा होता होगा, जिसके कारण इस नदी का नामकरण हुआ। संस्कृत के महाकवि बाणभट्ट ने कादम्बरी और कालिदास ने मेघदूत में भी वेत्रवती नदी का उल्लेख किया है। पुराणों में वर्णित एक कथा के अनुसार 'सिंहद्वीप नामक एक राजा ने देवराज इन्द्र से शत्रुता का बदला लेने के लिए कठिन तपस्या की। तपस्या से प्रसन्न होकर वरुणदेव की पत्नी वेत्रवती मानुषी नदी का रूप धारण कर उसके पास आयी और बोली–मैं वरुण की स्त्री वेत्रवती आपको प्राप्त करने आयी हूँ। स्वयं भोगार्थ अभिलिषित आयी हुई स्त्री को जो पुरुष स्वीकार नहीं करता, वह नरकगामी और घोर ब्रह्मपातकी होता है। इसलिए हे महाराज! कृपया मुझे स्वीकार कीजिए।' राजा ने वेत्रवती की प्रार्थना स्वीकार कर ली तब वेत्रवती के पेट से यथा समय 12 सूर्यों के समान तेजस्वी पुत्र उत्पन्न हुआ जो वृत्रासुर नाम से जाना गया। जिसने देवराज इन्द्र को परास्त करके सिंह द्वीप राजा की मनोकामना पूर्ण की।

हुगली नदी : यह गंगा की सहायक नदी है। इसको विश्व का सबसे अधिक विश्वासघाती नदी कहते हैं। हुगली को प्राचीन काल में ओगोलिन के नाम से जाना जाता था। मुगल शासक शाहजहाँ ने अपने शासन काल में पुर्तगालियों को बंगाल में व्यापार करने की अनुमति प्रदान की। पुर्तगालिओं ने बंगाल में एक चर्च का निर्माण किया जिसके चारों तरफ़ हुगला नामक घास उत्पन्न हुई, जिसके कारण इसके निकट बहने वाली नदी का नाम ओगोलिन रखा गया। बाद में ओगोलिन शब्द परिवर्तित होकर पहले उगली तथा बाद में हुगली पड़ा। इसी नदी के तट पर कोलकाता बन्दरगाह स्थित है जिसको पूर्व का लन्दन कहा जाता है। दामोदर एवं जलांगी इस नदी की सहायक नदियाँ हैं।

ब्रह्मपुत्र : ब्रह्मपुत्र नदी हिमालय के कैलाश पर्वत के निकट तिब्बत के पुरंग ज़िले की मानसरोवर झील से निकलती है। यह एक दुर्गम एवं तेज़ बहाव वाली एवं विशाल जलराशि वाली नदी है। भारत की अधिकांश नदियों से इतर ब्रह्मपुत्र का नाम पुल्लिंग है। पौराणिक कथाओं के अनुसार ब्रह्मपुत्र नदी को ब्रह्मा के पुत्र के रूप में जाना जाता है, अतः इसका नाम ब्रह्मपुत्र पड़ा है। इस नदी के नाम के सम्बन्ध में एक किंवदन्ती प्रचलित है कि कैलाश पर्वत पर शान्तनु नामक एक साधु अपनी सुन्दर पत्नी अमोधा के साथ निवास करते थे। एक बार ब्रह्मा जी अमोधा के सौन्दर्य से मन्त्रमुग्ध हो गये। परन्तु अमोधा ने ब्रह्मा जी के विवाह प्रस्ताव को अस्वीकृत कर दिया तथापि शान्तनु मुनि के द्वारा ब्रह्मा जी के वीर्य को अमोधा के गर्भ में स्थापित कर देने के कारण अमोधा ने एक पुत्र को जन्म दिया जिसका नाम ब्रह्मपुत्र पड़ा। वास्तव में कैलाश क्षेत्र में आज भी एक जल स्रोत है जिसे ब्रह्मकुण्ड के नाम से जाना जाता है। इस जल स्रोत से ही ब्रह्मपुत्र नदी का उद्गम होता है। ब्रह्मपुत्र नदी तिब्बत में सांगपो के नाम से जानी जाती है तथा भारत में अरुणाचल प्रदेश से प्रवेश करने के बाद यह दिहांग कहलाती है। आगे चलकर असम में इसे ब्रह्मपुत्र नाम से जाना जाता है तथा

बांग्लादेश में इसे जमुना कहा जाता है। गंगा एवं ब्रह्मपुत्र के संगम के बाद दोनों की सम्मिलित धारा को मेघना कहा जाता हैं। यह सुन्दरवन डेल्टा का निर्माण करती हुई बंगाल की खाड़ी में मिल जाती है। इस नदी पर असम राज्य में विश्व का सबसे बड़ा नदी द्वीप माजुली द्वीप स्थित है।

तीस्ता नदी : तीस्ता का शाब्दिक अर्थ है, तृष्णा अर्थात जिसका कभी अन्त न हो। 'तीस्ता' का अन्य अर्थ त्रिस्रोता या तीन–प्रवाह भी है। वास्तव में यह नदी तीन नदियों करतोया, अत्रे एवं जमुनेश्वरी नदियों का संगम है अतः इसे 'तीस्ता' (त्रिस्रोता) के नाम से जाना जाता है। तीस्ता नदी को पाली भाषा में तण्डा के नाम से भी जाना जाता है। कालिकापुराण में इस नदी का वर्णन किया गया है। पुराणों के अनुसार तीस्ता नदी को हिमालय की छोटी पुत्री के रूप में जाना जाता है। कहा जाता है कि यह नदी देवी पार्वती के स्तन से निकली है। इस नदी के सम्बन्ध में कालिका पुराण में एक कथा प्रचलित है। एक बार असुरों की घोर तपस्या से प्रसन्न होकर भगवान शिव ने उन्हें शक्ति का वर दिया। यद्यपि असुर शिव भक्त थे, परन्तु वे भगवान शिव की पत्नी देवी पार्वती को पसन्द नहीं करते थे। उन्होंने देवी पार्वती का अपमान कर दिया जिसके परिणामस्वरूप देवी पार्वती एवं असुरों के मध्य भयंकर युद्ध हुआ। युद्ध में घायल होने के पश्चात असुरों ने देवी पार्वती की प्रार्थना की, जिससे प्रसन्न होकर असुरों की प्यास बुझाने के लिए देवी के स्तनों से दूध जैसी अमृत धारा उद्‌गमित हुई, यही धारा तिस्ता के नाम से प्रसिद्ध है। तिस्ता नदी ब्रह्मपुत्र नदी की प्रमुख सहायक नदी है। इस नदी को सिक्किम और उत्तरी बंगाल की जीवन रेखा कहा जाता है। यह सिक्किम और पश्चिम बंगाल के जलपाइगुड़ी विभाग की मुख्य नदी है। तिस्ता नदी भारत के सिक्किम तथा पश्चिम बंगाल राज्य तथा बांग्लादेश से होकर बहती है। चमकीली हरे (emerald) रंग की यह नदी सिक्किम और पश्चिम बंगाल से बहती हुई बांग्लादेश में प्रवेश करती है और ब्रह्मपुत्र नदी में मिल जाती है।

लोहित : लोहित भारत के अरुणाचल प्रदेश और असम में बहने वाली ब्रह्मपुत्र की सहायक नदी है। असमी भाषा में लोहित शब्द लुइत है जो संस्कृत शब्द लोहित से बना है, जिसका अर्थ है लाल नदी सम्भवतः वर्षा से इस क्षेत्र की लाल मिट्टी बहकर आने से इस नदी के जल का रंग लाल हो जाने के कारण इसका लोहित नाम पड़ा। लोहित नदी के सम्बन्ध में एक पौराणिक कथा प्रचलित है जिसके अनुसार महर्षि भृगु के पौत्र तथा ऋषि जमदग्नि एवं रेणुका के पुत्र राम एक आज्ञाकारी पुत्र थे। एक बार रेणुका ने नदी के तट पर चित्रताका नामक एक गन्धर्व कन्या को नदी की लहरों के साथ अठखेलियाँ करते देखा जिस पर रेणुका मोहित हो गयी। जब ऋषि जमदग्नि को इसका पता चला तो वह बहुत क्रोधित हुए तथा उन्होंने पुत्र राम से माता का वध करने को कहा। आज्ञाकारी पुत्र राम ने माता के मस्तक को परशु से काट दिया जिसके बाद राम का नाम परशुराम पड़ा। परशुराम ने प्रायश्चित् करने के लिए लोहित नदी में स्नान किया, जिससे लोहित नदी का रंग माता के खून से लाल हो गया जिसके कारण इस नदी को लोहित नदी के नाम से जाना गया।

साबरमती नदी : इसका उद्गम स्थान राजस्थान के उदयपुर ज़िले की अरावली पर्वत श्रृंखला से 762 मीटर की ऊँचाई पर माना जाता है। राजस्थान में लगभग 48 किलोमीटर बहने के बाद यह गुजरात प्रान्त में प्रवेश करती है। गुजरात की साबरमती गुर्जर–माता के नाम से जानी जाने वाली एक पौराणिक और पवित्र नदी है। पद्मपुराण के अनुसार इसका साबरमती नाम 'सम्भ्रम' शब्द से लिया गया है। जिसका मतलब होता है आदर के साथ व्यक्त 'विद्रोह' अथवा 'चेतावनी'। पौराणिक कथा के अनुसार एक बार वशिष्ठ ऋषि ध्यामग्न अवस्था में बैठे हुए थे और उसी ध्यानावस्था में अपने नेत्रों की शक्ति और भेदक–दृष्टि से ऋषि विश्वामित्र को देखा। ऐसा माना जाता है कि ऋषि वशिष्ठ की इस शक्तिशाली और भेदक–दृष्टि से पृथ्वी पर दो गड्ढे बन गये। परिणामस्वरूप इन दो गड्ढों से दो नदियों का उद्गम हुआ, सरस्वती और साबरमती। साबरमती नाम इसका इसलिए

पड़ा कि ऋषि वशिष्ठ विद्रोह और सन्त्रास की दृष्टि से विश्वामित्र को देखा, भले ही वह देखने की दृष्टि आदरपूर्वक थी, लेकिन स्थिति सम्भ्रम की थी। साबरमती के किनारे अहमदाबाद और गाँधीनगर जैसे महत्त्वपूर्ण नगर बसे हैं।

साबरमती की उत्पत्ति के सम्बन्ध में एक और कथा आती है–प्राचीन काल में किसी समय सात बार भीषण सूखा पड़ा। उस सूखे से छुटकारा पाने के लिए सभी ऋषियों ने मिलकर ऋषि कश्यप से विनती की, कि वे भगवान शंकर की आराधना करें। तभी इस सूखे से छुटकारा मिल पायेगा, अन्यथा लोगों का जीवन जीना दुर्लभ हो जायेगा। इसके बाद कश्यप ऋषि ने भगवान शंकर की घोर तपस्या की। तपस्या से प्रसन्न होकर भगवान शंकर ने कश्यप ऋषि से वरदान माँगने के लिए कहा–तब कश्यप ऋषि ने भगवान से वरदान माँगा कि आप यहाँ कोई पवित्र नदी प्रवाहित करें जिससे जल संकट की समस्या और अकाल से छुटकारा मिल जाये। इसके बाद भगवान शंकर ने अपने बालों की एक लट उठाकर कश्यप ऋषि को गंगा की एक धारा दे दी। कश्यप ऋषि इस धारा को लेकर अर्बुदारण्य में आये। जहाँ से इसकी धाराएँ जंगलों से होती हुई गुजरात की ओर बहने लगीं। जब समुद्र ने गुजरात में नदी को प्रवाहित होते हुए देखा, तो इस नदी के जल को अपने जल में मिलाने के लिए कश्यप ऋषि से प्रार्थना की। 'भगवन, कुछ भी कीजिए इस पवित्र नदी का जल मेरे जल में समाहित कर दीजिए, क्योंकि अगस्त ऋषि ने देवासुर संग्राम में मेरा सारा पानी देवताओं के कल्याण के लिए पी गये थे और लघुशंका के रूप में मुझे वह खारा पानी वापस कर दिया इसी कारण से मेरा जल अशुद्ध है। आप साबरमती की जो धारा लेकर आये हैं उसे मेरे जल में मिला दीजिए, जिससे मेरा भी जल पवित्र हो जाये। इस तरह साबरमती अन्य नदियों के साथ समुद्र में जा मिली और समुद्र का जल पवित्र हो गया।

पद्मपुराण के अनुसार साबरमती के उद्गम को लेकर एक और रोचक कथा सुनी जाती है कि एक बार महर्षि कश्यप नैमिषारण्य वन

में रहने के लिए पधारे। वहाँ उन्होंने ऋषियों के साथ काफ़ी समय व्यतीत किया। नैमिषारण्य वन में रहने वाले ऋषियों ने महर्षि कश्यप से प्रार्थना की कि आप जनकल्याण के लिए गंगा जी को धरती पर उतारिए। उनकी बातों को सुनकर महर्षि कश्यप ने आबु के जंगल में सरस्वती नदी के किनारे अत्यन्त घोर तपस्या की। उनकी तपस्या से प्रसन्न होकर शिव ने उन्हें साक्षात् दर्शन दिया और वर माँगने के लिए कहा। तब कश्यप ऋषि ने कहा कि आपकी जटा में जो परम् पवित्र पापों को नष्ट करने वाली गंगा स्थित है, उसे दया करके समस्त जनकल्याण के लिए प्रवाहित कर दीजिए। इतना सुनते ही भगवान शिव ने अपने मस्तक से एक जटा उठाकर गंगा की धार कश्यप ऋषि को दे दिया। गंगा जी लेकर कश्यप ऋषि अपने स्थान पर लौट आये। भिन्न–भिन्न युगों में यह गंगा संसार में विभिन्न नामों से प्रसिद्ध हुई। सतयुग में कृतवती, त्रेता में गिरिकर्णिका, द्वापर में चन्दना और कलयुग में इसका नाम साभ्रमती (साबरमती)। साबरमती अपने पवित्रता और पौराणिकता के लिए आज भी पूरे संसार में प्रसिद्ध है।

गोदावरी नदी : यह भारत की प्रमुख नदियों में से एक है। ऐसा कहा जाता है कि उत्तर भारत में जो स्थान पवित्रता और धार्मिकता की दृष्टि से गंगा का है वही स्थान दक्षिण भारत में गोदावरी का है। इसीलिए गोदावरी को 'दक्षिण की गंगा' भी कहा जाता है। गोदावरी का एक संक्षिप्त नाम 'गोदा' भी है। गोदा का उद्‌गम महाराष्ट्र में पश्चिमी घाट पहाड़ों में नासिक जनपद के त्र्यम्बक के पास पहाड़ी की एक बड़ी दीवार से होता है। वहाँ किसी प्रतिमा के दो होंठ से बने हैं और उनके बीच से जलधार बहती है। इस पहाड़ी का नाम ब्रह्मगिरि है। गोदावरी नदी के उद्‌गम के सन्दर्भ में अनेक कथाएँ वर्णित हैं। 'गोदावरी' का अर्थ है सर्वश्रेष्ठ जलदायिनी या गाय देने वाली सर्वश्रेष्ठ नदी या वह नदी जिसे गौतम ऋषि अपने गोहत्या के पाप को धोने के लिए लाये थे। ऋषि गौतम की यह कथा ब्रह्मपुराण और नारदपुराण में वर्णित है। जो इस प्रकार है–ऋषि गौतम त्र्यम्बक के पास ब्रह्मगिरि पहाड़ी पर अपनी पत्नी अहल्या के साथ निवास

करते थे ऐसा कहा जाता है कि इस क्षेत्र में करीब बारह वर्ष तक वर्षा नहीं हुई। तब ऋषि गौतम ने वरुण देवता को प्रसन्न करने के लिए एक यज्ञ किया और वरुण देवता प्रसन्न हो उन्हें वरदानस्वरूप एक अक्षय कुण्ड दिया। उस अक्षय कुण्ड की यह विशेषता थी कि गौतम ऋषि चाहे जितना जल ले सकते थे और उस कुण्ड का जल समाप्त नहीं होता और इसी कुण्ड के जल के माध्यम से गौतम ऋषि के अपने खेतों की सिंचाई की, जिसके कारण उनके खेतों में ख़ूब अच्छी फ़सल हुई। गौतम ऋषि की इस उपलब्धि की चर्चा आसपास के गाँवों एवं क्षेत्रों में बड़ी तेज़ी से फैली, जिसके कारण वहाँ रहने वाले अन्य ऋषियों को गौतम ऋषि की इस उपलब्धि से ईर्ष्या होने लगी। कारण कि उनके खेत सूखे हुए थे और उन्हें अनाज का एक दाना भी नहीं मिल पा रहा था। दुर्भिक्ष और सूखेपन से परेशान होकर अन्य ऋषियों को गौतम ऋषि के इस स्वार्थी व्यवहार के कारण बेहद कष्ट और क्रोध हुआ। कहते हैं तब उन ऋषियों ने गौतम ऋषि से बदला लेने के लिए एक षड्यन्त्रकारी योजना बनायी। इसमें उन्होंने गणेश जी को भी शामिल करने के लिए बुलाया, लेकिन गणेश जी ने मना कर दिया तब ऋषियों ने उनसे कहा कि आप केवल मनोरंजन का भाव लेकर इसमें सम्मिलित होइएगा और गणेश जी मान गये।

ऋषियों ने मिलकर यह षड्यन्त्र किया कि एक गाय को गौतम ऋषि के खेतों में चरने के लिए चुपके से छोड़ दिया जब गौतम ऋषि ने देखा कि एक गाय उनके खेतों की फ़सल को नुक़सान कर रही है तो वे खेत के पास लगी कुशा घास की एक मुठ उखाड़कर उस गाय को भगाने के लिए दौड़े और जैसे ही उन्होंने गाय के पास पहुँचकर, घास की मुठ से उसे धक्का देकर खेत से बाहर करना चाहा कि वह गाय धक्का लगते ही गिर गयी और ऐसे अपने को दर्शाने लगी कि जैसे वह मर गयी हो। षड्यन्त्रकारी ऋषि छिपकर इस सारे दृश्य को देख रहे थे, गाय के मरते ही वे सब वहाँ आ गये और गौतम ऋषि पर गोहत्या का आरोप लगाने लगे।

यह देखकर ऋषि गौतम आश्चर्य से खड़े रह गये और कुछ समझ नहीं सके। तभी उनमें से एक ऋषि ने कहा, 'ऋषि गौतम! आप तो ऋषि हैं। पुण्य और पाप का अर्थ अच्छी तरह समझते हैं। आपसे गोहत्या हुई है और गोहत्या कितना बड़ा पाप है? यह हमें, आपको बताने की आवश्यकता नहीं हैं किन्तु इतना तो सत्य है कि आपसे गोहत्या हुई है प्रमाणस्वरूप आपके सामने मृत गाय पड़ी हुई है–सत्यम् किम् प्रमाणं। इसलिए आपको यह अपराध तो स्वीकार करना ही पड़ेगा और इस अपराध का दण्ड यही है कि आप अपना आश्रम छोड़कर कहीं और चले जाइए और भगवान शिव की तपस्या कर उन्हें प्रसन्न कीजिए और उनसे वरदान माँगिए कि वे यहाँ गंगा को प्रवाहित करें उस गंगा के जल में स्नान करके ही आप गोहत्या के पाप से मुक्त हो सकेंगे।'

ऋषियों के कहने पर गौतम ऋषि ने अपना आश्रम छोड़ दिया और एक स्थान पर शिव की तपस्या करने लगे। आख़िरकार उनकी तपस्या से शिव जी प्रसन्न हुए। तब गौतम ऋषि ने उनसे वहाँ गंगा को लाने की प्रार्थना की, साथ–ही–साथ शिव को ब्रह्मगिरि पर रहने के लिए मना भी लिया। इस तरह गंगा ब्रह्मगिरि से गोदावरी के रूप में प्रकट हुईं। शिव जी भी ब्रह्मगिरि के निकट त्र्यम्बक में ज्योतिर्लिंग के रूप में अपना आसन जमाया। गौतम जी ने भी अपने सभी देवताओं से अनुरोध किया कि वे बारह साल में एक बार जब बृहस्पति, सिंह राशि में प्रवेश हो तब यहाँ अवश्य पधारें। कथा के अनुसार शिव जी ने गौतम ऋषि से प्रसन्न होकर अपने सिर की एक जटा उठा दी थी, जिससे गंगा वहाँ प्रवाहित हुईं। गौतम जी ने जैसे ही वह जल मृत गाय पर छिड़का, वह जीवित होकर उठ गयी। उसने गौतम ऋषि को उनके गोहत्या के पाप से मुक्त कर दिया और लुप्त हो गयी। अब चूँकि इस नदी के जल से गाय को नया जीवन मिला था, इसलिए इसका एक नाम 'गोदा' या 'गोदावरी' पड़ा। गोदावरी की महिमा का वर्णन ब्रह्मपुराण में इस प्रकार मिलता है :

आनीता सजटा गंगा अस्या नान्यच्छुभावहम्।
स्वर्गे भुवि तले वाऽपि तीर्थ सर्वार्थदं मुने...

कहने का तात्पर्य यह है कि हे मुनि! इसमें कोई सन्देह नहीं है कि समस्त अर्थों को देने वाला ऐसा तीर्थ स्वर्ग तथा भूतल दोनों में कहीं नहीं है। 'बाम्बे गजेटियर' के चौदहवें खण्ड के पृष्ठ 553 में एक पौराणिक सन्दर्भ के माध्यम से बताया गया है कि गोदावरी का उद्गम माघ शुक्ल दशमी को हुआ था और उस दिन शनिवार था। उस समय भगवान विष्णु का कच्छप अवतार हुआ था और दो हज़ार वर्ष के सतयुग की समाप्ति हुई थी और राजा मानधाता का शासन था। गोदावरी के अवतरण के बारे में एक कथा यह भी है कि उसका जन्म शिव जी की जटा से हुआ था और वह पर्वत 'जटाफटक' नाम से जाना जाता था। इस तरह अनेक कथाओं द्वारा गोदावरी के उद्गम की कहानी कही गयी है। ऐसा माना जाता है कि पहले वह अरब सागर की ओर बहना चाहती थीं, किन्तु गौतम ऋषि कुश की घास से उसकी दिशा बदल दी। जिस स्थान पर गोदावरी पूर्व–दक्षिण की ओर मुड़ती है, इसलिए उसे 'कुशावर्त' कहा जाता है। चूँकि गोदावरी को गौतम ऋषि लाये थे, इस कारण इसे 'गौतमी' भी कहा जाता है। आगे जाकर इसकी चौड़ाई या इसका पाट चार मील का हो जाता है।

दोवलाईश्वरम् में गोदावरी दो भागों में बँटकर बहती है। एक का नाम है–गौतमी गोदावरी जो पूर्वी धारा है और दूसरी का नाम है–वशिष्ठ गोदावरी जो पश्चिमी धारा है। पहली धारा यानम नामक स्थान से गुज़रती हुई बंगाल की खाड़ी में गिरती है, जबकी पश्चिमी धारा बंगाल की खाड़ी में ही नरसापुर नामक स्थान पर गिरती है। लोक परम्परा के अनुसार–बंगाल की खाड़ी में समुद्र से मिलने से पहले गोदावरी अपनी धाराओं को सात भागों में बाँट लेती है। परम्परा के अनुसार–गोदावरी की सात धाराओं के नाम सात ऋषियों पर हैं और इनसे उनकी कथाएँ जुड़ी हैं। पहली धारा कश्यप ऋषि के नाम से जानी जाती है। इसका एक नाम 'तुल्या' भी है।

दूसरी धारा का सम्बन्ध ऋषि अत्रि से है जिनके बारे में कहा जाता है कि उन्होंने इन्द्र का स्थान पाने के लिए तपस्या की थी। तीसरी धारा के पास ऋषि भरद्वाज ने तपस्या की, ताकि उनकी पुत्री रेवती के लिए कोई योग्य वर मिल जाये, क्योंकि रेवती कुरूप थी, ऋषि कण्ठ से उसका विवाह हुआ। विवाह के बाद जैसे ही दोनों ने गोदावरी के इस धारा में स्नान किया कि वे अत्यन्त सुन्दर और रूपवान हो गये।

चौथी धारा ऋषि गौतम के नाम से है। ऐसा कहा जाता है कि उनकी पत्नी अहल्या ने इन्द्र से अवैध सम्बंध बनाए थे, इस कारण गौतम ऋषि ने उन्हें शाप दिया था, अहल्या गोदावरी की इसी धारा में स्नान करके शाप मुक्त हुई थीं। वशिष्ठ, विश्वामित्र और जमदग्नि ऋषियों से जुड़ी कथाएँ अब लुप्त हो गयी हैं उद्‌गम स्थल के पास ही त्र्यम्बकेश्वर महादेव का मन्दिर है। यह शिव के बारह ज्योतिर्लिंगों में से एक हैं। त्र्यम्बकेश्वर मन्दिर के भीतर तीन छोटे–छोटे लिंग हैं जो ब्रह्मा, विष्णु, महेश के प्रतीक माने जाते हैं। ऐसा माना जाता है कि कुशावर्त से गुप्त गोदावरी यहाँ आकर प्रकट होती है। यही जलधारा नासिक तक आयी है नासिक से गोदावरी का बहाव दक्षिण की ओर हो जाता है। नासिक की दूसरी ओर पंचवटी है, जहाँ राम, लक्ष्मण और सीता ने वनवास काल के कई वर्ष बिताये थे। नासिक और पंचवटी के बीच में गोदावरी नदी बहती है। नासिक में बृहस्पति के सिंह राशि में आने पर बारह वर्ष के अन्तर से कुम्भ मेला लगता है। प्राचीन साहित्य में इस स्थान का नाम नासिक्य लिखा है।

नर्मदा नदी : इसका उद्‌गम स्थल मध्य प्रदेश के शहडोल ज़िले में विन्ध्य पर्वत की श्रृंखला मेकल की एक पहाड़ी 'अमरकण्टक' पर एक कुण्ड से होता है। वहाँ से नर्मदा एक अत्यन्त पतली सँकरी धारा के रूप में निकलती है, किन्तु करीब दो मील चलने के बाद यह लगभग सत्तर फीट ऊँचा प्रपात बनाती है जिसे 'कपिल धारा' कहते हैं। नर्मदा भारत की पवित्र नदियों में से एक है। पवित्रता में यह नदी गंगा के समान मानी जाती है। इसकी पवित्रता के विषय में कहा गया है :

कलिंगदेशात् पश्चाद्धे पर्वतेऽमरकण्टके।
पुण्या च त्रिपु लोकेषु रमणीयता पदे पदे...

पुराणों में नर्मदा का एक नाम 'रेवा' भी मिलता है। नर्मदा को मेकलकन्या भी कहा गया है क्योंकि अमरकण्टक जिस पर्वत श्रेणी पर है उसका नाम 'मेकल' है। नर्मदा के जन्म के सम्बन्ध में एक कथा बतायी जाती है कि एक बार भगवान शिव अपनी पत्नी उमा के साथ अमरकण्टक पर्वत पर घोर तपस्या कर रहे थे। इस कठिन तपस्या के कारण उनके शरीर से जो पसीना बहा, वह इस पर्वत से एक नदी के रूप में बहती हुई एक स्त्री का रूप ले लिया और वह भगवान शिव की आराधना करने लगी, उसकी तपस्या से प्रसन्न होकर शिव ने वरदान दिया कि तुम सदा पवित्र और भरी–पूरी रहोगी, तब उस स्त्री ने वरदान माँगा कि मैं 'अ–ओनिजा' अर्थात् 'योनि' से उत्पन्न नहीं हुई मानी जाऊँ और यह है कि मैं 'अ–मृत' अर्थात् प्रलय में भी मृत न होऊँ। तब शिव तथास्तु कहकर अन्तर्धान हो गये अर्थात् ऐसा ही हो। अपनी आरम्भिक यात्रा में नर्मदा उछलते–कूदते, इधर–उधर बहती हुई ऐसी दिखती है कि मानो वह नृत्य करती हुई लुका–छिपी का खेल–खेल रही हो। कथा आगे कहती है कि शिव से वरदान पाकर नर्मदा निश्चिन्त होकर बहने लगी। वह इतनी अधिक रूपवती थी कि उसके रूप–सौन्दर्य को देखकर देवता उसकी ओर आकर्षित होने लगे, इतना ही नहीं राक्षस भी उसके पीछे पड़ गये। नर्मदा अपने नृत्य और इधर–उधर की चाल से सबको छकाने लगी, जो भी देवता या राक्षस उसके निकट आते वह गायब हो जाती, उसे कोई भी पकड़ नहीं पाता। नर्मदा का यह खेल भगवान शिव को बहुत ही आनन्दित करने वाला लगा। इसलिए उसका नाम 'नर्मदा' रखा। 'नर्मद' का अर्थ है हँसाने वाला, परिहास करने वाला। 'नर्मदा' इसी नर्मद शब्द का स्त्रीलिंग है। एक बार शिव ने देवताओं और राक्षसों से कहा कि तुममें से जो भी इसे पकड़ लेगा, उसी के साथ नर्मदा का विवाह कर दूँगा, किन्तु कोई भी देवता या राक्षस उसे पकड़ने में सफल नहीं हो सके, तो भगवान शिव ने इस 'कुँवारी' को समुद्र को सौंप दिया।

यही कारण है कि इस लोककथा के अनुसार मध्य प्रदेश में इसका नाम 'कुँवारी नदी' भी है।

एक गोण्डी लोककथा के अनुसार अमरकण्टक से ही निकले शोणभद्र नद ने नर्मदा से ब्याह करने का वादा किया था, किन्तु आगे जाकर शोणभद्र ने नर्मदा का साथ छोड़कर पूर्व की ओर चल दिया तब नर्मदा उससे नाराज होकर पश्चिम की ओर बह चली। इसके बाद उसने कभी किसी से विवाह करना स्वीकार नहीं किया और अकेले ही जाकर समुद्र में विलीन हो गयी। इसलिए 'नर्मदा' को लोग 'कुँवारी नदी' कहते हैं। एक आदिवासी लोककथा के अनुसार नर्मदा ने पृथ्वी पर आने से पहले सैकड़ों वर्ष तक ब्रह्मा जी की घोर तपस्या की थी। तपस्या से प्रसन्न होकर बह्मा जी ने नर्मदा से वरदान माँगने को कहा। नर्मदा ने कहा कि मुझे गंगा के समान ही बना दीजिए। तब ब्रह्मा जी ने उसे समझाया कि सबका महत्त्व अलग–अलग है, कोई एक–दूसरे के बराबर नहीं हो सकता। ब्रह्मा जी की बातों का नर्मदा पर कोई असर नहीं हुआ, उसे सन्तुष्टि नहीं हुई तो वह वहाँ से चलकर **काशी** आयी और शिव की तपस्या में लीन हो गयी। शिव नर्मदा की तपस्या से प्रसन्न हो उसे वरदान दिया और कहा कि गंगा, यमुना और सरस्वती में स्नान करने से जो पुण्य मिलता है, वह तुम्हारे दर्शन मात्र से मिल जायेगा और मानव कल्याण के लिए उसी दिन से नर्मदा धरती पर प्रकट हो गयी।

स्कन्दपुराण में नर्मदा के जन्म की एक और रोचक कथा आती है। एक बार ज्ञानियों ने चन्द्रवंश के चक्रवर्ती राजा पुरूरवा से नर्मदा की पवित्रता को देखते हुए धरती पर लाने के लिए आग्रह किया, क्योंकि नर्मदा तीनों लोकों में सबसे पवित्र और रोगों को हरने वाली नदी है। यदि आप शिव की आराधना करके नर्मदा को धरती पर उतार देंगे तो मानव का बड़ा ही कल्याण होगा। यह बात सुनकर राजा पुरूरवा शिव की तपस्या करने के लिए चले गये। उनकी कठोर तपस्या से प्रसन्न होकर राजा पुरूरवा से शिव ने उनकी तपस्या करने का कारण पूछा। तब राजा पुरूरवा ने शिव से कहा

कि आप नर्मदा को भूमण्डल पर उतार दीजिए। यह बात सुनकर शिव चिन्ता में पड़ गये कि यह काम तो बहुत कठिन है। नर्मदा को पृथ्वी पर लाना सम्भव नहीं है। इसकी धार का वेग बहुत तेज़ है। लेकिन राजा पुरूरवा अपनी बात पर अडिग रहे। तब शिव ने आठ बड़े पर्वतों को आमन्त्रित कर पूछा कि तुममें से कौन नर्मदा का भार सहन कर सकता है? किन्तु कोई पर्वत उनके भार को सँभालने का साहस न कर सका। तब विन्ध्याचल पर्वत ने अपने पुत्र 'पर्यक' का प्रस्ताव रखा।

इसके बाद शिव ने नर्मदा को धरती पर जाने की आज्ञा दे दी। नर्मदा जिस वेग से धरती पर उतरीं वह अत्यन्त भयानक था कि पूरी–की–पूरी धरती जलमग्न हो गयी और ऐसा लगा कि पूरी धरती ही डूब जायेगी। चारों तरफ़ हाहाकार मच गया। तब सब लोगों ने मिलकर भगवान शिव से प्रार्थना की, कि आप ही हमें इस भारी संकट से छुटकारा दिला सकते हैं। इन सारी बातों को जानने के बाद शिव ने नर्मदा को आदेश दिया कि तुम अपने वेग को छोड़कर जनहित के लिए सामान्य गति से पृथ्वी पर प्रवाहित हो। इस तरह नर्मदा का पृथ्वी पर आगमन हुआ। अमरकण्टक से निकली नर्मदा नदी आध्यात्मिकता और पवित्रता की दृष्टि से आज भी लोग उसके गुणों को कहते थकते नहीं हैं।

नदियों से जुड़ी लोककथाएँ और मिथक हमारा ज्ञानवर्धन करने के साथ नीतिगत और नैतिक सन्देश भी देते हैं। ये कथाएँ अपने सन्देशों के माध्यम से मानव जीवन का पथ भी सुगम बनाती हैं। नदियों ने भारत भूमि की धरा को हरा–भरा और सुरम्य बनाया है उनको सँभालने की ज़िम्मेदारी हम सबकी है, ताकि हमारी नदियाँ और हमारा देश अद्वितीय बने रहे।

12
विकास और नदियाँ

नदियाँ प्रकृति की अनुपम देन हैं। आज नदियों के जीवित रहने और बहने में अनेक बाधाएँ आ खड़ी हुई हैं। विकास और विनाश की दुविधा बहस का विषय है। विकास बाधित न हो और नदियों का अस्तित्व समाप्त न हो इन दोनों पक्षों का ध्यान रखकर सतत् विकास के पथ पर आगे बढ़ना होगा। पर्यावरण और समाज विज्ञानों में विकास की अवधारणा को कई तरह से परिभाषित किया जाता रहा है। प्रायः इसका प्रयोग उद्योगीकरण एवं आधुनिकीकरण के परिप्रेक्ष्य में विकसित एवं विकासशील देशों के बीच अन्तर स्पष्ट करने के लिए होता है। विकास के कई आयाम हैं : सामाजिक, आर्थिक, सतत विकास, समावेशी विकास इत्यादि। संयुक्त राष्ट्र के अनुसार सामाजिक विकास के कुछ प्रमुख संकेत इस प्रकार हैं : जीवन–यापन का स्तर (level of standard of living), ग़रीबी का स्तर (level of poverty), शिक्षा का स्तर (level of education), समाज के दबे कुचले लोगों को ऊपर उठाने की सम्भावनाएँ, राज्य द्वारा सामाजिक कल्याण की सुविधा, समाज में आर्थिक असमानता, स्वास्थ्य का स्तर, जन्म के समय जीवन प्रत्याशा इत्यादि। जब विकास के इतने सारे आयामों को छोड़कर किसी भी कीमत पर केवल आर्थिक विकास को प्राथमिकता दी जाती है तो पर्यावरणीय और सामजिक असन्तुलन पैदा होते हैं। जीवनदायिनी नदियों से पानी लेने की जगह उनमें

उद्योगों का कचरा, शहरों का सीवेज और कूड़ा निस्तारण किया जाने लगा परिणामस्वरूप जो कभी नदी प्रणाली थी वह गन्दे नाले–नालियों की प्रणाली बनकर रह गयी। महान उर्दू कवि एवं शायर इक़बाल ने अपने सुप्रसिद्ध गीत 'सारे जहाँ से अच्छा हिन्दोस्ताँ हमारा' में हिमालय पर्वत और नदियों की महिमा का बखान करते हुए लिखा था :

"गोदी में खेलती हैं इसकी हज़ारों नदियाँ
गुलशन है जिनके दम से रश्क-ए-जिनाँ हमारा।"

भारत देश की ज़मीन में हज़ारों नदियों के बहने और कलरव करने का वर्णन हमारे संस्कृत साहित्य से लेकर अब तक की जाती है परन्तु अब नदियाँ ख़तरे में हैं। वे गन्दी नालियाँ बनने को अभिशप्त हैं। आधुनिक विकास का सीधा सामना नदियों से है। हवा और जंगल भी ख़तरे में हैं। प्रकृति से जो छेड़छाड़ पूरी दुनिया में हुई है उसके कारण प्राकृतिक सुषमा विकृत हो रही है। सोपान जोशी अपनी किताब 'जल थल मल' के एक अध्याय का नाम देते हैं 'गोदी में जिसके बहती हैं हज़ारों नालियाँ' तो इंडिया टुडे ने 'गोदी में जिसके सूखती हैं हज़ारों नदियाँ' शीर्षक से देश भर में घटते पानी और सूखती नदियों का एक व्यापक ब्योरा प्रस्तुत किया है। तीनों लोगों के पंक्तियों का विश्लेषण किया जाये तो पिछले सौ सालों में पानी की हालत कहाँ से कहाँ तक पहुँच चुकी है कि आज दुनिया की तीन अरब आबादी को हाथ धोने के लिए साफ़ पानी ही नहीं उपलब्ध है। भारत के चेन्नई, दिल्ली और मेरठ जैसे शहर 'डे ज़ीरो' की हालत में पहुँच चुके हैं। बेशक अपने देश में विकास हुआ है ज़मीन की कीमत इस कदर बढ़ी है कि पानी की कोई सोचता ही नहीं। नदी–नाले, ताल–तालाब सब पाटकर आशियाने या उद्योग लगाने हैं, सारा कचरा और शहरी मल–मूत्र सीधे नदी और अन्य जल स्रोतों में डालना है। पानी तो बोरिंग और सबमर्सिबल से खींच ही लिया जायेगा इस भयानक भूल ने नदियों को विकास की राह में बाधक बना डाला है। नदी हार रही है, जीवन भी हार रहा है। बस पक्का वाला विकास तेज़ी से आगे बढ़ रहा है।

आज मानसून चक्र में परिवर्तन और बेमौसम बरसात, भूगर्भ जल के अन्धाधुन्ध दोहन के कारण सदानीरा नदियाँ भी मौसमी या बरसाती नदियों में बदलती जा रही हैं। नदियों में पानी की उपलब्धता कम होती जा रही है। इन्हीं सब बातों को ध्यान में रखते हुए हिन्दी साप्ताहिक पत्रिका 'इंडिया टुडे' के 29 जनवरी, 2020 के अंक में मंजीत ठाकुर 'गोदी में सूखती हैं जिसकी हज़ारों नदियाँ' शीर्षक से हमें मानसून के बदलते मिजाज, अनियन्त्रित आबादी, नदियों पर बनते बाँध, जंगलों की बेतहाशा कटाई और प्रदूषण इत्यादि के कारण आसन्न भयावह संकट की तरफ़ सचेत करते हैं। इसी लेख में राँची विश्वविद्यालय के प्रो. नीतीश प्रियदर्शी का बयान दर्ज़ है कि "दुनिया की ज्यादातर नदियाँ जंगलों से होकर बहती हैं। जिन नदियों के बेसिन में जंगल काटे गये हैं वहाँ नदियों में पानी कम हुआ है, उन्हें अविरल धारा के लिए पानी नहीं मिल रहा है। बरसात ख़त्म होते ही नदियाँ सूखने लगती हैं। भू-जल ठीक से चार्ज नहीं हो रहा है। एक अहम मौसमी चक्र टूट गया है।" भारत ही नहीं दुनिया की तमाम बड़ी नदियों में जल संकट साल दर साल बढ़ता ही जा रहा है। अत्यधिक जल दोहन और नदियों की धारा अप्राकृतिक रूप से मोड़ने के कारण मिस्र की नील नदी, उत्तरी अमेरिका की कालरेडो, भारत और पाकिस्तान में बहने वाली सिन्धु नदी, मध्य एशिया की आमू और शायर दरिया जैसी नदियाँ अब अपने मुहानों पर समुद्र से नहीं मिल पातीं जिसके कारण समुद्र का खारा पानी आसपास के भूगर्भ जल को नमकीन बना रहा है। साथ ही मंग्रोव और अन्य वनस्पतियों पर भी प्रतिकूल असर पड रहा है। दुनिया की ये विशाल और महान नदियाँ पतले नालों में बदल चुकी हैं।

जिन नदियों की गोद में हज़ारों साल पहले दुनिया की महान सभ्यताएँ विकसित हुईं, आज उन्हीं जीवनदायिनी नदियों का जीवन बचाने के लिए अभियान चलाने पड़ रहे हैं। आज हम बहुत ही नाज़ुक समय में जी रहे हैं जब पानी ख़त्म हो रहा है लेकिन पानी

को बचा लेने की चिन्ता बहुत ही कम लोगों के जेहन में है। दिनांक 21 जून, 2019 उत्तर प्रदेश सरकार ने जल संरक्षण अभियान की शुरुआत प्रदेश के सभी जनपदों में एक साथ किया। उत्तर प्रदेश की धार्मिक और ऐतिहासिक महत्त्व की छोटी और मध्यम आकार की आठ नदियों गोमती–लखनऊ, सई–प्रतापगढ़, तमसा–अयोध्या–अकबरपुर, अरेल–बरेली, सोम–बदायूँ, मनोरमा–बस्ती, आमी–सन्त कबीरनगर, वरुणा–वाराणसी को पुनर्जीवित करने का लक्ष्य सरकार ने रखा। अगले सालों में अन्य नदियों के पुनरुद्धार का कार्य किये जाने पर भी विचार किया जा रहा है जो स्वागत योग्य पहल है। वर्ष 2020 में भी पूर्वी काली नदी, टेडी, मनोरमा, पाण्डू, वरुणा, ससुर–खदेरी, साईं, गोमती, अरिल, मोरवा, मन्दाकिनी, तमसा, नाद, कर्णावती, बान, और सोत नदियाँ जो प्रदेश के 39 जनपदों से होकर बहती हैं, का मनरेगा योजना से पुनर्जीवित करने का निर्णय उत्तर प्रदेश सरकार द्वारा लिया गया है। **(दैनिक जागरण : 19 अप्रैल, 2020)**

नदियों को जीने दो

यह एक तथ्य है कि पृथ्वी पर जीवन के लिए जल अनिवार्य तत्त्व है। विभिन्न कारणों से नदियों के अस्तित्व के समक्ष आज गम्भीर संकट उत्पन्न हो गये हैं। अतः नदियों को बचाये रखने के लिए आज ही उनके किनारे रहने वाले दुनियाभर के समुदायों के अधिकारों को भी समझने और बचाने के प्रति लोगों को जागरूक करना आवश्यक हो गया है। इस महत्त्वपूर्ण कार्य के लिए दुनिया भर में नदियों के संरक्षण के लिए कार्य करने वाले व्यक्तियों और संगठनों को साथ आने की आवश्यकता है। इसी के दृष्टिगत 27 सितम्बर को नदी दिवस पर सन् 2015 में हुई 'हमारी नदियों को जीने दो' की दिल्ली उद्घोषणा के कुछ महत्त्वपूर्ण बिन्दु निम्न प्रकार हैं जिन पर शासकीय, प्रशासनिक, न्यायिक या सामाजिक स्तर पर अमल किये जाने की आवश्यकता है।

उक्त कार्यक्रम में देशभर के नदी संरक्षण के क्षेत्र में कार्य करने वाले एक्टिविस्ट, विद्वानों और विशेषज्ञों ने मिलकर नदी की एक सामान्य परिभाषा गढ़ने का प्रयास किया जो इस प्रकार है, "नदी, मात्र बहते पानी की धारा नहीं है। नदी, एक प्राकृतिक, सजीव व पर्यावरणीय तन्त्र है, जो रेत और माटी को अपने साथ निरन्तर बहाती रहती है। जलागम क्षेत्र, बाढ़ क्षेत्र, खादर, नदी तल, तटों की वनस्पतियाँ आदि सभी नदी तन्त्र के अभिन्न अंग हैं। इन सभी प्राकृतिक संरचनाओं को जोड़कर नदी बनती है। एक नदी असंख्य जीव– जन्तुओं और पौधों को आश्रय देती है और उनके साथ पारस्परिक सम्बन्ध बनाये रखती है। नदी, वैश्विक जलचक्र की अहम कड़ी है, जो अनवरत प्रवाहमान रहते हुए बड़े पारिस्थितिकीय तन्त्रों को जोड़ती तथा पूर्ण करती है। नदी, बेसिन और एस्चुरी तक फैली असंख्य लघु–दीर्घ धाराओं का विशाल तन्त्र है।''

इस उद्घोषणा में यह विशेष रूप से रेखांकित किया गया कि प्रवाहित जल की मात्रा और गुणवत्ता में उत्तरोत्तर कमी तथा गिरते प्रदूषण से नदी की सेहत पर प्रतिकूल असर पड़ता है। सहायक नदियों के जलहीन होने, जैवविविधता के कम होने तथा खादर क्षेत्र के विकृत होने से नदी पूरी तरह बीमार हो जाती है। एक सीमा के पश्चात वह प्रदूषण के ख़िलाफ़ प्रतिरोधक क्षमता तथा जल को सोखकर अपने में सँजोए रखने की क्षमता खो बैठती है। ऐसी स्थिति में नदी को पुनर्जीवित कर पाना असम्भव होने लगता है।

नदियों के तटों पर औषधीय पौधे लगाकर बाढ़ क्षेत्र में जैव विविधता के संरक्षण और संवर्धन के द्वारा ही नदियों को सदानीरा बनाये रखा जा सकता है। नदी प्रकृति की एक अनोखी रचना है। नदियाँ इस धरती को सुन्दर बनाये रखने और मानव जीवन के पक्ष में अनेक कार्य करती हैं जैसे घाटियों का निर्माण, चट्टानों को खिसकाना, बड़े पत्थरों को बजरी और रेत में बदल देना। नदियाँ हर क्षण ऐसी ही कितनी कलाकारी करते हुए बहा करती हैं। धरती पर हर प्रकार के जीव, मानव और वनस्पति का पोषण नदियाँ ही करती हैं।

इसी कारण नदियों को जीवनदायिनी और माँ कहा गया है। इसी के साथ भू–जल भण्डार को बढ़ाना और प्रदूषण फैलाने वाले तत्त्वों को बेअसर कर स्वयं को निर्मल रखना एवं मिट्टी की उर्वरा शक्ति बढ़ाना नदियों के ही कार्य हैं।

धरती का तीन चौथाई हिस्सा पानी से घिरा है इसीलिए इसे नीला ग्रह भी कहते हैं। धरती के विशालकाय समुद्रों से उठा पानी ही बादल बनकर बरसता है जिससे नदियाँ, स्वच्छ और अविरल होती हैं। नदी का पानी सागरों और समुद्रों में मिलकर सागर के तापमान को नियन्त्रित और उसकी लवणता को सन्तुलित करने में सहयोग करती है। सागर के नमकीन पानी को थलक्षेत्र में आने से रोकना और समुद्री जीवों को पोषक तत्त्व उपलब्ध कराना भी नदी के ही कार्य हैं। नदी और समुद्र के पारस्परिक रिश्ते में सन्तुलन बनाये रखना अपरिहार्य है। हर नदी का अपना एक चरित्र होता है उसे अपने प्राकृतिक ढंग से ज़मीन, हवा, वनस्पतियों तथा सागरों से अन्तःक्रिया होते रहना चाहिए अन्यथा प्राकृतिक सन्तुलन बिगड़ने और मौसम चक्र पर प्रतिकूल असर पड़ने का डर रहता है। नदी प्रवाह सिर्फ़ साधारण पानी नहीं है यह अनगिनत पारिस्थितिकीय दायित्वों की पूर्ति करता है। अतः प्राकृतिक बहाव में किसी भी तरह का मानवीय हस्तक्षेप सिर्फ़ ऐसी स्थिति में होना चाहिए, जब कोई अन्य विकल्प शेष न हो। नदियों को आपस में जोड़ना अप्राकृतिक है और तमाम असन्तुलन को आमन्त्रित करने वाला कृत्य है इसे हतोसाहित किया जाना चाहिए।

बाँध से घिरता विकास

'कलियुग के भगीरथ' अध्याय में हमने भारत में और दुनिया के विभिन्न देशों में नदियों पर बाँधों के बनाये जाने का विरोध करने वाले कई एक्टिविस्ट के बारे में चर्चा की है। बाँध नदी के प्राकृतिक स्वरूप के साथ गम्भीर क़िस्म की छेड़छाड़ है। बाँधों और नदी जोड़ परियोजना के पैरोकार नदी के पारितन्त्र को नहीं समझते।

नदी एक जैविक इकाई है और अपने उद्गम से अन्त तक एक सिस्टम की तरह काम करती है जिसमे अनेक तरह की भू–संरचनाएँ, जीव–जन्तु और वनस्पतियाँ शामिल होती हैं। बाँध प्राकृतिक तौर पर युगों से स्थापित इस संरचना और सिस्टम को प्रतिकूल ढंग से प्रभावित करते हैं। नदी प्रवाह, सिर्फ़ साधारण पानी का बहते जाना मात्र नहीं है बल्कि यह अनेकानेक पारिस्थितिकीय दायित्वों की पूर्ति करता है। लिहाजा, प्राकृतिक बहाव में हस्तक्षेप सिर्फ़ ऐसी स्थिति में होना चाहिए, जब कोई और विकल्प शेष न हो। असित के. बिस्वास ने भी अपने शोध अध्ययनों में बड़े बाँधों से होने वाले दुष्प्रभावों की चर्चा की है। नदियों के पुनर्जीवित करने (river restoration) पर जितने भी शोध हुए हैं सभी बड़े बाँधों का विरोध करते हैं और नदी में न्यूनतम पर्यावरणीय प्रवाह बनाये रखने के प्रबल पक्षधर हैं। उत्तराखण्ड राज्य स्थित तपोवन हाइड्रो प्रोजेक्ट के तहत बन रहे बाँध का ग्लेशियर के अचानक टूटने से तबाह होना बताता है कि प्रकृति से ज़्यादा छेड़छाड़ उचित नहीं है।

हमारे देश के जलवायु के प्रकृति और चरित्र को निर्धारित करने में हिमालय पर्वत की बहुत बड़ी भूमिका है। ग्लेशियर, वर्षा वन, नदियों और धाराओं के उद्गम स्थल बहुत कुछ उसकी गोद में जन्मता फलता–फूलता और आगे बढ़ता है। पहाड़ी राज्यों में जम्मू–कश्मीर से लेकर अरुणाचल प्रदेश तक विकास के नाम पर जगह–जगह जलधाराओं को रोककर बाँध बनाने, पहाड़ों को डायनामाइट के विस्फोट से उड़ाने, स्थानीय लोगों को पलायन करने को मजबूर करने जैसे कार्यों से हिमालय की पारिस्थिकी को बहुत नुकसान पहुँचा है। सैंड्रप के एक अध्ययन का इस सम्बन्ध में स्पष्ट कहना है कि, "किसी एक नदी पर 'रन ऑफ़ रिवर बाँध' की शृंखला, उतनी ही नुकसानदेह होती है, जितनी कि जलाशययुक्त कोई बाँध परियोजना। 'रन ऑफ़ रिवर' बाँधों की ऐसी शृंखला से स्थानीय पारिस्थितिकी, मौसम और स्वयं नदी पर अधिक बुरा प्रभाव पड़ता है।'' बाँधों के दुष्प्रभाव पर हुए कई अध्ययनों में विशेषज्ञों ने रुके हुए बाँध के पानी में उत्पन्न

होने वाली गैसों व अन्य तत्त्वों जैसे मिथाइल मरकरी को हमारी नसों के लिए ज़हर बताते हुए बाल मस्तिष्क तथा बौद्धिक क्षमता पर दुष्प्रभाव का स्रोत पाया है। ठहरे प्रवाह में होने वाली गैस निर्माण तथा उत्सर्जन प्रक्रिया इस लिहाज़ से घातक है। बाँध बनाकर किसी दूर के शहर को पानी आपूर्ति करना दूरदर्शिता पूर्ण निर्णय नहीं है। प्रत्येक शहर को वाटर हार्वेस्टिंग तथा ट्रीटमेंट द्वारा गन्दे पानी को उपचारित करके उपयोग में लाना चाहिए जैसे दिल्ली में उपचारित पानी को बागवानी, बस की धुलाई आदि में उपयोग में लाया जाना अच्छी ख़बर है।

माननीय हाईकोर्ट इलाहाबाद ने गंगा–यमुना नदियों में प्रदूषण रोकने के लिए मूर्तियों के सीधे विसर्जन को रोकने हेतु एक महत्त्वपूर्ण आदेश पारित किया था। उत्तर प्रदेश राज्य के प्रयागराज, वाराणसी, जौनपुर जैसे जनपदों में मूर्ति विसर्जन के लिए वैकल्पिक उपाय किये गये लेकिन अभी भी अधिकांश जनपदों में यह काम किया जाना बाकी है। शासन–प्रशासन से यह सुनिश्चित करने को कहा गया है कि विसर्जन की वजह से कोई जलसंरचना प्रदूषित न होने पाये। माननीय राष्ट्रीय हरित न्यायाधिकरण ने भी यमुना में प्लास्टर ऑफ़ पेरिस से बनी मूर्तियों के विसर्जन पर रोक लगाकर एक सराहनीय पहल की है।

उद्योगीकरण और नगरीकरण

समाज विज्ञानों में नगरीकरण को उनके अपने परिप्रेक्ष्य के अनुसार अलग–अलग ढंग से परिभाषित किया गया है। कृषि आधारित अर्थव्यवस्था से उद्योगीकरण की तरफ़ बढ़ना, प्राकृतिक वातावरण का शहरी वातावरण में बदलना एवं नये शहरों की उत्पत्ति या पुराने शहरों की ज़मीन पर फैलाव में वृद्धि को नगरीकरण कहते हैं। इस प्रक्रिया में लोग नगरीय मूल्यों को अपने व्यवहार में सम्मिलित करते हैं जिससे लोक–संस्कृति (folk culture), शहरी संस्कृति (urban culture) में परिवर्तित होती है। नेल्स एंडरसन ने कहा है कि

नगरीकरण की प्रक्रिया में ग्रामीण लोग शहर की ओर प्रवास करते हैं और नगरों के प्रभाव में उनके ग्रामीण जीवन के तौर–तरीक़ों में परिवर्तन आता है। प्रवास के अभाव में भी यदि लोग गाँव में रहकर नगरीय जीवन–शैली को अपनाते हैं तो उसे भी नगरीकरण कहते हैं। लुइ वर्थ ने इसलिए नगरीकरण को एक जीवन पद्धति कहा है। (urbanism is a way of life)

आधुनिक नगरीकरण की प्रमुख विशेषता है कि औद्योगिकीकरण के कारण नगरों की एक शृंखला जिसमें एक मुख्य शहर के चारों तरफ़ सेटेलाइट शहर बनते जाते हैं। दिल्ली के पास गुड़गाँव, फरीदाबाद, गाजियाबाद, नोएडा, सोनीपत इत्यादि शहरों की शृंखला बन गयी है और एक बड़ी जनसंख्या वही केन्द्रित हो चुकी है। इस प्रक्रिया को उपनगरीय समूहन (conurbation) कहते हैं (जे. पी. सिंह 1990–91) भारत देश में होने वाले नगरीकरण पर किंग्सले डेविस एवं गोल्डन (1954) ने स्पष्ट रूप से कहा है कि "भारत में उद्योगीकरण एवं नगरीकरण के बीच कोई सम्बन्ध नहीं है और भारतीय नगरीकरण के लिए अति–नगरीकरण (hyper-urbanization and over-urbanization) जैसी अवधारणाओं का प्रयोग किया है।" इसी क्रम में टी.जी. मक्गी (1967) ने तीसरी दुनिया के देशों में नगरीकरण को छद्म नगरीकरण (pseudo-urbanization) कहा है। पश्चिम के देशों में औद्योगिगीकरण के कारण आबादी का प्रवास शहरों की तरफ़ हुआ जबकि भारत जैसे देशों में नगरीकरण उद्योगीकरण का प्रतिफल नहीं है, बल्कि यह ग्रामीण क्षेत्रों में बढ़ती हुई आबादी, बेरोज़गारी और ग़रीबी का परिणाम है। प्रसिद्ध जनसंख्या शास्त्री आशीष बोस का मानना है कि भारत का नगरीकरण अति–नगरीकरण या छद्म न होकर सामान्य नगरीकरण है। शहरों ने उपभोक्तावादी एवं भौतिकवादी संस्कृति को बढ़ावा दिया है। इसी उपभोग उन्मुख संस्कृति ने नदी, पानी और जंगल के प्रति लोगों को उदासीन बनाया है जिसके कारण पर्यावरणीय असन्तुलन पैदा हुए हैं और मौसम चक्र भी अव्यवस्थित हो गया है। गाड़ियों की बढ़ती संख्या से वायु प्रदूषण,

सीवेज को सीधे नदियों में गिराये जाने से भयानक जल प्रदूषण हो रहा है।

सोपान जोशी (2018 : 76–77) बाहर से चमकने वाले लेकिन अन्दर से खोखले और अदूरदर्शितापूर्ण नगरीय विकास की पोल खोलते हुए लिखते हैं, "हर मानसून में हमारे शहरों में हाहाकार मचता है। चेन्नई शहर दिसम्बर, 2015 में ताबड़–तोड़ बारिश के बाद डूबा। लाखों लोग बेघर हो कर जान बचाने के लिए भागे। पूरा नगर कई दिनों तक ठप पड़ा रहा... मुम्बई में 26 जुलाई, 2005 को एक मीटर पानी बरसा था। नतीजा 450 लोग मारे गये थे और शहर का तीया–पाँचा खुल गया था। अचानक मुम्बई को पता चला कि उसके बीच से कभी मिट्‌टी नाम की नदी बहती थी, जिसकी ज़मीन पाटकर भवन बना दिये गये थे। अगर नदी का दम न घोंटा गया होता तो वह इन्द्र का आवेग ग्रहण कर जाती, फिर उसका मीठा पानी पीने को भी मिल जाता। लेकिन पानी के लिए जगह छोड़ने के इस व्यावहारिक ज्ञान की आजकल ज़मीन के बाज़ार में कोई जगह नहीं है। शहरों में बचे जल स्रोतों का आज सिर्फ़ एक काम बचा है, मैले पानी की निकासी। बारिश के पानी को सहेजने की 'प्रणाली' आज मैले पानी की नाली बन गयी है।'' साल 2019 की बाढ़ में हरियाणा का पंचकुला शहर बुरी तरह बाढ़ में डूबा, दिल्ली–गुड़गाँव रोड पर तो एक दिन की मूसलाधार बारिश के बाद कई दिनों तक पानी लगा रहता है। "देश की राजधानी दिल्ली के दक्षिण–पश्चिम में बसे गुड़गाँव का मैला पानी नजफ़गढ़ नाले में दिल्ली से होता हुआ उसके दूसरे छोर तक जाता है, उत्तर–पूर्व के वजीराबाद इलाक़े में यमुना नदी में विसर्जित होता है। मैले पानी को इतना लम्बा रास्ता इसलिए तय करना पड़ता है क्योंकि वह एक पुरानी बरसाती नदी में बहता है जिसे आज नजफ़गढ़ नाला कहा जाता है। वह एक समय में साहिबी नाम की प्रणाली थी जो अरावली पर्वतमाला के बग़ल से बहकर यमुना से दिल्ली के उत्तर में मिलती थी। यमुना नदी दिल्ली में जो निर्जीव और बदबूदार पानी ढोती है उसमें

अत्याधुनिक शहर गुड़गाँव की दमकती तरक्की का भारी योगदान है (जोशी 2019 : 82)। जून, 2019 में मैं छाबला बी.एस.एफ. कैम्प गया था। इस नाले को पार करते वक़्त मैं बड़े ध्यान से देखता रहा था। उसके आकार–प्रकार, आसपास की हरियाली को देखकर मैंने सुभाष भाई साहब से पूछा था कि यह नदी है क्या तो उन्होंने बताया था नहीं यह नजफगढ़ नाला है। नदियों का गन्दा नाला बनते जाना ही आधुनिक नगरीय विकास का विशेष चमत्कार है। हर शहर में ऐसी एक–दो नदियाँ नाले बनकर शहर के सभ्य लोगों की गन्दगी ढो रही हैं। शहर की नदियों का काम बदला तो उनका नाम भी बदला और नाम के आगे नदी की जगह नाला शब्द जुड़ गया।

जनपद इटावा का एयरस्ट्रिप एक झील को भरकर बनाया गया है। देश के सभी छोटे–बड़े शहरों के झील–तालाबों की अधिकतर ज़मीनें अतिक्रमण का शिकार होकर विकास की भेंट चढ़ चुकी हैं। सन् 2015 में चेन्नई शहर में आयी बाढ़ में कई इंजीनियरिंग और मेडिकल कॉलेज जो अवैध तरीक़े से तालाब, झील इत्यादि जलस्रोतों पर से बनाये गये थे सबको तहस–नहस कर डाला था। देश की आर्थिक राजधानी मुम्बई में जो विकास हुआ है वह हर साल मानसूनी बारिश में पानी–पानी हो जाता है।

तकनीक और पानी

तकनीक मानव जीवन को सहज बनाती है। परन्तु ज़्यादा सहजता के प्रभाव में आदमी प्राकृतिक स्रोतों के बारे में सोचना कम कर देता है। अनुपम मिश्र अपनी पुस्तक 'आज भी खरे हैं तालाब' में अंग्रेज़ों द्वारा दिल्ली में पाइप्ड जल से पानी सप्लाई आरम्भ होने के बाद तालाबों, बावड़ियों, और अरावली पहाड़ी से यमुना तक जाने वाली छोटी–छोटी जलधाराओं के प्रति लोग उदासीन होने लगे। परिणामतः धीरे–धीरे ये जलस्रोत जलहीन और अस्तित्वविहीन हो गये। ज़मीन के अन्दर बोरिंग करके नल, पम्पिंग सेट, सबमर्सिबल, पाइप्ड जल सप्लाई की ऊँची–ऊँची पानी टंकियों के माध्यम पानी खींचकर ख़ूब

प्रयोग में लाया जा रहा है। भूगर्भ जल का इस हद तक शोषण किया गया है कि दिल्ली जैसे कई बड़े शहर अपना भूगर्भ जल समाप्त कर 'डे जीरो' पर पहुँच चुके हैं। जल जीवन मिशन नामक पेयजल की योजना अब शुरू हो चुकी है। भारत सरकार का जलशक्ति मन्त्रालय अब शुद्ध पेयजल से वंचित लोगों तक पाइप्ड जल पहुँचाने का लक्ष्य लेकर आगे बढ़ रहा है। इससे निश्चित रूप से भूगर्भ जल पर बोझ बढ़ेगा अतः इसके साथ जल संरक्षण के परम्परागत स्रोतों ताल, तालाब, झील और कुओं को वर्षा जल संचयन के लिए पुनर्जीवित करना होगा। नये जल संरक्षण की इकाइयाँ भी प्राथमिकता के आधार पर बनानी होंगी अन्यथा जल शोषण तकनीक उपभोग को तो बढ़ावा देगी लेकिन जल संरक्षण के महत्त्व के प्रति जनता को जागरूक नहीं कर पायेगी। यदि ऐसा हुआ तो हम भयानक जल संकट की चपेट में आ जायेंगे।

कृषि पैदावार को बढ़ाने के लिए पेस्टिसाइड, इन्सेक्टिसाइड और रासायनिक उर्वरकों के प्रयोग ने भूगर्भ जल को प्रदूषित किया है। फ़सलों की सिंचाई के लिए भूगर्भ जल का अन्धाधुन्ध दोहन करने के कारण उसका स्तर लगातार नीचे गिरता जा रहा है। जल के दुरुपयोग से बचने के साथ ही उन्हें तालाब, कुएँ नदी के प्रति जागरूक होकर जल संरक्षण पर भी बराबर ध्यान देना होगा। रसायनिक उर्वरकों और कीटनाशकों का उपयोग कम कर पेयजल को प्रदूषित होने से भी बचाना होगा।

नदी, जल और क़ानून

प्राकृतिक जलस्रोतों पर होने वाले अवैध अतिक्रमण और प्रदूषण को रोकने, कम करने व नियन्त्रित करने के उद्देश्य से समय–समय पर सरकारों ने क़ानून बनाये हैं। क़ानून दिशा–निर्देश देने का कार्य करते हैं। ग़लत तरीक़ों से जलस्रोतों को अतिक्रमित या प्रदूषित करने वाले व्यक्तियों और संस्थाओं की गतिविधियों को दण्ड और जुर्माने के माध्यम से नियन्त्रित करने का काम करते हैं।

मनरेगा जैसे कुछ अधिनियम सार्वजनिक परिसम्पत्तियों के परिनिर्माण और संरक्षण में सहयोग करते हैं।

जल संरक्षण हेतु पारित कुछ क़ानून निम्न प्रकार हैं :

जल (प्रदूषण निवारण तथा नियन्त्रण) अधिनियम 1974

इस एक्ट को जल अधिनियम के नाम से भी जानते हैं। इस अधिनियम का मुख्य उद्देश्य जल को प्रदूषण के कारकों से बचाकर इसकी स्वास्थ्यपरकता को बनाये रखना है। इस अधिनियम के तहत बने बोर्ड को जल प्रदूषण के निवारण और नियन्त्रण से सम्बन्धित सलाह केन्द्र सरकार को देने की व्यवस्था है। जनसम्पर्क के माध्यम से लोगों की राय प्राप्त कर व्यापक कार्यक्रम बनाने की ज़िम्मेदारी भी इस अधिनियम के तहत बोर्ड को दी गयी है। जल प्रदूषण करने वाले लोगों पर दण्ड और जुर्माने लगाने का अधिकार भी बोर्ड को है। जल के नमूनों की जाँच के लिए जल प्रयोगशालाएँ भी स्थापित की गयी हैं।

हानिकारक पदार्थ विनियम (Hazardous Waste : Management, Handling and Transboundary Movement Rules, 1989)

पर्यावरण और जनस्वास्थ्य को प्रतिकूल रूप से प्रभावित करने वाले पदार्थों को हजाड्र्स वेस्ट कहते हैं। इस नियमावली के तहत ज्वलनशील, रेडियो एक्टिव विकिरण, क्षयकारी और विषैले चार तरह के हानिकारक पदार्थों के निस्तारण, आयात, निर्यात, प्रसंस्करण आदि के मानक तय किये गये हैं। ये पदार्थ गैस, द्रव और ठोस तीनों रूपों में पाये जाते हैं। ये सामान्य वेस्ट नहीं होते हैं इसलिए इनके निस्तारण में विशेष प्रक्रियाएँ अपनानी होती हैं। जब उद्योगों से हानिकारक कचरे को सीधे नदियों में प्रवाहित कर दिया जाता है तो जलीय जीवों और मानव जीवन के लिए ख़तरे उत्पन्न होते हैं। फ़िरोजाबाद में काँच की चूड़ियों के अवशेष यमुना में और फ़र्रुख़ाबाद

जनपद में कपड़ों की रंगाई में प्रयुक्त होने वाले रंगों का अवशेष बिना शोधित किये गंगा नदी में डाल दिया जाता है जो कि जन स्वास्थ्य के लिए अत्यन्त हानिकारक है। ऐसे ही कई उद्योगों का अशोधित हानिकारक कचरा नदियों और अन्य जलस्रोतों में प्रवाहित कर दिया जाता है।

राष्ट्रीय गंगा नदी घाटी प्राधिकरण

यह प्राधिकरण गंगा नदी के लिए वित्तपोषण, योजना, कार्यान्वयन, निगरानी और समन्वय का कार्य करता है जो भारत सरकार के जल शक्ति मन्त्रालय के अधीन काम करता है। 'राष्ट्रीय गंगा नदी बेसिन प्राधिकरण' का गठन पर्यावरण (संरक्षण) क़ानून 1986 के तहत गंगा नदी के लिए योजना, वित्त, निगरानी और नियामक के एक सशक्त प्राधिकरण के रूप में फ़रवरी 2009 में हुआ था। भारत के प्रधानमन्त्री जी इस प्राधिकरण के पदेन अध्यक्ष हैं। प्राधिकरण का उद्देश्य गंगा नदी को संरक्षित करना और नदी घाटी जुड़ाव को अपना कर पर्यावरणीय प्रवाह बनाये रखने के लिए व्यापक योजना और प्रबन्धन द्वारा सुनिश्चित करना है।

राष्ट्रीय हरित प्राधिकरण

राष्ट्रीय हरित प्राधिकरण अधिनियम, 2010 के तहत राष्ट्रीय हरित प्राधिकरण (नेशनल ग्रीन ट्रिब्यूनल) की स्थापना की गयी है। जून 1992 में पर्यावरण और विकास पर संयुक्त राष्ट्र सम्मेलन के रियो डी जनेरियो शिखर सम्मेलन के दौरान, भारत ने प्रदूषक पीड़ितों और अन्य पर्यावरणीय क्षति के लिए न्यायिक और प्रशासनिक उपाय प्रदान करने के लिए भाग लेने वाले राज्यों की प्रतिज्ञा की। दिनांक 02 जून, 2010 को भारत में नेशनल ग्रीन ट्रिब्यूनल क़ानून अस्तित्व में आया। नेशनल ग्रीन ट्रिब्यूनल एक संवैधानिक संस्था है। 18 अक्टूबर, 2010 को इस अधिनियम के तहत पर्यावरण से सम्बन्धित क़ानूनी अधिकारों के प्रवर्तन एवं व्यक्तियों और सम्पत्ति के नुकसान के लिए सहायता

और क्षतिपूर्ति देने या उससे सम्बन्धित या उससे जुड़े मामलों सहित, पर्यावरण संरक्षण एवं वनों तथा अन्य प्राकृतिक संसाधनों के संरक्षण से संबंधित मामलों के प्रभावी और त्वरित निपटारे के लिए राष्ट्रीय हरित अधिकरण की स्थापना की गयी। एनजीटी एक विशिष्ट निकाय है जो बहु–अनुशासनात्मक समस्याओं वाले पर्यावरणीय विवादों को सँभालने के लिए आवश्यक विशेषज्ञता द्वारा सुसज्जित है।

गंगा एक्शन प्लान

सन् 1985 में 'गंगा एक्शन प्लान' की शुरुआत इसके पानी को निर्मल बनाने के उद्देश्य से की गयी। इस योजना पर बीस सालों में लगभग 1200 करोड़ रुपये ख़र्च हुए। गंगा के किनारे बसे शहरों और कारख़ानों में गन्दे और ज़हरीले पानी को साफ़ करने के प्लांट लगाये गये लेकिन गन्दे नाली नदी में गिरते रहे। यह योजना असफल रही। गंगा में ग्लेशियरों और झरनों से आने वाले पानी को तो कानपुर से पहले ही नहरों में निकाल लिया जाता है। ज़मीन का पानी गंगा की धारा बनाये रखता था लेकिन नंगे पहाड़ों से कटकर आने वाली मिट्टी ने गंगा की गहराई कम करके अब इस स्रोत को कम कर दिया है। गंगा नदी में ज़्यादा पानी उसके प्रवाह को बनाये रखने के लिए छोड़ना नितान्त आवश्यक है जिसे यह योजना सुनिश्चित नहीं कर सकी।

यमुना एक्शन प्लान

सन् 1993 में यमुना नदी को साफ़ करने के लिए यमुना एक्शन प्लान आरम्भ हुआ। हरियाणा के छह शहरों, उत्तर प्रदेश के आठ और दिल्ली के पास के प्रवाह क्षेत्र में नदी की सफ़ाई कार्य को प्राथमिकता के आधार पर किया गया। वर्ष 2013 से 2025 तक इस योजना का तीसरा चरण पूरा किया जाना था। ऊर्जा और संसाधन संस्थान (टेरी) द्वारा दी गयी रिपोर्ट में कहा गया है कि यमुना नदी में न्यूनतम पर्यावरणीय प्रवाह को बनाये रखने के लिए प्रतिदिन 3.46 बिलियन

लीटर ताजे पानी की आवश्यकता होती है। दिल्ली और आगरा जैसे बड़े महानगरों में यमुना आज भी गन्दे पानी का नाला मात्र है। यह योजना असफल रही है।

मनरेगा अधिनियम

सन् 2005 में ग्रामीण क्षेत्रों में सार्वजनिक परिसम्पत्तियों के परिनिर्माण के माध्यम से बेरोज़गार व्यक्तियों को साल में 100 दिन का रोज़गार उपलब्ध कराने की व्यवस्था इस अधिनियम के द्वारा कराई गयी। कार्य के लिए तैयार मज़दूर को प्रतिदिन 202 रुपये की सांविधिक न्यूनतम मज़दूरी पर सार्वजनिक कार्य उपलब्ध कराया जाता है। नियत कार्य बल का क़रीब एक तिहाई महिलाओं से निर्मित है। इस अधिनियम के अन्तर्गत आवंटित बजट का सदुपयोग तालाबों, नदियों, झीलों के पुनरुद्धार में निरन्तर किया जा रहा है जो कि जल और जल निकायों के संरक्षण के लिए बहुत ही महत्त्वपूर्ण है। इस पुस्तक में ऐसे प्रयासों को विशेष रूप से दर्ज़ किया गया है।

जल स्रोतों के संरक्षण के लिए न्यायिक आदेश

माननीय सुप्रीम कोर्ट और उच्च न्यायालयों ने जलस्रोतों के संरक्षण के लिए समय–समय पर कई आदेश किये हैं। सिविल अपील संख्या–4787/2001, हिंचलाल तिवारी बनाम कमलादेवी के मामले में तालाब को सार्वजनिक उपयोग की भूमि के तहत समतलीकरण कर यह करार दिया गया था कि वह अब तालाब के रूप में उपयोग में नहीं है। तालाब की ऐसी भूमि को आवासीय प्रयोजन हेतु आवंटन कर दिया गया था। इस मामले में 25 जुलाई, 2001 को पारित आदेश में कोर्ट ने जंगल, तालाब, पोखर, पठार तथा पहाड़ आदि को समाज के लिए बहुमूल्य मानते हुए इनके अनुरक्षण को पर्यावरणीय सन्तुलन हेतु अपरिहार्य बताया है। तालाबों को बचाना और उन पर हुए अवैध क़ब्ज़ों को हटाकर मूल स्वरूप में लाने का निर्देश भी कोर्ट ने दिया उनका विकास एवं सुन्दरीकरण किया जाना चाहिए,

जिससे जनता उसका उपयोग कर सके। इस आदेश के बाद और भूमाफिया के विरुद्ध हुई कार्रवाइयों में उत्तर प्रदेश में ताल, तालाबों, झीलों और सार्वजनिक उपयोग की हज़ारों हेक्टयर ज़मीनों से अतिक्रमणों को हटाकर उन्हें मूल स्वरूप में परिवर्तित किया गयाँ सीतापुर जनपद में 2017 में लगभग दो एकड़ ज़मीन तालाब पर हुए क़ब्ज़े और बाउंड्री को गिराकर दस फीट गहरी मिट्टी निकालकर हमने तालाब के शक्ल में पुनः परिवर्तित कराया था। इलाहाबाद हाईकोर्ट की लखनऊ बेंच ने सरकार को निर्देश दिया है कि आने वाले समय में जल की होने वाली कमी से निपटने के लिए समूचे उत्तर प्रदेश में झीलों, तालाबों और अन्य जलस्रोतों का संरक्षण और उचित संधारण किया जाये। कोर्ट ने कई मुकदमों में सुनवाई के दौरान यह निर्देश बार–बार दिया है कि यदि कोई क्षेत्र या भूमि का टुकड़ा किसी जलस्रोत या तालाब/झील के लिए आरक्षित है तो उस जगह किसी भी प्रकार के निर्माण कार्य की अनुमति नहीं दी जाये, और यदि ऐसी कोई अनुमति दी गयी है तो उसे तत्काल प्रभाव से रद्द करें। उत्तर प्रदेश हाउसिंग बोर्ड, उत्तर प्रदेश सरकार के वरिष्ठतम् अधिकारियों एवं नगर निगमों और अन्य अधिकारियों को यह निर्देशित किया गया है कि उच्चतम न्यायालय के दिशानिर्देशों के मुताबिक सभी जलस्रोतों का संचालन और संधारण अपने ख़र्चे से किया जाये। इस निर्णय में हिंचलाल तिवारी (2001) तथा बिट्टू सहगल (2001) केस के निर्णय और दिशानिर्देशों का अनुपालन किया जाना अपेक्षित है। हिंचलाल बनाम कमला देवी और अन्य के विवाद में अदालत ने फैसला देते हुए कहा, "तालाब, पोखर, गढ़ही, नदी, नहर, पर्वत, जंगल, पहाड़ियाँ आदि सभी जलस्रोत पारिस्थितिकी सन्तुलन बनाये रखते हैं इसलिए पारिस्थितिकीय संकटों से उबरने और स्वस्थ पर्यावरण के लिए इन प्राकृतिक देनों की सुरक्षा करना आवश्यक है, ताकि सभी संविधान के अनुच्छेद 21 द्वारा दिये गये अधिकारों का आनन्द ले सकें।''

नमामि गंगे

भारत सरकार ने सन् 2015 में गंगा नदी के प्रदूषण को समाप्त करने और नदी को पुनर्जीवित करने के लिए 'नमामि गंगे' नामक एक एकीकृत गंगा संरक्षण मिशन का शुभारम्भ किया। देश की 40 प्रतिशत आबादी प्रत्यक्ष और अप्रत्यक्ष रूप से गंगा नदी पर निर्भर है। नदी को अविरल और निर्मल बनाने के लिए यह पूर्णतः केन्द्र सरकार द्वारा अनुदानित योजना है। इसके लिए, तात्कालिक, मध्यम और दीर्घकालिक लक्ष्य तय किये गये। तात्कालिक गतिविधियों के अन्तर्गत नदी की ऊपरी सतह की सफ़ाई से लेकर बहते हुए ठोस कचरे की समस्या को हल करने, ग्रामीण क्षेत्रों की सफ़ाई से लेकर ग्रामीण क्षेत्रों की नालियों से आते मैले पदार्थ (ठोस एवं तरल) और शौचालयों के निर्माण, शवदाह गृह का नवीनीकरण, आधुनिकीकरण और निर्माण, ताकि अधजले या आंशिक रूप से जले हुए शव को नदी में बहाने से रोकने, समुदायों और नदियों के बीच सम्बन्ध को बेहतर करने के लिए घाटों के निर्माण, मरम्मत और आधुनिकीकरण का लक्ष्य निर्धारित है।

मध्यम अवधि के लक्ष्यों में नदी में नगर निगम और उद्योगों से आने वाले कचरे की समस्या का समाधान करना है। पाँच वर्षों में 2500 एमएलडी अतिरिक्त ट्रीटमेंट कैपेसिटी का निर्माण किया जायेगा। लम्बी अवधि में इस कार्यक्रम को बेहतर और टिकाऊ बनाने के लिए प्रमुख वित्तीय सुधार किये जा रहे हैं। परियोजना के क्रियान्वयन के लिए वर्तमान में कैबिनेट हाइब्रिड वार्षिकी आधारित पब्लिक प्राइवेट पार्टनरशिप मॉडल पर विचार किया जा रहा है। अगर यह मंजूर हो जाता है तो विशेष प्रयोजन वाले वाहन सभी प्रमुख शहरों में रियायत का प्रबन्धन करेगा, प्रयोग किये गये पानी के लिए एक बाज़ार बनाया जायेगा और परिसम्पत्तियों की दीर्घकालिक स्थिरता सुनिश्चित की जायेगी।

औद्योगिक प्रदूषण की समस्या के समाधान के लिए बेहतर प्रवर्तन के माध्यम से अनुपालन को बेहतर बनाने के प्रयास किये जा रहे हैं।

गंगा के किनारे स्थित ज़्यादा प्रदूषण फैलाने वाले उद्योगों को गन्दे पानी की मात्रा कम करने या इसे पूर्ण तरीक़े से समाप्त करने के निर्देश दिये गये हैं। प्रदूषण नियन्त्रण बोर्ड इन निर्देशों के कार्यान्वयन के लिए कार्य योजना पहले से ही तैयार कर चुका है और सभी श्रेणी के उद्योगों को विस्तृत विचार–विमर्श के साथ समय–सीमा दे दी गयी है। सभी उद्योगों को गन्दे पानी के बहाव के लिए रियल टाइम ऑनलाइन निगरानी केन्द्र स्थापित करना होगा।

इस कार्यक्रम के अर्न्तगत जैव विविधता संरक्षण, वनीकरण (वन लगाना) और पानी की गुणवत्ता की निगरानी के लिए भी क़दम उठाये जा रहे हैं। महत्त्वपूर्ण प्रतिष्ठित प्रजातियों, जैसे गोल्डन महासीर, डॉल्फिन, घड़ियाल, कछुए, ऊदबिलाव आदि के संरक्षण के लिए कार्यक्रम पहले से ही शुरू किये जा चुके हैं। इसी तरह 'नमामि गंगे' के तहत जलवाही स्तर की वृद्धि, कटाव कम करने और नदी के पारिस्थितिकी तन्त्र की स्थिति में सुधार करने के लिए 30,000 हेक्टेयर भूमि पर वन लगाये जायेंगे। वनीकरण कार्यक्रम 2016 में आरम्भ किया गया। लम्बी अवधि के तहत ई–फ़्लो के निर्धारण, बेहतर जल उपयोग क्षमता, और सतही सिंचाई की क्षमता को बेहतर बना कर नदी का पर्याप्त प्रवाह सुनिश्चित किया जायेगा। गंगा स्वच्छ निधि बनाकर इसमें जनसहयोग की भी अपील की गयी है ताकि जीवनदायिनी गंगा को उसके मूल स्वरूप में वापस लाया जा सके।

राज्य भू–जल संरक्षण मिशन

उत्तर प्रदेश के कृषि सिंचित भू–भाग का 70 प्रतिशत तथा पेय जल एवं औद्योगिक कार्यों हेतु 80 प्रतिशत जल की निर्भरता भूगर्भ जल पर है जिसके कारण प्रदेश के 271 विकास खण्ड और 22 शहर डार्क जोन में जा चुके हैं और शेष क्षेत्रों में हालात बहुत बेहतर नहीं है। जल संरक्षण के लिए केन्द्र और राज्य सरकार की कई योजनाएँ काम कर रही हैं लेकिन उनमें आपस में तालमेल नहीं है। अगस्त, 2017 में प्रदेश सरकार द्वारा सभी योजनाओं को आपस में जोड़ने का निर्णय

लिया गया (मिश्र 2017)। इसके लिए माइक्रो प्लान तैयार करके राज्य भू–जल संरक्षण मिशन योजना चलाने का फैसला किया गया है। इस योजना के तहत भू–जल के गिरते स्तर को रोकने के लिए कार्य किये जायेंगे। रिवर बेसिन के क्षेत्र का पता लगाकर भू–जल रिचार्ज बढ़ाने पर जोर दिया जायेगा। इस कार्य को बेहतर ढंग से करने के लिए मनरेगा, राष्ट्रीय कृषि सिंचाई योजना, बुन्देलखण्ड पैकेज योजनाएँ, चेकडैम निर्माण योजना, तालाब पुनर्निमाण योजना, स्प्रिंकल सिंचाई योजना आदि सबको एक साथ जोड़े जाने का भी निर्णय लिया गया। गिरते भू–जल स्तर को रोकने और जलस्रोतों के संरक्षण के लिए उत्तर प्रदेश सरकार ने 'ग्राउंड वाटर एक्ट 2020' और पारित किया। इस अधिनियम में भू–गर्भ जल प्रदूषित करने वालों को कड़ा दण्ड देने, शहरी क्षेत्र में रेन वाटर हार्वेस्टिंग को प्रत्येक घर में अनिवार्य बनाने के प्रावधान किये गये हैं।

शहरी झील–तालाब संरक्षण योजना

मई 2016 में उत्तर प्रदेश सरकार ने तालाब, पोखरों व झीलों के संरक्षण के लिए निर्देश जारी किया। इसके लिए प्रदेश के सभी जनपदों से शहरी क्षेत्र के तालाब, पोखरों व झीलों के संरक्षण के लिए प्रस्ताव माँगे गये। ताल, पोखरों व झीलों को संरक्षित करने वाली कार्यदायी संस्था जहाँ सुन्दरीकरण कार्य करायेगी वहीं पाँच वर्ष तक इनके संरक्षण की भी ज़िम्मेदारी होगी। लगातार गिर रहे भू–गर्भ जल स्तर को लेकर चिन्तित सरकार ने जलस्रोतों को संरक्षित करने की कार्य योजना को अमलीजामा पहनाने की कवायद शुरू कर दी है। इसके तहत सूबे के सभी 75 ज़िलों में तालाब, पोखरों व झीलों के चिह्निकरण का निर्देश जारी किया गया है। उत्तर प्रदेश सर्वाधिक नगर निकायों वाला प्रदेश है और कुल जनसंख्या के 22 फ़ीसद से अधिक आबादी शहरों में निवास करती है। ताल, पोखरों व झीलों को समतल करके बनाये जा रहे आवासों और शहरीकरण के चलते प्रदेश का भू–गर्भ जलस्तर लगातार गिर रहा है। इसे बनाये रखने

के लिए तालाब, पोखरों व झीलों का संरक्षण ज़रूरी है। सरकार ने इस नयी पहल को 'नगरीय झील, तालाब व पोखर संरक्षण योजना' नाम दिया है। गिरते भू–जल स्तर को सुधारने के लिए शासन स्तर से पोखर, झील व तालाबों को सुधारने की पहल की गयी है। देहात की अपेक्षा शहरों में आबादी अधिक रहती है। फलतः जलदोहन शहरों में अधिक होता है। शहरी क्षेत्रों में ज़मींदारी व्यवस्था समाप्त न होने के कारण तालाब, पोखरों पर निजी स्वामित्व बताकर या अवैध तरीक़ों से आवासीय कॉलोनियाँ बनाकर जलस्रोतों को ख़त्म करने का काम सम्पूर्ण देश में कुछ भूमाफियाओं द्वारा किया जाता है। जिसकी वजह से वर्षा जल संचयन के संसाधनों का दायरा सिकुड़ता जा रहा है। इसलिए अब यह अपरिहार्य हो गया है कि मौजूद पोखर, तालाब और झीलों को संरक्षित कर तेज़ी से गिर रहे भू–जलस्तर को रोकने के प्रयास हों। तालाब के चारों ओर पौधरोपण के साथ रेन वाटर हार्वेस्टिंग करने के उपाय भी किये जाने चाहिए। पोखर–तालाबों में गिरने वाले गन्दे पानी को ट्रीट करने की भी व्यवस्था होनी चाहिए।

पर्यावरणविद एम.सी. मेहता की जनहित याचिका पर सुनवाई करते हुए माननीय सुप्रीम कोर्ट ने केन्द्र सरकार से पूछा था कि गंगा की सफ़ाई का काम कब तक पूरा होगा। सरकार ने गंगा को साफ़ करने का काम 2018 तक पूरा कर लेने की बात कही थी। कोर्ट को यह भी बताया गया कि गंगा नदी के किनारे बसे 30 शहरों में सीवेज ट्रीटमेंट प्लांट लगाने की सरकार की योजना है, ताकि गन्दे पानी को नदी में जाने से रोका जा सके। इस समय 24 प्लांट काम कर रहे हैं, जबकि 31 का निर्माण किया जा रहा है। 2500 किलोमीटर लम्बी गंगा की सफ़ाई के लिए नदी के तट पर बसे 118 नगरपालिकाओं की शिनाख्त कर ली गयी है, जहाँ वेस्ट वाटर ट्रीटमेंट और सॉलिड वेस्ट मैनेजमेंट सहित पूरी साफ़–सफ़ाई का लक्ष्य हासिल किया जायेगा। यह तो सरकार और कोर्ट के बीच का मामला है, लेकिन असलियत यह है कि नदियों की प्रदूषणमुक्ति के नाम पर ख़र्च लगातार बढ़ता जा रहा है, जबकि ये प्रयास अब भी अपेक्षित परिणाम लाते नहीं दिख रहे हैं।

नदी को धन नहीं, धुन चाहिए, क्योंकि नदी को ढाँचे नहीं, ढाँचों से मुक्ति चाहिए। क्योंकि नदी को शासन नहीं अनुशासन चाहिए। नदी को मलिन करने वालों को रोकने का प्राथमिकता पर करना होगा। नदी एक समग्र एवं जीवन्त प्रणाली होती है। अतः इसकी निर्मलता लौटाने का संकल्प करने वालों की सोच में समग्रता और हृदय में जीवन्तता और निर्मलता का होना ज़रूरी है। नदियों को उनका मूल प्रवाह और गुणवत्ता लौटाना बरस दो–बरस का काम नहीं है इसके लिए सतत प्रयास की आवश्यकता होती है। किसी मैली नदी को साफ़ करना हो या सूखी नदी को फिर प्रवाहमान करना इसके लिए धुन की ज़रूरत होती है।

करीब 12 साल पहले जर्मनी की एल्बे नदी विश्व की सबसे ज़्यादा प्रदूषित नदी थी, लेकिन आज उसकी गिनती विश्व की सबसे साफ़ नदियों में की जाती है। इसकी वजह यह है कि उस देश की सरकार ने नदियों को देश की धरोहर माना है। इसी तरह टेम्स नदी कभी दुनिया का सबसे व्यस्त जलमार्ग हुआ करता था। लन्दन की आबादी बढ़ने के साथ ही टेम्स नदी में भी प्रदूषण बढ़ता गया। वर्ष 1850 तक लन्दन की टेम्स नदी का हाल दिल्ली की यमुना नदी से भी बदतर था। गन्दगी की वजह से लन्दन में हैजा फैल गया। टेम्स नदी की सफ़ाई के लिए हालाँकि समय–समय पर लन्दन में कई जनअभियान शुरु किये गये। इस ख़तरे को देखते हुए 1958 में संसद ने एक माडर्न सीवेज सिस्टम की योजना बनायी, जिसके तहत पूरे लन्दन शहर में ज़मीन के अन्दर 134 किलामीटर का एक सीवेज सिस्टम बनाया गया। इसके साथ ही टेम्स नदी के साथ–साथ सड़क बनायी गयी। ट्रीटमेंट प्लांट्स लगाये गये। इस सीवरेज सिस्टम में टेम्स का पानी ट्रीटमेंट के बाद स्थानीय लोगों के घरों में जाता है और घरों में उपयोग किये गये जल–मल को ट्रीटमेंट के बाद टेम्स में छोड़ा जाता है। कह सकते हैं कि जर्मनी और ब्रिटेन ने तो अपनी नदियाँ बचा लीं, लेकिन दुनिया के कई देशों में, ख़ासकर भारत में नदियाँ भारी प्रदूषण का शिकार हो रही हैं। ऐसे में अगर सरकार चाहे,

तो यूरोपीय तरीक़े से देश की नदियों की सफ़ाई की जा सकती है। दरअसल, जर्मनी में नदी साफ़ करने के लिए जो योजना बनी है, उसके मुताबिक अलग–अलग ट्रीटमेंट प्लांट बनाकर नदी को साफ़ किया जा रहा है। अपने देश में भी नदियों की सफ़ाई के लिए सीवरेज सिस्टम को दुरुस्त करना होगा, क्योंकि वॉटर ट्रीटमेंट प्लांट में पानी की सफ़ाई बड़े–छोटे वाले नियम पर चलती है। पहले मैकेनिकल सफ़ाई में बड़े आकार का कचरा अलग किया जाता है और फिर छोटे रेत को अलग किया जाता है, क्योंकि इससे पम्प को नुकसान हो सकता है। सेटलिंग टैंक सुनिश्चित करता है कि पानी में घुले पदार्थों के अलावा सिर्फ़ बैक्टीरिया ही मौजूद हों। इस विधि के जरिये पानी को दो चरणों में साफ़ किया जाता है। पहले मेकेनिकल प्रक्रिया से और फिर जैविक ढंग से। पहले ठोस गन्दगी निकाली जाती है और फिर पानी में घुली–मिली दूसरी चीजों का निकाला जाती है। हालाँकि यह पानी को पीने लायक साफ़ बनाने की योजना नहीं है, लेकिन इसके जरिये यह कोशिश की जाती है कि इसे दूसरे कामों के लायक ज़रूर बना दिया जाये। अगर वॉटर ट्रीटमेंट की योजना पर गम्भीरता से काम किया जाये, तो केवल एक संयंत्र में हर रोज़ करीब सात लाख घनमीटर तक पानी साफ़ किया जा सकता है।

जलपुरुष राजेन्द्र सिंह 'नदियों के अधिकार' की बात करते हैं। नदियाँ एक जीवित जीव की तरह होती हैं। नदियों का अस्तित्व बचाने के लिए उनका अधिकार लौटाना होगा। नदी क्षेत्र का विस्तार उसकी मूल धारा से लेकर वहाँ तक होता है, जहाँ तक उसका पानी जाता है। इस अति बाढ़ प्रवण क्षेत्र में पर्यावरण की दृष्टि से कोई निर्माण कार्य नहीं होना चाहिए और अपरिहार्य स्थिति में ध्यान रखना चाहिए कि नदी के स्वाभाविक प्रवाह में कोई बाधा न आये, परन्तु ज़मीन क़ब्ज़ा करने की बुरी आदतवश लोगों ने नदियों में अतिक्रमण किया है जिसे रोकना और हटाना होगा। नदियों की ज़मीन तीन तरह की होती है। प्रवाह क्षेत्र, बाढ़ प्रवण और अति बाढ़ प्रवण क्षेत्र।

अति बाढ़ प्रवण क्षेत्र में बड़े पैमाने पर अतिक्रमण हुआ है। सबसे बड़ी बात कि नदी क्षेत्र का कोई रिकॉर्ड नहीं है। सीमाँकन नहीं हुआ। इसे कराना होगा। इसके बगैर नदियों को बचाना कठिन होगा। उन्होंने कहा कि 'नदी पुनर्जीवन यात्रा' का उद्देश्य लोगों को नदियों की समस्या से अवगत कराना है। इसके लिए ज़रूरी है कि नदी में हो रहे परिवर्तन का अध्ययन किया जाये और चिह्नित किया जाये कि कौन–सी समस्या प्राकृतिक है और कौन–सी मानवकृत। नदियों को पुनर्जीवित करने के उपाय और प्रयास भी करने होंगे।

नदियों पर पहला अधिकार समाज का है, समुदाय का है तो नदी के प्रति समाज का कुछ कर्तव्य भी है। सामूहिक प्रयासों से हम अपने पारम्परिक जलस्रोतों–नदी, तालाब, पोखर, कुआँ इत्यादि को जिन्दा रख सकते हैं। सभी एक–दूसरे के पूरक होते हैं। राजस्थान में जन सहयोग से ग्यारह हज़ार झाल–ताल–पाल को पुनर्जीवित किया गया, जिससे सात सूखी नदियाँ फिर से सदानीरा हो गयीं। समुदाय के प्रयास से जीवित नदियाँ अब समुदाय के अधिकार में हैं। इस तरह का प्रयास पूरे देश में करने की ज़रूरत है। जन–पंचायतों का गठन करके अपने क्षेत्र के जल संसाधन का संरक्षण, संवर्धन और बाढ़ जैसी समस्या से मुक्त करने के लिए समुदाय के लोगों को इसमें हिस्सेदारी करनी होगी। बाढ़ से मुक्ति वस्तुतः वर्षाजल का संरक्षण करते हुए पारम्परिक बाढ़–सहजीवन है।

राजेन्द्र सिंह का कहना है कि सरकार और समाज दोनों को मिलकर साझे भविष्य की चिन्ता करनी है। हमें समझना होगा कि नदी के प्रति हमारी जिम्मेवारी क्या है? उन्होंने कहा कि नदी को जोड़ने से बाढ़ और सुखाड़ से छुटकारा नहीं मिलेगा बल्कि नदी का अधिकार सौंपने से मिलेगा। नदियों की देखरेख का काम नदी–पंचायत बनाकर उसे स्थानीय लोगों को सौंप दिया जाये। उसमें समाज और सरकार दोनों के लोग हों तो नदी विवाद नहीं होगा। नदी जोड़ योजना तो इतने विवाद पैदा कर देगी कि कोई हाईकोर्ट या सुप्रीम कोर्ट आसानी से फैसला नहीं कर पायेगा।

नदियों के विवाद को निपटाने का कोई स्पष्ट क़ानून नहीं है, अदालतों के सामने स्पष्टता नहीं है। असल में नदियों को बाँधे बिना, जोड़े बिना बाढ़ और सुखाड़ से कैसे बचें! इसका नया विज्ञान खोजने की ज़रूरत है। उन्होंने कहा कि दुनिया में सबसे ज़्यादा सिल्ट लेकर बहने वाली नदियों को तटबन्धों से घेर देने से नदी तल का ऊँचा होना, धारा का फैलना और बाढ़ आना स्वाभाविक है। पानी जहाँ बरसे–वहाँ रोककर रखना, जहाँ दौड़ने लगे–वहाँ रोकना और प्रवाह की गति कम करके जाने देना तथा अन्त में तेज़ी से निकल जाने का रास्ता देना, वर्षा जल प्रबन्धन का सर्वोत्तम ढंग है।

पानी को रोकने, रखने और जाने देने की यह संरचना तालाब होती है जिसके अंगों को राजस्थान में झाल–पाल–ताल कहते हैं। इन संरचनाओं को जीवित करने से पास की सूखी नदियाँ जीवित व सदानीरा हो गयीं। बाद में नदी संसद बनी जो नदी से जुड़े सारे फैसले स्थानीय स्तर पर करती है। यह तो निर्विवाद है कि यदि नदी के जल का समुचित उपयोग हो तो देश प्रगति करेगा। परन्तु दुख की बात यह है कि हम नदी का प्रयोग कचरा और गन्दा पानी बहाने के लिए करते हैं। तालाबों की सफ़ाई नहीं होती और उन पर लगातार अवैध क़ब्ज़े किये जा रहे हैं। केवल सरकार के भरोसे न रहकर हमें हर गाँव में नदी–तालाब के प्रति अपनी जिम्मेदारी उठानी होगी। नदियों के किनारे फैक्टरियाँ नहीं होनी चाहिए और उनका अशोधित अपशिष्ट नदी में प्रवाहित नहीं होना चाहिए। समुदाय के लोग गाँव या शहर में अपनी आवश्यकताओं के लिए जो तालाब और कुएँ खुदवाते थे उससे भूगर्भ का जलस्तर भी निकट रहता था।

विकास बेशक बहुत जरूरी है लेकिन पर्यावरण की बलि चढ़ाकर नहीं। सतत, सन्तुलित और समावेशी विकास को अपनाना अपरिहार्य है नहीं तो हम और हमारी आने वाली पीढ़ियाँ प्रकृति प्रदत्त निःशुल्क हवा, पानी, मिट्टी, जंगल से न केवल वंचित होंगी, बल्कि आपदाग्रस्त जीवाणु और विषाणुजनित गम्भीर रोगों से ग्रस्त जीवन जीने को मजबूर होंगी। कोरोना/कोविड–19 की महामारी में हम जिस तरह

घरों में क़ैद होकर बेबसी और ख़ौफ़ में जी रहे हैं, प्रकृति से छेड़छाड़ करेंगे तो कुछ ऐसे ही पाबन्दियों में घुट–घुटकर जीना होगा। जल प्रदूषण और नदियों के सूखते जाने से पूरी दुनिया में संकट बढ़ते जा रहे हैं। दिनांक 22 मार्च, 2020 को 'विश्व जल दिवस' पर हिन्दुस्तान अख़बार में एक ख़बर छपी कि दुनियाभर में तीन अरब लोगों को हाथ धोने के लिए साफ़ पानी भी उपलब्ध नहीं है। इस समय पूरा विश्व कोरोना वायरस की चपेट में है और उससे बचने के लिए बार–बार हाथ धोने की सलाह दी जा रही है। क्लाइमेट ट्रेंड की रिपोर्ट के अनुसार दुनिया के 17 देश अत्यधिक जल संकट का सामना कर रहे हैं। इनमें पहले 12 मध्य पूर्व तथा अफ्रीका के हैं और 13वाँ नम्बर भारत का है। इस रिपोर्ट के अनुसार 80 फीसदी दुनिया की आबादी जल संकट से जूझ रही है। 78.5 करोड़ लोगों के पास पीने के पानी की बुनियादी सेवाओं तक पहुँच नहीं है। सन् 2025 तक दुनिया की आधी आबादी वाटर स्ट्रेस वाले क्षेत्रों में रहने लगेगी। इसी दिन (22 मार्च 2020) टाइम्स ऑफ़ इंडिया समाचार पत्र ने अपने 'टाइम्स एवोक' स्पेशल (पेज 10) के माध्यम से पर्यावरण परिवर्तन और उससे ध्रुवों के पारितन्त्र में आने वाले नकारात्मक प्रभावों से पेंग्विन, ह्वेल और अन्य छोटी मछलियाँ अपने जीवन और बच्चों के जन्म देने के लिए नये ठण्डे स्थानों की तलाश कर रहे हैं जो बहुत ही भयावह समस्या का संकेत है। न्यूयॉर्क यूनिवर्सिटी के 'एन्विरोंमेंटल फ्लूइड डायनामिक्स लैब' के निदेशक डेविड हालैंड का कहना है कि एंटार्कटिका की बर्फ़ की सतह के नीचे काफ़ी गर्म पानी जमा हो रहा है, जिसके दुष्प्रभाव से वहाँ के थ्वेट्स ग्लेशियरों पर शीघ्रता से पिघल जाने का ख़तरा है। ये समुद्री और धरती पर स्थित सर्वाधिक अस्थिर ग्लेशियर हैं। इनके जलीय आधार का गर्म होना अच्छा संकेत नहीं है। ग्लेशियरों के पिघलने से तटीय देशों, शहरों और समुद्री द्वीपों के डूब जाने का ख़तरा है। कैंटरबरी यूनिवर्सिटी न्यूजीलैंड में अंटार्टिक मरीन साइंस की प्रो. मिशेल लारे का कहना है कि यदि जलवायु में तेज़ी से हो रहे परिवर्तनों से अंटार्टिक पर जमी बर्फ़ पिघल जाती है

तो पेंग्विन जैसे शानदार जीव विलुप्त हो जायेंगे। दक्षिणी सागर में क्रिल और अंटार्टिक टूथफिश का लगातार शिकार होने से भी ध्रुवीय पारितन्त्र को ख़तरे उत्पन्न हो रहे हैं। ध्रुवीय क्षेत्र पृथ्वी के रेफ्रिजरेटर हैं जो जलवायु को पूरी दुनिया में सन्तुलित बनाये रखने का काम करते हैं। अतः इन क्षेत्रों में जमी बर्फ़ और ग्लेशियर के पिघलने से से चक्रवात, तूफान, हरिकेन, आग, सूखा और बाढ़ आने के ख़तरे बढ़ेंगे और मौसम चक्र असन्तुलित हो जायेगा। हमें सतर्क होना होगा और प्रकृति के अनुरूप जीवन पद्धति को अपनाना होगा। नदी जीवनदायिनी है, उसे बहते रहने देना होगा तभी जीवन सुगम और सुन्दर रह सकेगा।

उपसंहार

इस पुस्तक के विभिन्न अध्यायों के माध्यम से यह विमर्श प्रस्तुत करने की कोशिश की गयी है कि छोटी नदियों के अस्तित्व को बचाने के लिए अब हमें सजग होकर प्रयास करने होंगे। छोटी नदियाँ जीवित तभी बचेंगी, जब हम विभिन्न जल निकायों झील, ताल, तालाब, कुओं, बावड़ियों और अन्य प्राकृतिक व मानव निर्मित संरचनाओं को बचा–सँभालकर रखेंगे और उनमें वर्षा जल को सँजोकर रखेंगे। साथ ही इस संजोये गये जल को दुरुपयोग और प्रदूषण से बचाये रखने की व्यवस्था करेंगे। उत्तर प्रदेश के तराई में स्थित जनपद महराजगंज में हमारा जन्म हुआ और वहीं पले–बढ़े। जुलाई–अगस्त के महीनों में घनघोर बारिश और धान के हरे–भरे खेतों के बीच बसे अपने गाँव और वहाँ बीते बचपन ने पानी से मुहब्बत करना सिखाया। गाँव से गोरखपुर होते हुए दिल्ली जैसे शहरों में विद्यार्थी जीवन बीता। अब तक उत्तर प्रदेश के आठ अन्य जनपदों में रहकर वहाँ के जनजीवन, बारिश, जलजमाव, नदी, झील और तालाबों को देखने और समझने का अवसर मिला है। यह सच है कि अब बारिश कम होने लगी है और कम समय में ज़्यादा बारिश होने से जनधन का नुक़सान बढ़ गया है। पानी को संरक्षित कर रखने और भूगर्भ जल को रिचार्ज का अवसर कम मिल पा रहा है। नगरीय और ग्रामीण दोनों ही क्षेत्रों में जल निकायों को बेरहमी से नष्ट किया गया है।

कहीं अगर उनकी ज़मीन बची है तो पानी गन्दा और ज़हरीला द्रव मात्र बचा है। अतः समय आ गया है कि पानी के प्रति हम अपनी सोच और व्यवहार को बदलें।

इस पुस्तक की सामग्री मुख्यतः देवरिया जनपद के जलस्रोतों और स्याही नदी के पुनरुद्धार के लिए किये गये कार्यों पर केन्द्रित है। देवरिया उत्तर प्रदेश–बिहार सीमा पर पूर्वांचल में स्थित जनपद है। यहाँ लगभग पचास प्राकृतिक नाले हैं जिनमें वर्षभर जल प्रवाह होता है। राप्ती, घाघरा, छोटी गण्डक, गोर्रा और खनुआ जैसी सदानीरा नदियाँ भी हैं। इस जनपद का भूगर्भ जल स्तर बहुत अच्छा है, जिसके कारण सिंचाई और जल निगम के इंजीनियर बताते हैं कि 'रेन वाटर हार्वेस्टिंग' की आवश्यकता अभी नहीं है। यहाँ के नदी–नालों से जुड़ी लोककथाएँ बहुत रोचक हैं जिनमें कई सन्देश छिपे होते हैं। छोटी नदियाँ और नाले किसानी अतिक्रमण और शहरी प्रदूषण के शिकार होकर सिमट रहे हैं। स्याही जैसी उथली नदियाँ एक दशक में कम हुई बारिश के कारण सूख चुकी थीं। सन् 2019 और 2020 की अच्छी बारिश और मनरेगा और अन्य मदों से सिल्ट सफ़ाई से स्याही नदी तथा कुर्ना नाला की जल सम्भरण क्षमता बढ़ी है। स्याही नदी एक बार फिर पानीदार होकर बहने लगी है। सोंदा जैसी कई झीलें जिनसे छोटी जलधाराएँ निकलती हैं, उथली हो चुकी हैं और भूमाफिया की निगाह उन पर लगी हुई है। इनकी मिट्टी निकालकर गहराई बढ़ाने के साथ ऊँचे मेड़ बनाने होंगे, ताकि झीलों को खेत और शहर होने से बचाया जा सके। स्याही नदी की सफ़ाई और सिल्ट निकालकर गहराई बढ़ाने का कार्य कोरोना काल में शहरों से लौटे मज़दूरों से कराकर उन्हें रोज़गार उपलब्ध कराया गया। इसमें पच्चीस हज़ार से ज़्यादा मानवीय कार्य दिवस सृजित हुए। वर्ष 2021 में वर्तमान ज़िलाधिकारी महोदय से हमने नदी पुनरुद्धार के कार्य को जारी रखने का अनुरोध किया है, जिसका उन्होंने आश्वासन भी दिया है। स्याही नदी के आन्दोलनरत छोटेलाल कुशवाहा और अन्य व्यक्तियों और संगठनों से भी सहयोग करने की अपील भी हमने किया है।

नदी एक जीवित जीव की तरह होती है भू–वैज्ञानिक ऐसा मानते हैं। एक नदी के उद्‌गम की प्रक्रियाएँ अत्यन्त जटिल होती हैं जिसमें एक लम्बा वक़्त भी लगता है। नदी के उद्‌गम से लेकर प्रवाह मार्ग का बनना, नदी की युवावस्था से लेकर प्रौढ़ावस्था की यात्रा, वाटरशेड, कैचमेंट एरिया, नदी में रहने वाली वनस्पतियाँ और जीव–जन्तु, नदी के दोनों किनारे उगने वाले पेड़–पौधों से निर्मित राईपेरियन जोन इत्यादि बहुत सारे पक्षों पर भी इस पुस्तक में विस्तार से चर्चा की गयी है। जलवायु परिवर्तन और भू–जल के अत्यधिक दोहन के कारण बड़ी नदियों में पानी कम होने लगा है और छोटी नदियाँ तो सूखने लगी हैं। नदियों के रिवर बेड पर अतिक्रमण और औद्योगिक प्रदूषण के कारण भी नदियाँ अपना अस्तित्व खो रही हैं। अतः आवश्यक हो गया है कि नदियों के वाटरशेड और कैचमेंट एरिया में स्थित जल स्रोतों को ठीक किया जाये और उनमें वर्षा जल को संरक्षित किया जाये, ताकि नदियाँ बहती रहें वनस्पतियों और जीवों को पानी सुलभ रहे। उत्तर प्रदेश की कल्याणी, ससुर–खदेरी और तमसा जैसी नदियों को सरकारी और व्यक्तिगत प्रयासों से पुनर्जीवित करने के कार्य हुए हैं जो सराहनीय और अनुकरणीय हैं। देश–विदेश में विभिन्न नदियों को बचाने और पुनर्जीवित करने में अनेक व्यक्तियों और संस्थाओं ने निष्ठा और लगन से योगदान किया है। जल संरक्षण के क्षेत्र में जीवन लगा देने वाले नायकों को हमने कलियुग का भगीरथ कहकर सम्मान दिया है। उनके प्रयासों और सफलता की कहानियों को इस पुस्तक में स्थान दिया गया है ताकि लोग उनसे प्रेरणा लें तथा जल और जलस्रोतों के महत्त्व को समझें।

पानी प्रकृति की अनमोल देन है लेकिन धरती पर मनुष्यों ने इसका भेदभावपूर्ण बँटवारा और पानी के लिए संघर्ष किया है। जातीय आधार पर जल के स्रोतों का विभाजन, छुआछूत आज भी कई स्थानों पर प्रचलित है जो अत्यन्त कष्टप्रद है। नदियों के जल के बँटवारे को लेकर कई राज्यों और देशों के बीच मुकदमे और विवाद चलते रहते हैं। जल संरक्षण की सामुदायिक पद्धतियाँ भी दुनिया

भर में खोजी गयी, ताकि ग़ैर–वर्षा या अनावृष्टि काल में जल की उपलब्धता सुनिश्चित की जा सके। तालाब, बावड़ी, कुण्ड जैसे उपाय इसके सरल उदाहरण है। हॉलीवुड की कई फ़िल्मों में नदियों और भूगर्भ जल के स्रोतों को उद्योगों द्वारा दूषित किये जाने के विरुद्ध हुए आन्दोलनों एवं जल की महत्ता पर कई महत्त्वपूर्ण फ़िल्में बनायी गयी हैं। भारतीय सिनेमा में भी गौतम गोविन्दा, लगान, वाटर, कड़वी हवा और कौन कितने पानी में जैसी कई फ़िल्में पानी के अलग–अलग पहलुओं को लेकर फ़िल्मे बनायी गयी हैं लेकिन इनकी संख्या बहुत कम है। पर्यावरणीय मुद्दों पर बॉलीवुड जैसी विशाल सिनेमा इंडस्ट्री को बहुत सारी फ़िल्में बनाने की आवश्यकता है। लगातार बढ़ते प्रदूषण के कारण धरती का औसत तापमान बढ़ता जा रहा है जिसके कारण ध्रुवों पर जमी बर्फ़ और ग्लेशियरों के पिघलते जाने के कारण समुद्रों का औसत जलस्तर बढ़ता जा रहा है। इस कारण कई तटीय शहरों और देशों के जलमग्न होने का ख़तरा उत्पन्न हो गया है। हमें उद्योंगों और बेतहाशा बढ़ते वाहनों से होने वाले प्रदूषण पर नियन्त्रण करना होगा अन्यथा महाप्रलय के सन्निकट आने से इनकार नहीं किया जा सकता है।

पानी के स्रोत बरसात और हिम ग्लेशियर ही हैं। नदी प्रकृति की अद्‌भुत संरचना है। भू–आकृति विज्ञानियों और भूगोलवेत्ताओं ने नदी के उद्‌गम और संरचना के बारे में विस्तार से अध्ययन प्रस्तुत किये हैं। नदी के दोनों तरफ़ उगने वाली वनस्पतियों से जो राईपेरियन जोन बनता है वह वर्षा जल से भूगर्भ जल को समृद्ध करता है जो सालभर नदी के प्रवाह को बनाये रखने में मदद करता है। इन्हीं वनस्पतियों के औषधीय गुणों के कारण नदियों के पानी में उपचारात्मक गुण पाये जाते हैं। गंगा, यमुना, गोमती, गोदावरी, कावेरी और कृष्णा जैसी नदियों की समस्याओं पर तो गाहे–बगाहे चर्चा होती रहती है लेकिन प्रकृति द्वारा स्थापित 'जलीय लोकतन्त्र' यानी कि छोटी नदियों के प्रवाह, विस्तार और उनके अस्तित्व के समक्ष आ खड़े हुए संकटों पर प्रायः कम विचार होता है।

इस पुस्तक का मुख्य उद्देश्य छोटी और मध्यम आकार की नदियों के महत्त्व को विमर्श के केन्द्र में लाना है। अपना अस्तित्व खो चुकी, मृतप्राय नदियों को पुनर्जीवित करने, उनके अतिक्रमित मार्ग को मुक्त कराने के वास्तविक प्रयास करना भी हमारा उद्देश्य है। छोटी नदियों के बहाव क्षेत्र और उनकी व्यापकता को देखकर सहज आभास होता है कि प्रकृति अपने संसाधनों का विभाजन कितने लोकतान्त्रिक तरीक़े से करती है। नदी का उद्‌गम, उसका बहाव, नदी का जीवित रहना और बहते रहना इन सब बातों पर विस्तार से बात की गयी है।

स्याही नदी अपने नाम और वर्तमान में अपनी मौजूदगी से एक अनोखी नदी है। सन् 1916–17 में अंग्रेज़ों के जमाने में की गयी चकबन्दी में बीस किलोमीटर लम्बाई में लगभग तीन सौ मीटर चौड़ाई वाली महानदी स्याही के समस्त प्रवाह क्षेत्र को एक राजस्व ग्राम 'मोहाल स्याही नदी' के रूप में दर्ज़ कर उसके भीतर किसानों के कृषि कार्य हेतु चक आवंटन करना आश्चर्यचकित करने वाली प्रघटना है। इसी कारण इस नदी में कार्य करके पुनर्जीवित करना थोड़ा मुश्किल रहा। नदी के दोनों किनारों पर बसे ग्रामीणों की सहमति और पिछले कई सालों से अच्छी बरसात न होने के कारण पानी की कमी से उत्पन्न कठिनाइयों का भुक्तभोगी होने के कारण उनके सहयोग भाव ने स्याही मुक्ति अभियान को आगे बढ़ाने में योगदान दिया। इस नदी के लिए कार्य करने के साथ ही ग्राम प्रधानों, क्षेत्र के प्रबुद्ध जनों और ग्रामीणों को लगातार प्रदेश के अन्य जनपदों में किये गये नदी पुनर्जीवन के कार्यों और सक्सेस स्टोरी के बारे में बताकर प्रोत्साहित किया गया। फ़तेहपुर की ससुर–खदेरी, अम्बेडकर नगर, आजमगढ़ की तमसा नदी पर और देश दुनिया की अन्य नदियों के पुनर्जीवन की कहानी को इस पुस्तक में सम्मिलित किया गया, ताकि लोग इन प्रयासों से परिचित और प्रोत्साहित होकर नदियों के संरक्षण के प्रति सजग हों। स्याही नदी, देवरिया (उत्तर प्रदेश) और गोपालगंज और सीवान (बिहार) सीमा पर बहने वाली ऐसी नदी है जिसे लोग महानदी स्याही कहते हैं। इस नदी के दोनों किनारे ऊँचे

बाँध भी मौजूद हैं जिन पर बड़ी संख्या में पेड़ भी खड़े हैं, जिन्हें हम राईपेरियन जोन कहते हैं। इसमें मुख्य रूप से पीपल, बरगद, शीशम, जामुन और गुटेल हैं। स्याही नदी के साथ दो नकारात्मक चीजें जुड़ी हैं पहली यह कि इस नदी की गहराई बहुत कम है, दूसरे चकबन्दी, बाढ़ एवं सिंचाई और राजस्व विभाग की कमी के कारण इसके 20 किलोमीटर लम्बे प्रवाह क्षेत्र में किसानों के कृषि भूमि का आवंटन है। कम वर्षा जल प्राप्त होने पर इस नदी के जल भण्डार में कमी आती गयी और यह लगभग सूखने के कगार पर है। क्षेत्रीय संगठनों और नागरिकों के प्रयासों के कारण अधिकारियों का ध्यान स्याही नदी के कैचमेंट एरिया में स्थित गाँवों में पिछले एक दशक से पेयजल और सिंचाई को लेकर आ रही मुश्किलों के समाधान की तरफ़ गया। परिणामस्वरूप वर्ष 2020 में मनरेगा योजना के तहत नदी के प्रवाह मार्ग की सफ़ाई और गहराई बढ़ाने का कार्य किया जा रहा है ताकि खोई हुई नदी को एक आकार मिल सके।

अपने अनुभव के आधार पर हम कहें तो उत्तर प्रदेश के लगभग सभी जनपदों में छोटी–बड़ी सभी नदियों का सर्वेक्षण करें तो ज्ञात होगा कि औसतन प्रत्येक जनपद में पाँच नदियाँ बहती हैं और सारे भू–भाग को उन्होंने अपने वाटरशेड में पट्टीदारों के ख़ानदानी बँटवारे की तरह आपसी सहमति से बाँट रखा है और अपनी जगह पर जाने कितने युगों से बह रही हैं। नदियाँ एक–दूसरे के बहाव क्षेत्र में बेवजह दखलन्दाजी कर माहौल को खराब नहीं किया करतीं। नदी के मुख्य बहाव क्षेत्र के दोनों तरफ़ से कई छोटे–बड़े नाले बरसात का अतिरिक्त पानी ताल, तालाबों, गाँवों और खेतों से लाकर उसमें मिलाते हैं। इसीलिए प्रायः नदी का आकार–प्रकार भी आगे बढ़ने के साथ बृहद् होता जाता है। इस तरह लोकतान्त्रिक मर्यादा का ख़्याल रखती छोटी नदियाँ मानव, जीव–जन्तु, वनस्पतियों और फ़सलों के जीवन को सिंचित करती हुई सारी धरती को हरा–भरा किये रहती हैं।

निःसन्देह नदियों की मानव–सभ्यता के विकास में अहम भूमिका होती है। नदियों के संरक्षण को धर्म और नैतिकता से जोड़ा गया

जिसके पीछे यह मान्यता थी कि इस भावना से प्रेरित होकर आने वाली पीढ़ियाँ नदियों का महत्त्व समझेंगी। एक या दो जनपदों की सीमा में कुछ दूरी तक प्रवाहित होने वाली छोटी नदियाँ बहुत ही महत्त्वपूर्ण होती हैं। छोटी नदियों के महत्त्व को वे लोग अच्छी तरह से समझते हैं, जिनके गाँव या शहर से होकर छोटी नदियाँ बहती हैं। इन जलधाराओं के किनारे पशुओं को आश्रय मिलता है, उनके लिए पानी और चारे की कमी नहीं होती सिंचाई में सहायता मिलती है। नदी और सरोवर प्राकृतिक धरोहर हैं, इन्हें बचाने की ज़िम्मेदारी मानव समाज की है। **(त्रिपाठी : 8 नवम्बर 2014)**

पिछले दो–तीन दशकों में यह परिवर्तन देखने को मिला है कि सालभर बहने वाली छोटी नदियाँ अब गर्मी के दिनों में पानी के लिए तरसती हैं। इसके प्रमुख कारण नदी क्षेत्र में अतिक्रमण कर उसके क्षेत्रफल को घटाया जाना, भूगर्भ जल का दोहन और नदियों के पानी को कृषि कार्य हेतु उपयोग में लाना आदि हैं। किसानों के लालच से नदी के बहाव क्षेत्र में क़ब्ज़ा कर धड़ल्ले से कृषि कार्य होने लगा है। बरसात के समय नदी के कैचमेंट एरिया से जुड़े नालों को नदी में गिरने से रोका जा रहा है। इससे हज़ारों एकड़ कृषि भूमि में लगने वाली फ़सलें तो नष्ट होती ही हैं, नदी के जल भण्डार में भी कमी होती है। ऐसे मूर्खतापूर्ण व्यवहारों को अगर तत्काल रोका नहीं गया तो धीरे–धीरे छोटी नदियाँ विलुप्त हो जाएंगी। सरकारी और निजी प्रयासों से लोगो को जागरूक करके और उनका सहयोग लेकर छोटी–छोटी नदियों को बचाने के लिए सच्चे प्रयास अभी से आरम्भ किये जाने चाहिए। नदियों के अस्तित्व को बचाये रखने के लिए उनमें न्यूनतम पर्यावरणीय प्रवाह को बनाये रखना अपरिहार्य है। नदियों के किनारे और उनसे जुड़ने वाले प्राकृतिक और मानव निर्मित नालों, पुल–पुलियों के मार्ग को अवरुद्ध नहीं होना चाहिए। जलप्रवाह रुकने से न केवल छोटी नदियों का अस्तित्व संकट में पड़ता है बल्कि प्रदूषण भी बढ़ता है। छोटी नदियाँ लोकतान्त्रिक सत्ता की परिचायक हैं जो भारत के हर दूर–दराज क्षेत्रों तक पानी

का विभाजन सुनिश्चित कर पृथ्वी पर गरिमा और समृद्धि के साथ जीवन को भी सुनिश्चित करती हैं। छोटी नदियों के महत्त्व के प्रति स्थानीय नागरिकों और किसानों को बिना किसी देरी के जागरूक किया जाना अपरिहार्य हो चुका है।

मनरेगा अधिनियम सार्वजनिक सम्पत्तियों के सृजन और ग्रामीण क्षेत्र में लोगों को रोज़गार के अवसर उपलब्ध कराने के उद्देश्य से लाया गया था। स्याही नदी को पुनर्जीवित करने के प्रयासों से पूर्व उत्तर प्रदेश में तमसा, बकुलाही, ससुर–खदेरी और देश के अन्य हिस्सों में कई नदियों को पुनर्जीवित करने के कार्य सफलतापूर्वक किये जा चुके हैं। दुनियाभर में बड़े बाँधों के ख़िलाफ़ आन्दोलन हुए हैं और नदियों में न्यूनतम जलप्रवाह को बनाये रखने के पक्ष में पर्यावरणविदों ने अपने विचार रखे हैं, ताकि नदियों के प्राकृतिक स्वरूप को बनाये रखा जा सके। भारत और दुनिया के अलग–अलग स्थानों पर तमाम एक्टिविस्ट जल संरक्षण के लिए जन जागरण के साथ–साथ निजी तौर पर और स्थानीय सरकारों के सहयोग से निरन्तर प्रयास कर रहे हैं। उनका ज़िक्र इस पुस्तक में सम्मानपूर्वक और सोदेश्य किया गया है। इनमें सिमोन उराँव, चेवाँग नोर्फेल, जया देवी, जादव मोलाई पायेंग और राजेन्द्र सिंह जैसे नाम प्रमुख हैं।

प्रत्येक नदी मानव जीवन का इतिहास समेटे हुए बहती है इसलिए हर नदी की अपनी कहानी होती है जिसे भगवतशरण उपाध्याय, काका कालेलकर, अमृतलाल बेगड़ और अन्य कई लेखकों और साहित्यकारों ने दर्ज़ भी किया है। जनपद देवरिया में भी राप्ती, घाघरा, छोटी गण्डक, स्याही, कुकुत्था (खनुआ नाला) जैसी छोटी–बड़ी नदियाँ बहती हैं। साथ ही पचास से अधिक प्राकृतिक नाले भी बहते हैं जिनमें मँझना, नकटा और कुर्ना में सालभर नदी की भाँति जल प्रवाहित होता है। इस जनपद में बहने वाले सभी नदी–नाले अन्ततः घाघरा नदी में समाहित हो जाते हैं जो आगे बलिया जनपद में गंगा नदी में मिल जाती है। देवरिया की समृद्ध जलराशि को देखते हुए हम इस भू–भाग को असीमित जलराशि का

महासंगम कहते हैं। महात्मा बुद्ध के समय यह क्षेत्र शाल वनों के सुन्दर आवरण से आच्छादित हुआ करता था। पड़ोस के कुशीनगर में और महाराजगंज में शाल वन प्रचुर मात्रा में आज भी उपलब्ध हैं। वन और नदियों से समृद्ध यह क्षेत्र अत्यन्त आकर्षक है।

नदियों पर कई कवियों और लेखकों ने साहित्य की रचना की है। मैंने स्वयं अब तक नदियों और पानी के विविध आयामों को समेटती हुई लगभग पचास कविताएँ लिखी हैं जो अलग–अलग समय, स्थान और परिस्थितियों में लिखी गयी हैं। उन कविताओं पर एक समीक्षात्मक लेख इस पुस्तक में सम्मिलित किया गया है। भारत देश में बहने वाली छोटी–बड़ी नदियों से अनेक मिथकीय कथा–कहानियाँ जुड़ी हैं। वेद–पुराणों से लेकर लोककथाओं में नदियों के बारे में अनेक कहानियाँ प्रचलित हैं। उनका विवरण इस पुस्तक में दिया गया है। पर्यावरण और विकास को लेकर लगातार बहसें चलती रहती हैं। विकास निस्सन्देह जरूरी है लेकिन जल, जंगल, ज़मीन और हवा जैसी प्रकृति प्रदत्त उपादानों के विनाश की क़ीमत पर नहीं। बढ़ती आबादी, शहरीकरण और नगरीकरण के कारण प्रकृति का अन्धाधुन्ध शोषण और उपेक्षा हुई है इस पर चिन्तन करने और प्रकृति अनुरूप हमारे व्यवहार को ढालने की अपरिहार्यता का समय आ पहुँचा है अन्यथा कोविड–19 जैसी कितनी ही वैश्विक प्रभाव वाली आपदाओं से होकर मानवता को गुज़रना होगा जो बहुत कष्टप्रद होगा। हमे हमारी नदियों को खोने से बचाना होगा, ताकि खोयी हुई नदियों की तलाश न करनी पड़े।

औद्योगिक एवं नगरीय विकास के कारण नदियों के प्रवाह एवं जल की गुणवत्ता पर विपरीत प्रभाव पड़ा है। नदियों और जल के संरक्षण के लिए अनेक योजनाएँ एवं क़ानून बने हैं जो एक मार्गदर्शक की भाँति कार्य करते हैं तथा जलस्रोतों को बचाने के लिए आधार प्रधान करते हैं। गंगा जैसी विशाल आकार की नदियों तथा छोटी नदियों के महत्त्व को स्वीकार करते हुए भारतवर्ष में इन्हें जीवनदायिनी और माँ कहा गया है। भू–वैज्ञानिक नदी को एक जीवित प्राणी की

तरह मानते हैं। देश की सबसे महत्त्वपूर्ण नदी गंगा के संरक्षण के लिए 'गंगा नदी प्राधिकरण' की स्थापना की गयी है। गंगा नदी को सम्बोधित करते हुए भारत रत्न, प्रख्यात असमिया गायक और संगीतकार भूपेन हजारिका ने समाज में आ रही विसंगतियों की तरफ़ इंगित करते हुए जीवनदायिनी, सभ्यता–संस्कृति और मानवता की पोषक गंगा को उलाहना देते हुए अपना प्रसिद्ध गीत 'ओ गंगा तुम, गंगा बहती हो क्यों' गाया था :

विस्तार है आपार, प्रजा दोनों पार, करे हाहाकार निःशब्द सदा
ओ गंगा तुम, गंगा बहती हो क्यूँ
नैतिकता नष्ट हुई, मानवता भ्रष्ट हुई/निर्लज्ज भाव से
बहती हो क्यूँ?
इतिहास की पुकार, करे हुँकार/ओ गंगा की धार, निर्बल जन को
सबल-संग्रामी, समग्रोगामी बनाती नहीं हो क्यूँ
अनपढ़ जन, अक्षरहीन, अनगिन जन, खाद्यविहीन
नेत्रविहीन दिक्षमौन हो क्यूँ?
व्यक्ति रहे व्यक्ति केन्द्रित/सकल समाज व्यक्तित्व रहित
निष्प्राण समाज को छोड़ती न क्यूँ?

इस गीत के बहाने वे एक नैतिकतापूर्ण और समानता आधारित समाज की परिकल्पना प्रस्तुत करते हैं जिसमें कोई भी मानव दुखी और भूखा न हो। मनुष्य आत्मकेन्द्रित और स्वार्थी न होकर समग्र समाज के पक्ष में सोचे और कार्य करे क्योंकि इन्हीं मानवीय सद्‌गुणों में क्षरण के कारण ही नदियों की भी दुर्गति हुई है। परमार्थ, नैतिकता और प्रकृति के प्रति सम्मान भाव विकसित कर ही हम नदियों और अन्य जलस्रोतों को भविष्य की पीढ़ियों के लिए बचा सकते हैं।

सन्दर्भ ग्रन्थ सूची

अल्बिना,ऐलिस (2010) एम्पायर्स ऑफ़ द इंडस : द स्टोरी ऑफ़ अ रिवर, जॉन मुर्रे पब्लिकेशन्स, इंग्लैंड।

अयर, रामास्वामी (2015) लिविंग रिवर्स, डाइंग रिवर्स, ऑक्सफोर्ड यूनिवर्सिटी प्रेस, न्यू डेलही।

ब्लूम, आर्थर एल. (1978) जिओमोर्फोलाजी : अ सिस्टमेटिक अनालिसिस ऑफ़ लेट सेनोजोइक लैंडफार्म्स, रावत पब्लिकेशंस, जयपुर।

बेगड़, अमृत लाल (2006) सौन्दर्य की नदी नर्मदा, पेंग्विन प्रकाशन, नयी दिल्ली।

बेगड़, अमृतलाल (2019) तीरे तीरे नर्मदा, भारतीय ज्ञानपीठ, नयी दिल्ली।

दास, शुभ ज्योति (2018) भारत में भू–जल संसाधन, राष्ट्रीय पुस्तक न्यास, नयी दिल्ली, भारत।

देवसरे, हरिकृष्ण (2012) अथ नदी कथा, किताबघर प्रकाशन, नयी दिल्ली।

डानिनो, मिचेल (2010) द लॉस्ट रिवर : ऑन द ट्रेल्स ऑफ़ सरस्वती, पेंगुइन पब्लिकेशन्स, न्यू देलही।

गुहा, रामचन्द्र (1994) सोशल इकोलॉजी, ऑक्सफोर्ड यूनिवर्सिटी प्रेस, नयी दिल्ली।

हरारी, युवाल नोआ (2019) सेपियंस, मानव जाति की संक्षिप्त कहानी, मंजुल पब्लिशिंग हाउस, नयी दिल्ली।

हरारी, युवाल नोआ (2019) 21 चौप्टर्स फॉर, 21 सेंचुरी, पेंग्विन रैंडम हाउस, लन्दन।

जोशी, सोपान (2018) जल थल मल, राजकमल प्रकाशन, नयी दिल्ली।

कबीर, राकेश (2018) नदियाँ बहती रहेंगी, अगोरा प्रकाशन, वाराणसी।

कबीर, राकेश (2019) कुँवरवर्ती कैसे बहे, प्रभात प्रकाशन, नयी दिल्ली।

कबीर, राकेश (2019) बॉलीवुड सिनेमा में पानी और पर्यावरण के सरोकार, गाँव के लोग, द्विमासिक पत्रिका।

कालेकर, काका (2012) हिमालय की बेटियाँ, एन.सी.ई.आर.टी., नयी दिल्ली।

कौसल्यायन, भदन्त आनन्द (1997) भगवान बुद्ध और उनका धर्म, सिद्धार्थ महाविद्यालय प्रकाशन, मुम्बई।

लेंग, ओलिविया (2011) टू द रिवर : अ जर्नी बिनीथ द सर्फेस, कैननगेट पब्लिशर्स, इंग्लैंड।

मैलेट, विक्टर (2017) रिवर ऑफ़ लाइफ, रिवर ऑफ़ डेथ : द गंगेस एंड इंडिया'स फ्यूचर, ऑक्सफोर्ड यूनिवर्सिटी प्रेस, न्यू डेलही।

मिर्जा, एम. मोनिरुल कदर, अहमद, अहसान उद्दीन, अहमद, क्यू. के. (2008) इंटरलिंकिंग ऑफ़ रिवर्स इन इंडिया, रॉउटलेज, लन्दन।

मिश्र, अनुपम (2011) आज भी खरे हैं तालाब, कल्याणी शिक्षा परिषद्, नयी दिल्ली।

मिश्र, अनुपम (2017) राजस्थान की रजत बूँदें, राजस्थानी ग्रन्थागार, जोधपुर।

मिश्र, अनुपम (2019) पर्यावरण के पाठ, राजकमल प्रकाशन, नयी दिल्ली।

मुकर्जी, राधाकमल (2010) वाटर एंड सोशल स्ट्रक्चर : द बेसिस ऑफ़ कम्युनिटी इन गुहा, रामचन्द्र (एडिटेड) सोशल इकोलॉजी, ऑक्सफोर्ड यूनिवर्सिटी प्रेस, नयी दिल्ली।

स्कॉट जॉन और गार्डन मार्शल (2009) ऑक्सफ़ोर्ड डिक्शनरी ऑफ़ सोसियोलॉजी, ऑक्सफ़ोर्ड यूनिवर्सिटी प्रेस, नयी दिल्ली।

सान्याल, संजीव (2013) लैंड ऑफ़ द सेवेन रिवेर्स अ ब्रीफ हिस्ट्री ऑफ़ इंडियन जियोग्राफी, पेंगुइन पब्लिकेशन्स, न्यू डेलही।

सिंह, ध्रुव सेन (एड.) (2018) द इंडियन रिवेर्स साइंटिफिक एंड सोसिओ–इकनोमिक आस्पेक्ट्स, स्प्रिंगर पब्लिकेशंस, सिंगापोर।

सिंह, जे. पी. (2016) आधुनिक भारत में सामाजिक परिवर्तन, प्रेंटिस हाल ऑफ़ इंडिया।

सिंह, सविन्द्र (2020) भू–आकृति विज्ञान, वसुन्धरा प्रकाशन, गोरखपुर।

सिंह, सविन्द्र (2020) जलवायु विज्ञान, प्रवालिका प्रकाशन, इलाहाबाद।

सोडानी, अजय (2018) दरकते हिमालय में दर–बदर, राजकमल प्रकाशन, नयी दिल्ली।

तिवारी, राकेश (2018) सफ़र : एक डोंगी में डगमग, राजकमल प्रकाशन, नयी दिल्ली।

उपाध्याय, भगवतशरण (2019) भारत की नदियों की कहानी, राजपाल एंड संस प्रकाशन, दिल्ली।

लेख और वेबसाइट

अग्रवाल, पुष्पेन्द्र कुमार, जैन शरद कुमार (2019) भारतवर्ष की नदियों के नामकरण का अध्ययन, राष्ट्रीय जलविज्ञान संस्थान, रुड़की, 28 दिसम्बर, 2019।

अमरनाथ (2016) नदियों को उनका अधिकार वापस देना होगा, एचटीटीपी/हिन्दी। इंडियावाटरपोर्टल.ओआरजी./कंटेंट/नदियों–को–उनका–अधिकार–वापस–देना–होगा–राजेन्द्र–सिंह/बिस्वास, असित के. एंड डुरी, रोबर्ट डब्ल्यू. (1971) सोसिओलोजिकल आस्पेक्ट्स ऑफ़ वाटर डेवलपमेंट, वाटर रिसोर्स बुलेटिन, वोल.7.नम्बर.6।

डंकल, हरबंस (2017) नदियों की सफ़ाई में जुनून जरूरी, दैनिक भास्कर, 21 जून, 2017।

एंपावरिंग विलेज कम्युनिटीज़ फॉर अ सस्टेनेबल वाटर फ्यूचर : अ रिसोर्स बुक फॉर जलदूतस, प्रिपेयर्ड बाय सेंट्रल ग्राउंड वाटर बोर्ड, डिपार्टमेंट ऑफ़ वाटर रिसोर्स, रिवर डेवलपमेंट एंड गंगा रेजूवेनेशन, मिनिस्ट्री ऑफ़ जल शक्ति, गवर्नमेंट ऑफ़ इंडिया।

फीनबर्ग, जेनिफ़र (2019) थ्रेट्स टू द फ्रेजर रिवर एट अ न्यू जेनिथ, सेज रिवर कंजर्वेटिनिस्ट, डब्ल्यूडब्ल्यूडब्ल्यू.एबीबीवाईन्यूज़.कॉम।

गिल्लियन, एस. बोयड, के. हाइत्समा, टी. एंड कौफ़्मन, एम. (2005) चैलेंजस इन डेवलपिंग एंड इंप्लेंटिंग एकोलॉजिकल स्टैंड्र्डस फॉर जिओमोर्फिक रिवर रेस्टोरेशन प्रोजेक्ट्स : अ प्रेक्टिशनर'स रेस्पांस टू पाल्मर, जर्नल ऑफ़ एप्लाइड इकोलॉज़ी, यूनाइटेड किंगडम।

गोरे, मनीष मोहन (2018) भारतीय परम्पराओं में जल संरक्षण, विज्ञान प्रगति, अगस्त, 2018।

जोशी, दीपा एंड फावसेट, बेन (2001) वाटर, हिन्दू माइथोलॉजी एंड एन अनइक्वल सोशल ऑर्डर इन इंडिया, पेपर प्रेजेंटेड एट सेकेंड कांफ्रेस ऑफ़ इंटरनेशनल वाटर हिस्ट्री एसोसिएशन, बेर्गेन।

करेलिया, गोपी (2020) फ्रॉम बंड्स एंड चैनल्स टू रेनवाटर हार्वेस्टिंग एंड डिसिल्टिंग, आईएएस विक्रान्त राजा यूज्ड एनसिएंट प्रेक्टिस टू सोल्व मॉडर्न प्रोब्लेम्स, 18–3–2020, सिविल सर्वेंट्स पुडुचेरी।

करेलिया, गोपी (2020) आईएएस ऑफ़िसर यूजेज लॉकडाउन टाइम टू रेस्टोर रिवर, जेनेरेट जॉब्स फोर 800 पीपल, दबेटरइंडिया.कॉम, 22 जून, 2020।

किंग्स्टन, टिम (2008) प्रोफाइल्स ऑफ़ रिवर रेस्तोरेर्स फ्रॉम अराउंड द वर्ल्ड, एचटीटीपीएस ://डब्ल्यूडब्ल्यूडब्ल्यू.इंटरनेशनलरिवर्स.ओआरजी//रिसोर्स/प्रोफाइल्स–ऑफ़–रिवर–रेस्टोरेर्स–फ्रॉम–अराउंड–द–वर्ल्ड–1811।

कहानी, पानी की (2020) अरवरी नदी–सामुदायिक संकल्पों से पुनर्जीवित हुई एक मृत नदी की कहानी, पानी की कहानी. ओआरजी, 7 जनवरी, 2020।

मार्क, अंजेलो, फाउंडर ऑफ़ वर्ल्ड रिवर्स डे, इन एचटीटीपीएस :// वर्ल्डरिवर्सडे.कॉम/मार्क–अंजेलो, इन 2012।

मिश्र, नवल (2017) राज्य भू–जल संरक्षण मिशन की गाइड लाइन को मंजूरी, दैनिक जागरण, 17 अगस्त, 2017।

नारायणन, सुनीता (2017) आइस मैन ऑफ़ लद्दाख : चेवांग नोर्फेल हु बिल्ड्स आर्टिफ़िसियल ग्लेसियर्स, डाउन टू एर्थ 13 अक्टूबर, 2017।

पाण्डेय, शालिकराम (2014) ससुर–खदेरी नदी को पुनर्जीवित करने का भगीरथ–पराक्रम 08/06/2014।

डेली न्यूज एक्टिविस्ट, 11 सितम्बर, 2013।

पारीक, श्रेया (2014) द मैन हु क्रिएटस आर्टिफिसियल ग्लेशियर्स टू मीट द वाटर नीड्स ऑफ़ लद्दाख, दबेटरइंडिया.कॉम, 6 नवम्बर, 2014।

पारीक, श्रेया (2014) द मैन हु हैज क्रिएटेड 33 फारेस्ट, डब्ल्यूडब्ल्यूडब्ल्यू.दबेटरइंडिया.कॉम।

रघुवंशी, उमेश (2020) कल्याणी रिवर रेस्टोरेशन वर्क जेनेरेट्स जॉब्स, हिन्दुस्तान टाइम्स, 12 जून, 2020।

सिंह, प्रणय विक्रम (2017) ख़त्म हो चुकी नदी को गाँव के लोगों ने किया मिलकर जीवित, योरस्टोरी.कॉम, 5 जुलाई, 2017।

सिंह, मनोज कुमार (2019) सूख गयी स्याही नदी, किसानों को सिंचाई के लिए पानी नहीं, पेयजल संकट भी गहराया, गोरखपुर न्यूज लाइन, 8 जनवरी, 2019।

ठाकुर, मंजीत (2020) गोदी में सूखती हैं जिसकी हज़ारों नदियाँ, इन इंडिया टुडे, 29 जनवरी, 2020, नयी दिल्ली।

त्रिपाठी, विवेक (2014) गाँव को ख़ुशहाल बनाती हैं छोटी नदियाँ, वेबदुनिया, 8 नवम्बर, 2014।

त्रिपाठी, महेन्द्र (2020) स्याही नदी को मिलेगा जीवनदान, दैनिक जागरण, 1 जनवरी, 2020।

तिवारी, अरुण (2013) कालीबेई सन्त का सत्कर्मण, राष्ट्रीय सहारा, हस्तक्षेप, 23 मार्च, 2013।

तिवारी, अरुण (2015) हमारी नदियों को जीने दो, रूरल वाटर, इंडिया वाटर पोर्टल, 26 सितम्बर, 2015।

तिवारी, अरुण (2016) नदी–तालाबों की अहमियत कब समझेगा प्रतापगढ़ प्रशासन, इंडिया वाटर पोर्टल 12 जून, 2016।

तिवारी, अरुण (2019) काण्ठा, क्रिकेटर और एक लोटा जल, इंडियन रिवर फोरम, 19 दिसम्बर, 2019।

वोहल, एलेन, लेन, स्टुअर्ट एन. एंड विलकॉक्स, एंड्रू सी. (2015) द साइंस एंड प्रेक्टिस ऑफ़ रिवर रेस्टोरेशन, वाटर रिसोर्स रिसर्च, एजीयू पब्लिकेशंस, यूएसए।

व्यास, कृष्ण गोपाल (2017) अरवरी नदी पुनर्जन्म—ग्रामीण समाज का अभिनव प्रयोग, इंडिया वाटर पोर्टल, 8 अगस्त, 2017।

व्यास, कृष्ण गोपाल (2017) नदी परिचय—आइए नदी को जानें, अर्बन वाटर, इंडिया वाटर पोर्टल, 10 अक्टूबर, 2017।

यादव, नरेन्द्र, त्रिवेदी, धनंजय, सिन्हा, रूमा (2020) पानीदार बनेगा देश, दैनिक जागरण, 4 जनवरी, 2020, डब्ल्यूडब्ल्यूडब्ल्यू. जागरण.कॉम।

पीएमइंडिया.जीओवी.इन./एचआई./गवर्नमेंट_टीआर_आरईसी/नमामिगंगे/एचटीटीपीएस.//हिन्दी.इंडियावाटरपोर्टल. ओआरजी./कंटेंट/परम्परागत—जल—संरक्षण—पद्धतियाँ/कंटेंट—टाइप—पेज/68869।

एचटीटीपीएस//योरस्टोरी.कॉम/2017/12/पामेला—अनिल—मल्होत्रा—इंडिया—साई—सेंक्चुरी।

एचटीटीपीएसः//हिन्दी.मैप्सऑफइंडिया.कॉम—माय—इंडिया/प्रोजेक्ट्स—एंड—व्हाट—मोर—नीड्स—टू—बी—डन।

एचटीटीपीएसः//डब्ल्यूडब्ल्यूडब्ल्यू.इंटरनेशनलरिवर्स.

ओआरजी/रिसोर्सेज/प्रोफाइल्स—ऑफ—रिवर—रेस्टोरेर्स—फ्रॉम—अराउंड—द—वर्ल्ड—1811।

□□

परिशिष्ट

न्यायालय उप संचालक चकबन्दी, देवरिया।

संख्या 62/पी0के0–2020 दिनांक : 13 जनवरी, 2020

प्रभारी अधिकारी,

राजस्व अभिलेखागार, देवरिया।

श्री छोटेलाल कुशवाहा, जिला कमेटी सदस्य, भा0क0पा0 माले, देवरिया आदि द्वारा जिलाधिकारी महोदय को दिनांक– 06 अगस्त, 2018 को प्रार्थना–पत्र से सम्बोधित कर स्याही नदी को पुनर्जीवित कर पेयजल तथा सिंचाई के संकट का समाधान किये जाने हेतु निवेदन किया गया है।

उपरोक्त के दृष्टिगत राजस्व ग्राम स्याही नदी के भूचित्र के अवलोकन की आवश्यकता है, अतः राजस्व ग्राम स्याही नदी का सम्पूर्ण भूचित्र की प्रमाणित प्रतिलिपि अविलम्ब उपलब्ध कराना सुनिश्चित करें।

13-1-2020

(राकेश कुमार पटेल)
उप संचालक चकबन्दी/
अपर जिलाधिकारी(प्रशासन)
देवरिया।

14-01-2020

कार्यालय जिलाधिकारी, देवरिया।

Office of the District Magistrate, Deoria

संख्या /आ0लि0–2020, दिनांक 31, जनवरी, 2020

खण्ड विकास अधिकारी,
बनकटा।

विषय : मौजा–महालनदी स्याही, तप्पा–बलिवन के राजस्व अभिलेखों का प्रेषण।

उपर्युक्त विषयक श्री छोटेलाल कुशवाहा, जिला कमेटी सदस्य भा0क0पा0 माले, देवरिया आदि द्वारा स्याही नदी को पुर्नजीवित करने के क्रम में प्रस्तुत प्रार्थना–पत्र पर स्याहीनदी के राजस्व अभिलेखों की सत्य प्रतिलिपियां माल अभिलेखागार से व धारा–4 व धारा–52 के प्रकाशन की सूचना चकबंदी विभाग से प्राप्त की गयी हैं।

अतः उक्त से सम्बन्धित ग्रामों के प्राप्त धारा–4 व धारा–52 के प्रकाशन से सम्बन्धित आख्या, जिल्द बन्दोबस्त 1324 फसली (सन् 1916–17 ई0), मौजा–महालनदी स्याही, तप्पा–बलिवन, परगना–स0म0, तहसील–देवरिया, जिला–गोरखपुर की उर्दू तथा उसका हिन्दी अनुवाद व नक्शों की छायाप्रतियां इस पत्र के साथ संलग्न कर इस निर्देश के साथ प्रेषित की जा रही हैं कि स्याहीनदी को पुर्नजीवित किये जाने के सम्बन्ध में संलग्न अभिलेखों के अनुसार आवश्यक कार्यवाही कराने का कष्ट करें।

संलग्नक–यथोपरि।

(राकेश कुमार पटेल)
अपर जिलाधिकारी(प्रशासन),
देवरिया।

संख्या /आ0लि0–2020, तद्दिनांकित।

प्रतिलिपि : उप जिलाधिकारी, भाटपाररानी को उपरोक्त अभिलेखों की छायाप्रतियों के साथ सूचनार्थ एवं आवश्यक कार्यवाही हेतु प्रेषित।

अपर जिलाधिकारी(प्रशासन),
देवरिया।

नकल खतौनी अज जिल्द बन्दोबस्त १३२४ फ० (सन १९१६–१६ ई०) मौ० – महालक्ष्मी स्याही तप्पा बलिवन पर० सम्म० त० देवरिया जि० – गोरखपुर।

नाम थोक या पट्टी मय नम्बर खाता खेवट	नम्बर खाता खतौनी	नाम काश्तकार वकैद वल्दियत व कौमियत व सकूनत	मुद्दत काश्त	नम्बरान हाल खसरा	रकबा बहिसाब बीघा देसी	रकबा बहिसाब एकड़	गैर मन्ज़ूर शुदा इज़ाफ़ा	तसदीक शुदा लगान नकद	हिस्सा जमादार या रु० व० का	कैफियत
१	२	३	४	५	६	७	८	९	१०	११
		1– वह ज़मीन जिसपर पानी है।								
रानी स्याम सुन्दर कुंवरी मुतल्लिका खेवट नम्बर १	524	पानी		556		-74				
				638		1-28 ओवरराइट [illegible]				
				963		-18				
				957		-79				
				1007		-66				
				1018		-31				
				1032		-28				
				1033		-36				
				1053		1-21				
				1062		-9				
				1123		-15 ओवरराइट [illegible]				
				681		-17				
				1141		1-52				
				733		1-49				
				771		1-92				
				792		3-49				
				1077		-12				

P.T.O

(२)

१	२	३	४	५	६	७	८	९	१०	११
		पानी ———		1073		-23				
				803		-12				
				1067		-63				
				919		-9				
				21	—	15-83				
			2—	आबादी सड़क, मकानात वगैरह						
	525	तालाब ———		1055		-47				
				1057		1-19				
				2	—	1-66				
				21		17-49				

28-01-2020

विकास खण्ड–बनकटा

RAJENDRA SINGH
Former District Judge

Secretary
"Eastern U.P. Rivers and Water Reservoirs Monitoring Committee"
(Constituted by National Green Tribunal Principal Bench, New Delhi Dtd. 23.8.18 in OA No. 116/2014)

Environment Directorate, UP
Vineet Khand-1, Gomti Nagar

Lucknow -226010
Email- monenv.2018@gmail.com

Mob - 9670055555 / 7355409494

Ref No. 3/19/UPRWRMC/2019

CHAIRMAN : HON'BLE JUSTICE D P SINGH, FORMER JUDGE, ALLAHABAD HIGH COURT

Dear Sir,

Kindly take note of item no- 8A of the minutes dtd 13.03.2019 of "Eastern UP Rivers and Water Reservoirs Monitoring Committee", Lucknow, (constituted by NGT order no 116/2014), which is reproduce herewith for your ready reference.

"Item No. 8A

Discussed Prof Radhey Mohan Mishra, Ex VC, Gorakhpur University has submitted a complaint with regard to encroachments in Syahiriver in district Deoria, UP. To look into the complaint of Prof Mishra, a committee comprising the District Magistrate or an officer nominated by him not below the rank of CDO/Additional District Magistrate, Executive Engineer Irrigation, Executive Engineer Jal Nigam and DFO of district Deoria, is constituted. While proceeding in the matter, the committee shall give audience to Prof Mishra and shall also obtain satellite mapping of the said Syahiriver on the basis of entry of 1359F. It shall be open to the District Magistrate, Deoria to include other persons also in the committee who are conversant with the matter and controversy in question. Of course the Record Officer of the district shall provide necessary

ADM (E)
तुरन्त आ० कार्यवाही करें।

पत्रांकित

6

प्रेषक,

जिलाधिकारी,
देवरिया।

सेवा में,

जिलाधिकारी,
गोपालगंज (बिहार)।

संख्या 38A /आ0लि0–2020, दिनांक 8 जुलाई, 2020

विषय : स्याही नदी को पुर्नजीवित करने के सम्बन्ध में।

महोदय,

उपर्युक्त विषयक श्री राजेन्द्र सिंह, पूर्व जिला जज एवं सेक्रेटरी, 'Eastern U.P. Rivers and Water Reservoirs Monitoring Committee' के पत्र दिनांक 28.03.2019 स्याही नदी को पुर्नजीवित करने हेतु राजस्व अभिलेखों की 1359 फसली के इन्द्राज के आधार पर सेटेलाइट मैपिंग कराने का अनुरोध किया गया है। ज्ञातव्य है कि स्याही नदी को पुर्नजीवित करने हेतु कई संगठनों द्वारा आन्दोलन भी किये गये हैं। इसी क्रम में प्रोफेसर श्री राधे मोहन मिश्र, पूर्व कुलपति, दीन दयाल उपाध्याय गोरखपुर विश्वविद्यालय, गोरखपुर द्वारा भी स्याही नदी को पुर्नजीवित कराने के लिए अभियान चलाते हुए काफी प्रयास किये गये हैं।

2– श्री राजेन्द्र सिंह के उपरोक्त पत्र एवं आन्दालनों के क्रम में जनपद देवरिया में राजस्व अभिलेखों के इन्द्राज के आधार पर स्याही नदी की भूमि का सीमांकन की कार्यवाही कराकर मनरेगा योजना और जनसहयोग से नदी की गहराई बढ़ाकर उसे नदी का स्वरूप देकर पुर्नजीवित कराने का प्रयास किया जा रहा है। चूंकि स्याही नदी जनपद गोपालगंज के भोरे ब्लाक से निकल कर देवरिया आती है, इसलिए बिहार प्रान्त में पड़ने वाले नदी के हिस्से में भी नदी की गहराई बढ़ाकर उस क्षेत्र की जीवनधारा स्याही नदी को पुर्नजीवित कराये जाने हेतु सम्बन्धित को निर्देशित किया जाना उचित होगा।

अतः अनुरोध है कि जनपद गोपालगंज (बिहार) में स्थित स्याही नदी का चिन्हांकन कर उसे पुर्नजीवित कराने हेतु सम्बन्धित अधिकारियों को निर्देश देने का कष्ट करें।

भवदीय,

8-7-20

(राकेश कुमार पटेल)
अपर जिलाधिकारी (प्रशासन),
देवरिया।